U0598401

本书获浙江工业大学专著与研究生教材出版基金资助

本书获浙江工业大学经济学院应用经济学专业教材出版基金资助

金融创新与可持续发展
若干重大问题探究

章和杰　著

ZHEJIANG UNIVERSITY PRESS
浙江大学出版社

本书是章和杰申报国家社科重大招标课题和相关研究的成果。本书共分四篇。

第一篇"'三缺口'模型视阈下中国内外均衡政策搭配 提高经济发展平衡性、包容性、可持续性研究",共4章,从第1章到第4章。

经济增长的均衡性问题是宏观经济学研究的一个重要课题。从国外学者的研究成果看,"三缺口"模型(财政、外汇与储蓄缺口)对于分析经济增长的内外均衡性问题,并提出对策建议是非常有效的,它能提供一个定量框架,能明确地表达生产力提高和生产能力利用率间的相互关系。正因如此,该模型已为许多国际和政府研究机构所采用。可持续发展与公平包容,是为了避免经济发展中出现的一些不协调、不公平问题造成过大的社会代价,让全体中国人民都能分享生产力进步的红利。

章和杰从"三缺口"模型角度研究中国内外均衡政策搭配时发现,从1981年至今,中国宏观经济的非均衡(用财政、外汇与储蓄三个缺口所构成的面积的大小衡量)非但没有减小,反而越来越大。章和杰模拟实验专著《三缺口模型下的中国内外均衡政策搭配研究——基于一篮子货币汇率制度视角》(浙江大学出版社,2014年版)表明,可通过对财政政策、储蓄政策和外汇政策的调整减小中国经济发展的巨大"缺口"。但在不对社会造成过大震动前提下,在继续从需求侧考虑问题时,着重从供给侧考虑,即调整财政政策、降低过高的宏观税负是首选。通过构建现代财税体制,提高中国经济的平衡性、包容性和可持续性,持续从供需两端推进结构性改革,激活新的发展动能加速成长。以创新供给带动需求扩展,以扩大有效需求倒逼供给升级,实现稳增长和调结构互为支撑、互促共进,释放经济社会的潜力和活力,托举中国经济的潜在增长率,提高全要素生产率,促进总供需平衡,加快增长方式转变,为实现中华民族伟大复兴的"中国梦"扫清道路。

第二篇"P2P公司上市视阈下的互联网金融理论、实践与政策研究",共2章,从第5章到第6章。

互联网金融是基于互联网技术,对金融体系的交易技术、渠道、方式和服务主体等方面进行创新而展现出来的具有新形态和特点的金融活动。互联网金融的发展对提高金融效率、促进包容性增长、提高金融普惠程度有重要作用。党的十八大提出了工业化、信息化、城镇化和农业现代化同步发展的宏伟蓝图;党的十八届三中全会提出发展普惠金融,鼓励金融创新,丰富金融市场层次和产品;《国务院关于促进信息消费扩大内需的若干意见》也提出要使信息消费规模快速增长;2014年《政府工作报告》中首次提出,促进互联网金融健康发展,完善金融监管协调机制。这些都充分显示了国家对互联网金融这一新生金融产品的重视。在此背景下,对P2P公司上市视阈下的互联网金融理论、实践与政策进行分析和研究,对于在控制风险的基础上规范并加快互联网金融的可持续发展,使中国互联网金融跻身世界第一方阵,促进中国产业转型升级,增强我国经济的综合实力和国际竞争力,早日实现中国梦,具有重要的理论和现实意义。

第三篇"人民币国际化的法律问题研究探析",共4章,从第7章到第10章。

经济全球化是当今时代的潮流,与经济全球化紧密相伴的是货币国际化问题。一国的强大竞争力不仅需要强大的国民经济和国防力量,而且还需要较高的货币金融地位,而货币国际化正是对此的有力支持。随着经济实力的增强和对外贸易的快速发展,中国贸易大国的地位逐渐被确立。国际社会对人民币升值与否的争论也表明人民币在区域经济乃至全球经济中的地位正逐步上升。

从国际法层面上来说,经过一系列历史演变,目前形成了以国际货币基金组织(IMF)为支柱运行的国际货币法律制度——牙买加体系。世界贸易组织(WTO)对国际货币法律制度的影响主要体现在世贸组织协定的基本原则以及服务贸易总协定的金融服务法律制度中,其基本原则和成员做出的法律承诺必然会影响到相应成员的经常项目和资本项目,进而影响到该成员以国际收支状况和汇率走势变化为表征的金融政策与立法。近年来不断深化的区域合作也为人民币走出国门提供了良好的途径并产生了积极的效果。人民币国际化也离不开国内金融监管、外汇管理机制等法制的支持和保障。

金融危机的经验教训表明,建立人民币国际化的系统的立法规制,具有必要性、重要性和紧迫性。

第四篇"人民币国际化背景下两岸中小企业合作　促大陆经济转型　推进祖国统一研究探析",共4章,从第11章到第14章。

近年来,随着两岸经贸往来不断扩大和深化,台湾与大陆有利益关系的民众越来越多,成为推动两岸统一的重要力量。2017年《政府工作报告》中明确指出,要持续推进两岸交流合作,深化经济合作,厚植共同利益。大陆有众多中小企业,台湾也有许多中小企业,它们是两岸经济发展的中坚力量,加强两岸的经济合作,首先就是要加强两岸中小企业的合作。随着经济全球化的发展,两岸经济合作进一步深化,中小企业必然要肩负起历史使命,积极合作,共同繁荣两岸经济,促进大陆经济转型升级,实现两岸经济一体化,促进与推动祖国和平统一。

感谢参与课题申报的教授和研究生。

部分教授名单如下:杨柳勇、石东坡、汪贵浦、李正卫、雷新途、陈多长、张化尧、孟志青、王谦、童天水等。

部分研究生名单如下:姚姝靓、阮杰、叶园、郁嘉禾、陈通明、张平、屠成杰、余敏丽、李璐、芮洲洋、王婧婧、李斯斯、杨尧均、叶柱良、朱志刚、彭奕潇、林静、贾梦婷等。

浙江工业大学　**章和杰**

于 2017 年 12 月

目　录
CONTENTS

第四篇　人民币国际化背景下两岸中小企业合作　促大陆经济转型　推进祖国统一研究探析

第一篇

"三缺口"模型视阈下中国内外均衡政策搭配
提高经济发展平衡性、包容性、可持续性研究

1

国内外相关研究的学术史梳理或综述

1.1 提高发展平衡性、包容性、可持续性

1.1.1 平衡发展

1.1.1.1 城乡区域协调发展

城乡区域协调发展就是一方面要统筹城乡发展,更加注重农村发展,解决好"三农"问题,坚决贯彻"工业反哺农业,城市支持农村"的方针,逐步改变城乡二元经济结构,缩小城乡发展差距,并实现农村经济社会全面发展;另一方面要协调区域经济发展,即通过健全扶持机制,逐步扭转区域发展差距拉大趋势,形成各个区域共同发展格局。

(1)统筹城乡发展。现阶段我国面临的城乡二元经济结构问题,严重阻碍着城乡一体化的发展进程。我国城乡差距存在并逐渐扩大的主要原因是城乡经济体制差异,单纯依靠非农化、城市化和劳动力转移并不能有效解决问题,应该通过改革户籍制度、取消对农民的歧视政策、提高居民的生活居住条件及市民待遇,以工促农推进农业现代化,实现城乡均衡发展(洪银兴,2009)。为了解决城乡发展问题,国内很多学者都提出了自己的思路,如王国华、温来成(2008)认为,实行基本公共服务标准化管理,是城乡统筹发展的一种可行性选择。袁志刚、解栋栋(2010)认为应通过户籍、土地、社保制度改革,消除阻碍要素流动的各种制度,实现人力资本与土地资本的协调再配置以统筹城乡发展,破除城乡二元结构。谷慎等(2015)则认为城乡二元经济结构形成的根本原因,是企业和市场发育程度不同使城乡形成了不同的分工演进路径,并由此导致城乡形成了不同的

劳动生产率水平和经济发展水平。我国要顺利实现城乡二元结构转换,实现城乡一体化发展,关键就是要着力促进农村企业和市场发展。

(2)区域经济协调发展。区域经济是指在一定范围内,有密切相关性的经济活动和经济关系的总称。它是以客观存在的经济地域单元为基础,按照地域分工原则建立起来的具有区域特点的地域性经济。区域经济协调发展是要在宏观经济发展的前提下,在各政府各区域政策的引导下,各经济区域都尽可能充分发挥出自己的经济优势,通过相互支持与协作形成良好的产业结构、经济发展态势,保持合理的要素比例关系,实现合理的地域分工,从而实现大于局部总和的宏观规模经济,真正体现出有机协作的巨大威力,从而推动国民经济向更高更强发展(马浩,2013)。

区域间经济发展关系的理论主要是区域平衡发展(Balanced Growth)理论。在区域平衡发展理论中,罗森斯坦-罗丹的大推动理论、纳克斯的贫困恶性循环论占有重要位置。罗森斯坦-罗丹的大推动理论(1943)认为,欠发达经济体在经济发展过程中使要素投入均衡作用于所有重点产业,从而全方面突破发展瓶颈。发展中经济体采用这种发展理论,是因为它的理论基础的三个"一体性",即社会分摊资本的一体性、需求的一体性、储蓄供给的一体性。纳克斯的贫困恶性循环论(1952)认为,阻碍发展中国家经济增长的决定性因素是资本要素投入不足,形成这种现象的原因是投资回报率低和社会储蓄水平低。在一国的经济出现储蓄率和投资率不足时,其经济发展往往会陷入低水平的恶性循环之中。要改变这种低水平恶性循环现象可通过扩大国内需求和提高经济中产业的投资回报水平来形成一种平衡增长状态,以使经济发展摆脱低水平的恶性循环。可见,区域均衡发展理论不仅强调部门间或产业间的同步发展、平衡发展,而且还强调空间的均衡化,即区域内部或区域间的平衡发展。在区域经济发展系统中,区域差距的形成、扩大和缩小的逻辑演进过程是自然区位成势、系统自我扩势和制度不断造势的过程(惠树鹏,2015)。

为了测度区域经济协调发展水平,赵璟等(2015)从经济协调发展、社会协调发展、生活协调发展三个维度构建兼顾发展与均衡的区域城乡统筹发展综合评价指标体系,利用动态因子分析法确定指标间权重,在此基础上从变化幅度、动态度和区域差异变化三方面建立了区域城乡统筹发展时空分析模型。

关于区域经济发展如何从不协调到实现协调发展,安体富、蒋震(2008)提出要转变相应财税政策以有效促进区域经济协调发展,即完善转移支付制度、进行资源税改革、转变税收优惠制度、重新划分中西部税权等。黄剑辉、李洪侠(2015)提出通过加快实施财税、金融、贸易等领域改革,给予中西部适度宽松的财税、金融、贸易等制度支持,可以有效促进区域协调发展。和云(2015)认为要加快政府职能转变,打破地域、行政壁垒,打破利益藩篱和市场阻碍,以更开放、更长远的眼光看待自身、区域和国家发展。

1.1.1.2 四化同步发展

党的十八大提出要坚持走中国特色新型工业化、信息化、城镇化、农业现代化道路,推动信息化和工业化深度融合、工业化和城镇化良性互动、城镇化和农业现代化相互协调,促进工业化、信息化、城镇化、农业现代化同步发展。"信息化和工业化深度融合"既是提高经济效益的必由之路,也是提高工业经济和企业核心竞争力的重要手段。信息化必将为工业化插上腾飞的翅膀,工业化无疑又是信息化的坚实基础。"工业化和城镇化良性互动",这是现代经济社会发展的显著特征。工业化是城镇化的经济支撑,城镇化是工业化的空间依托,推动工业化与城镇化良性互动,既为工业化创造了条件,也是城镇化发展的内在规律。"城镇化和农业现代化相互协调",也是中国农村发展的大势所趋。没有农业现代化,城镇化就会成为无源之水、无本之木,而没有城镇化,农业现代化也会失去依托目标,广大农民向何处去就会成为一个大问题。

"四化同步"的本质是"四化"互动,是一个整体系统。就"四化"的关系来讲,工业化创造供给,城镇化创造需求,工业化、城镇化带动和装备农业现代化,农业现代化为工业化、城镇化提供支撑和保障,而信息化推进其他"三化"。因此,促进"四化"在互动中实现同步,在互动中实现协调,才能实现社会生产力的跨越式发展。

"四化"是一个中国化的提法,但国外学者对不同产业间相关发展也做了相关研究,如 Eswara(2002)认为,工业生产与农村发展存在正向相关关系,工业化滞后会阻碍农业发展。我国学者对"四化"同步发展进行了大量研究。"四化同步"与"四化协调"内涵一致,"四化同步"就是"四化"的发展速度、水平相互适应,相互促进,协调平衡,既不过分超前,也不严重滞后(简新华、杨晃,2013)。"四化"同步发展是一个整体系统,其本质在于"四化"的内在互动(沈莹、张爱英,2014)。实现"四化同步",要重点解决好土地制度、户籍制度、行政体制、高等教育体制等制度问题(杨鹏等,2013),重点放在农业现代化上,加快建设和发展现代农业(郭翔宇,2013)。严红(2015)认为,要推进"四化"同步发展,必须通过产城一体促进工业化与城镇化同步发展、拉长产业链,实现农业现代化与工业化有效衔接,合理规划促进农业现代化和农村城镇化就地实现,广泛运用信息技术实现信息化与其他"三化"深度融合。刘新智等(2015)则认为由于我国农业现代化发展较为落后,地方政府在注重发展工业的同时,必须兼顾农业的发展,另外还应当提高工业化的技术含量,注重先进技术的使用,扶持高新信息技术产业,在新型工业化、农业现代化的支撑下坚定不移地推进新型城镇化的发展。

1.1.1.3 国际收支平衡

自改革开放以来,我国紧紧抓住了国际资本流动和产业转移的历史机遇,实施出口导向发展战略,通过引进外商直接投资,大力发展加工贸易,使中国迅速发展成为世界第一大贸易国。经常账户和资本账户的双顺差导致国际收支顺差,进而造成外汇储备余额连年猛增,2014 年外汇储备余额高达 3.8 万亿美元。在开放经济条件下,内外经济均衡是宏观经济长期均衡的先决条件。内外经济均衡是指一国经济实现了持续稳定的经济增长与国际收支基本平衡,国际收支平衡符合我国经济发展的需要(管涛,2014)。为了促进并保持我国国际收支平衡,程博资等(2014)、陈传兴(2015)都认为需要通过保持人民币汇率的基本稳定、加强资本流动管理等方式来促进国际收支平衡。

总体来说,我国目前在平衡发展与增长方面与国外存在不少差距。Kemper et al.(2011)使用单位根检验和协整技术,检验德国均衡增长,发现其长期增长路径在允许内生决定的结构性突破情况下,是平衡增长的。而 Li 和 Daly (2009)通过研究发现,中国的产出、消费和投资的增长拒绝平衡增长假设,这是由于平衡增长的要求非常高,目前中国经济发展状况还达不到此要求。

1.1.2 包容性发展

1.1.2.1 包容性增长

包容性增长作为发展经济学的一个新概念,是在世界各国不断攀升的收入差距背景下提出的。包容性发展(Inclusive Development)的概念由包容性增长 (Inclusive Growth)的概念演变而来。在"包容性增长"理念的形成和发展过程中,亚洲开发银行和世界银行都发挥了重要作用。20 世纪中期以来,随着对经济增长认识的不断深化,世界银行于 1990 年提出"广泛基础的增长(Broad-Based Growth)",其后进一步提出"对穷人友善的增长(Pro-Poor Growth)"的理念,并以此制定世界银行的贫困减除政策以及指导各国相关实践(蔡荣鑫,2009)。亚洲开发银行在 2007 年首次提出"包容性增长"概念,强调增长必须具备包容性、可持续性以及更为民众所认同。2009 年 11 月 15 日,时任国家主席的胡锦涛在亚太经济合作组织上发表题为《合力应对挑战 推动持续发展》的重要讲话,强调"统筹兼顾,倡导包容性增长",2010 年 9 月 16 日,胡主席在第五届亚太经合组织人力资源开发部长级会议上再次发表了题为《深化交流合作,实现包容性增长》的致辞,将这本不为人所知的概念推向了大众前台,并上升为中央执政理念。2010 年 6 月,欧盟成员国首脑议会通过了欧盟 2020 战略,也提到包容性增长,即"形成一个高就业率、有利于社会凝聚和领土凝聚的经济发展模式"。由于贫富差距逐年增大、社会机会不对等、就业机会失衡等原因,强调包容性经济增长非常有必要(王峰,2011)。亚行、欧盟等组织将包容性发展的思想写进了 2020 战略框架中。作为 2016 年 G20 峰会的主题之一,包容性是时代赋予我们的新课题。

(1)包容性发展的理论渊源。包容性发展的理论基础主要是包容性增长,它实际上来源于经济学界长期以来对"发展"和"公平"或者"经济增长"和"收入分配"之间关系的讨论。

标准的新古典福利经济学认为,公平和效率不可兼得,必须以两个步骤分别解决。福利经济学第一定理表明,在充分竞争条件下,由于各种生产要素获得的报酬率等于其边际产品的价值,由此得到的关于收入分配的推论是:任何在市场竞争条件下形成的收入分配格局都是帕累托最优的;而福利经济学第二定理表明,市场竞争的某个具体的帕累托最优的结果,未必在规范的意义上就是最合意的,而合意的福利分配格局,必须通过人与人之间的禀赋转移才能够达到(Varian,1992)。这意味着,通过富人对穷人的补偿,效率第一的经济增长方式是最优的。而有的学者则走得更远,如 Feldstein(1997)认为,"收入不平等不是一个值得矫正的问题。把平衡不平等程度的基尼系数的上升理解为一桩坏事的通常观念,违背了帕累托原则。分配问题的真正所在不是不平等而是贫困"。在福利经济学第一定理和第二定理的指导下,新古典增长理论强调经济增长而不关注增长成果在不同群体之间的分配,因而造成增长理论长期以来对收入不平等问题的忽视。例如,哈罗德-多马模型(Harrod,1939;Domar,1946)和索罗模型(Solow,1956)都主要强调资本积累和技术进步对生产率的作用。

但是,新古典福利经济学定理只说明了静态方面的、经济没有受到任何人为扭曲时的情形。新古典经济学暗含的两个重要假定是:①市场充分竞争;②企业自主地在市场引导之下选择进入那些预期能够获利的产业,采用那些预期能够获利的技术结构。由于这两个条件在大部分发展中国家不成立,因此新古典经济学在公平和效率方面的推论对于理解发展中国家的问题助益较少。在发展经济学中,两位诺贝尔经济学奖获得者分别提出了对于经济增长和收入分配研究产生重大影响的两个理论,即 Lewis 的二元经济理论和 Kuznets 的收入分配倒"U"形规律理论。前者侧重理论分析,后者侧重经验研究。Lewis(1954)对发展中国家城乡二元结构的研究为 Kuznets(1955)倒"U"形假说提供了理论基础。然而,20 世纪 70 年代末期以来,主要发达国家收入差距的下降趋势出现了逆转,收入不平等程度开始扩大,Kuznets 倒"U"形规律理论面临严峻挑战。Fei 等(1979)通过对台湾地区经济发展的经验研究发现,台湾在经济发展起飞阶段

(20 世纪 50 年代到 20 世纪 70 年代)不仅保持了高速的经济增长,而且基尼系数也由 20 世纪 50 年代的 0.53 下降到 70 年代的 0.33。Deininger 和 Squire (1996)利用收集整理的收入分配面板数据集对倒"U"形假说进行了经验分析,但没有支持 Kuznets 倒"U"形规律的经验证据。Fields 和 Jakubson(1994)就 Kuznets 倒"U"形规律对 35 个国家进行的经验研究发现,如果算是一般意义结论的话,那么这个结论是,在经济发展过程中,至少 20 世纪,不平等程度一直都是下降的。这些研究说明,即使在发展中国家,经济增长也不一定伴随着收入分配差距的扩大,Kuznets 的倒"U"形理论缺乏坚实的经验证据支持。

经济增长与收入分配的关系是双向的:经济增长会影响收入不平等,同时收入不平等也会反作用于经济增长。在新古典经济学看来,由于收入不平等可能有利于增强工作激励、提高社会储蓄率等,早期理论倾向于认为不平等有利于经济增长,因此,降低不平等的再分配政策会损害经济增长,公平和效率之间存在两难(Benabou,1996;Aghion et al.,1999)。

随着新政治经济学和新制度经济学的兴起,许多研究对上述观点提出了质疑。20 世纪 60 年代以来,日本和东亚"四小龙"在保持经济高速增长的同时实现了收入分配的改善。对日本和其他东亚国家实现"公平经济增长"的原因和机制的研究发现,政府政策对经济增长和收入分配有着非常重要的影响,包括土地再分配(Deininger,2003)、教育机会均等化(Bourguignon,1994)、政府财政转移支付(Ravallion,1991)、非农就业机会提供和劳动密集型产业发展政策(Oshima,1993)等。这些研究表明,如果政府政策得当,高速的经济增长与平等收入的分配是可以兼顾的,效率和公平是可以兼得的。

(2)包容性发展研究现状。亚洲发展银行对包容性发展的测度进行了诸多研究。Ifzal 和 Hyun(2007)提出了基于家庭调查数据的社会机会函数,该函数类似于社会福利函数。他们认为如果增长提高了社会机会函数,即增加了人口的平均就业机会和促进了机会在人口中的均等分配,则该增长具有包容性。Ali 和 Yao(2004)指出,基础设施的质量是推动包容性发展和持续减少贫困的可行指标。Bolt(2004)认为,农业人口占亚洲发展中国家总人口的 1/3,因此农业发展和农业经济是实现包容发展的重要环节。Fernando(2008)提出农业基础设施能够为农业人口进入市场提供基本服务,并且增加农业人口就业机会和收入增长。Tandonand 和 Zhuang(2007)强调,健康是衡量人类福利的重要指标,也是经济发展的重要目标。McKinley(2010)构建了国家的符合包容性发展指标。该指标主要包括:(1)增长,生产性就业和基础设施;(2)收入,贫困和公平,包括性别公平;(3)人力资本;(4)社会保障。他用这些指标来帮助各国评估各自在包容性发展方面取得的进展。这个指标也被亚洲开发银行作为诊断如何最大化为一个国家提供实现包容性发展的支援的重要起点。Sugden(2012)对亚洲和太平洋地区的 11 个发展中国家进行了包容性测度,发现这些国家的增长方式在包容性方面都有所提高。

世界银行用经济增长的诊断模型对中国、印度、秘鲁等国家进行了分析。Li et al.(2011)运用企业的微观调查数据进行了分析,认为中国的商业环境比印度具有优势。这些优势主要来源于更好的基础设施、更多的高技术人才和更为自由的雇佣制度。Hausmann 和 Klinger(2008)认为,秘鲁过早追求出口资本密集型产品导致人力资源没有得到充分利用,使得偏远地区人口及贫困人口无法走出困境,因此,未来政府应鼓励更好地利用劳动力资源。Lanchovichina 和 Lundstrom(2009)通过对赞比亚的诊断分析认为,政府治理的无效是导致贫困人口缺乏就业机会,经济发展难以实现包容性的主要原因。Lederman(2011)认为,发展中国家通过出口促进就业和推动收入分配是实现包容性发展目标的重要战略。

中国对包容性发展的研究多为综述和战略研究,实证分析较少。亚洲发展银行将医疗健康指标作为衡量中国发展是否具备包容性的指标(Tandon 和 Zhuang,2006)。他们的分析结果表明,中国在经济增长的过程中,人口的健康状况和医疗卫生的覆盖率都有所提升,但穷人和富人之间的医疗差距也在逐渐扩大。陆铭等(2012)认为,中国城市规模不断扩大带来就业机会的增加,但城市政策对流动人口,特别是低技术人口的限制,导致公平和效率的损失,不利于实现包容性增长。魏婕、任保平(2011)运用隶属度的模糊综合评价方法对中国 1978—2009 年经济增长的包容性进行考察和测度,认为中国经济增长的包容性是"基本包容"。于敏、王小林(2012)对 1990—2009 年中国的包容性增长测度认为中国包容性增长整体水平比较低。

(3)包容性增长强调在经济发展中要促进机会平等。机会平等是指一个人的福利(通常用个人收入来衡量)只与个人的努力程度有关,与个人的环境无关(Roemer,1998)。在经济发展中应促进机会平等,机会的不平等会抑制经济增长(Chaudhuri、Ravallion,2006)。

包容性增长倡导机会平等,即贫困人口应享有平等的社会经济和政治权利,参与经济增长并做出贡献,并在分享增长成果时不会遇到权利缺失、体制障碍和社会歧视等问题。Ali 和 Zhuang(2007)认为经济增长不仅要促进机会的增长,也要增加获取机会的途径。不平等机会与市场、机构的排斥,政策的失败相关。

因此,政府应该通过制度或政策的改革来改善因个人所处环境造成的不平等,使社会内的每个成员个体的背景差异最小化,自身的努力以及勤劳程度最大化,消除不平等的机会和缩小结果之间的差异,从而实现社会公平和经济增长。

(4)包容性增长强调在经济发展中促进就业增长。经济增长需要包容经济体的大部分劳动力,让劳动者有均等的机会进入市场和获取资源。就业是包容性发展的重要因素,由于贫困人口的主要收入来源就是劳动力,就业是他们获取收益和摆脱贫困的主要途径。因此,促进就业是减少贫困和推动可持续发展的重要政策导向。包容性增长是促进充分就业的增长,包容性增长应该实现穷人的充分就业,并使工资增长速度高于资本报酬增长速度,从而缩小贫富差距(Felipe,2007)。

生产性就业是生产效率较高的就业,实现可持续的和包容性的增长的最重要工具是生产性就业(Productive Employment)(World Bank,2008)。就业增长为个人创造了获得工作和收入的机会,而劳动生产率增长能够潜在地提升工资水平或者自雇者的收益。总之,在很多低收入国家,非充分就业是一个问题。因此,包容性发展不只是要提高就业率,更重要的是提高劳动生产率。个体实现生产性就业的能力取决于他是否能够在经济增长过程中充分利用可得的资源。

(5)包容性增长强调在经济发展中要减少贫困。减少贫困是包容性发展的目标,包容性发展关注的不仅是贫困人口而是更加广泛的个体。包容性增长的实现是要关注弱势群体,让弱势群体有足够好的生存空间,对权利同质、机会均等和公平竞争的要求更高。包容性增长是益贫式增长,强调经济增长过程对贫困和弱势群体的关注。这种增长有利于发展中国家的大多数人,而且在经济与政治上更具有持续性(Birdsall,2007)。蔡荣鑫(2009)认为包容性增长的核心要义正是要消除贫困者权利的贫困和所面临的社会排斥,实现机会平等和公平参与,使包括贫困人口在内的所有群体均能参与经济增长,为之做出贡献,并合理分享经济增长的成果。

廖家勤、宁扬(2014)对包容性增长的税收功能定位进行了分析。包容性增长是与科学发展观要求相一致的和谐共生的经济增长方式。基于包容性增长的税收功能定位是:充分激励各类经济主体的积极性,尽可能创造更多的经济机会;消除普通民众参与经济增长过程及分享经济成果的税收障碍;提升以人为本、和谐共生的税收增长质量。我国由于现行税制结构不合理、税收优惠政策偏颇、税务营商环境不适宜等原因,包容性增长很难实现。推进税收制度创新,实现包容性增长的基本路径是:大幅降低一般商品和服务的流转税率,降低间接税比重、提升直接税比重,优化税制结构;以有效激励普通民众创业和就业及促进县域经济发展为导向,优化税收优惠政策设计;建设服务型政府,营造适宜的税务营商环境。

1.1.2.2　包容性发展

包容性发展源自内生增长理论,在包容性增长的基础上衍生而来。它不仅在体现科学社会主义的基本原理、反映当代中国发展的必然要求上与中国特色社会主义道路相一致,而且丰富了其内容,从而与其形成了内在联系(唐鑫,2015)。但是"包容性发展"不同于"包容性增长"的关键在于,其中心词是"发展"而不是"增长"。"增长"仅仅是"收入"(income)的增加,而"发展"的实质是福利(well being)的扩大。"增长"一般指经济增长,可以用人均收入变动精确衡量(葛道顺,2014)。包容性发展的理念虽然受到诸多国际组织和发展中国家的关注,但并未形成统一的定义。Klasen(2008)将包容性发展定义为收入和非收入层面的不平等下降;Rauniyar 和 Kanbur(2010)则把包容性发展定义为在经济发展过程中要关注不平等的下降。姜雁斌(2012)定义包容性发展为消除弱势群体权利的贫困和所面临的社会排斥,实现机会平等和公平参与,使包括弱势群体在内的所有群体都能参与经济增长并做出贡献,同时合理分享增长成果。包容性发展涉及经济、社会和制度等多方面,既关注增长速度也关注经济结构,既关注短期政策也关注长期战略,是一个内涵丰富的概念。包容性发展是一种更加全面、更趋公平,同时也是更具人文关怀、更具有可持续性的新发展理论和战略(高传胜,2012)。

(1)发展主体的全民性是包容性发展的逻辑起点。鼓励所有国民积极参与国民经济发展是包容性发展的根本出发点。事实上,发展主体的全民性,是发展成果分配上利益共享的逻辑起点,没有全体国民共同参与,利益共享也便失去其社会公正性。正因为如此,包容性发展特别强调发展活动的全民参与和全体国民的共同发展。

包容性发展的重要特征之一是非常重视弱势群体的发展。因为相比于其他群体,弱势群体参与国民经济发展的可行能力较差,因而机会也较少,所以特别值得重点关注。而且,其他主体本来就是发展的主力军,尽管他们也面临发展机会不均等问题,但从发展主体角度而言,问题并不突出。也正因为弱势群体的发展能力较差,因此,加强对他们的人力资本投资、增强其可行能力,便成为包容性发展的重要内容。这也是减贫战略由增长、经过益贫式增长,再演变到包容性增长和发展的重要原因。保障他们的基本生活,满足其基本医疗卫生服务需求,加强对他们的教育培训,都是增加其人力资本、提高其发展能力的重要途径。

(2)发展内容的全面性是包容性发展的基本特征。包容性发展不仅鼓励全民共同参与发展活动,还特别重视发展内容的全面性、综合性和统筹协调性。如前所述,包容性发展追求经济社会的全面协调发展,而不仅仅重视经济发展,更不仅局限在经济增长上。包容性发展不仅重视经济社会全面协调发展,还十分关注政治文明进步。因为一个国家的政治环境,会影响其经济、社会发展。如果政治民主化程度极低,不仅弱势群体的声音很难被政府决策层听到,需求难以得到应有满足,而且资源配置和发展机会等方面也会受到极大影响,社会公平难以得到应有保证。

(3)发展过程的公平性是包容性发展的本质要求。只有充分实现发展过程的机会均等,才能真正保证更大范围的利益共享。否则,在投资环境较差,歧视和垄断非常严重的社会里,利益共享不仅范围有限,而且力度也不可能很大。在这种情况下,即便政府想推进利益共享,但由于实施难度非常大,因而实现的可能性非常低。在已经形成较强利益集团的社会里,要侵犯利益集团利益的分配和再分配政策,无论在政策形成,还是政策实施上,都难度极大。因此,要真正实现发展成果上的利益共享,必须从发展过程的机会均等化着手。机会的可得性包含三个维度:基础设施、信息、教育或者医疗发展(Bisht et al.,2012)。只有努力创造更多的投资和发展机会,并保证机会公平、环境公正,才能吸引最为广泛的主体参与到发展过程中来。只有这样,利益共享才有坚实的基础。

包容性发展还要注意分配公平。分配公平应当包括两个层次上的含义:一是利益的初次分配以按劳分配为主体,其他分配方式并存;二是社会的再分配,要将贫富差距控制在社会普遍接受的合理范围之内。这两方面相辅相成,不可分割。如果只重视前者而忽视后者,将会导致贫富悬殊加大,出现两极分化,影响社会和谐;如果只重视后者而忽视前者,也必然导致平均主义泛滥,影响社会劳动生产率的提高(王改艳,2013)。

(4)发展成果的共享性是包容性发展的重要目标。发展成果分配上的利益共享,是包容性发展追求的最重要目标之一。无论是强调发展主体的人人有责,还是发展内容全面协调,抑或发展过程公平公正,实质上都是为实现发展成果利益共享做铺垫。因此可以说,利益共享是包容性发展的必然要求和结果。如果没有发展成果分配上的利益共享,包容性发展就是残缺、不完整的。包容性发展对发展主体、发展内容和发展过程的要求最终都要通过发展成果的利益共享体现出来,否则,包容性发展追求的前几项内容就会失去其应有意义。

包容性发展的力量源泉是生产力与生产关系再调整、发达国家(地区)与不发达国家(地区)的竞争与妥协、经济发展方式转变的整合力、全球大多数人民共同意识推动以及政府政策支持(叶琪,2012)。王妍(2015)从产业的角度来研究包容性问题,认为人本性、生态性、平等性和共享性是产业包容性发展的本质内涵。因此,为推进产业包容性发展,应树立以人为本的产业发展理念,构建生态导向的产业发展模式,营造机会平等的产业发展氛围和完善共享的产业收益分配机制。

1.1.3　可持续发展

近年来,随着工业化和城市化的快速推进,在经济迅速增长的同时,一系列生态环境问题也日益突出。如何协调经济增长与生态环境保护之间的关系,使发展更具可持续性,成为各界广泛关注的问题。可持续发展鼓励经济持续增长,而不是以保护环境为由取消经济增长。当然经济持续增长不仅指数量的增长,更是指质量的增长,如改变以"高投入,高消耗,高污染"为特征的粗放式的经济增长,实现以"提高效益,节约资源,减少污染"为特征的集约式的经济增长。

"可持续发展"作为一个概念被明确提出是在 1980 年由国际自然资源保护联合会、联合国环境规划署(UNEP)等联合出版的《世界自然保护战略:为了可持续发展的生存资源保护》中。这份报告指出:"(可)持续发展依赖于对地球的关心,除非地球上的土壤和生产力得到保护,否则人类的未来是危险的。"1981年美国农业学家莱斯特·布朗在其著作《建设一个持续发展的社会》中首次对可持续发展观进行了系统论述,认为可持续发展主要依赖于控制人口数量、保护资源基础和开发可再生资源等三大途径,并对一个可持续发展的社会做了多侧面的描述,社会发展的理念进入可持续发展框架。至此可持续发展的理论框架始具雏形(冯华,2004)。1987 年,世界环境与发展委员会发表了著名的报告《我们共同的未来》,正式提出了可持续发展的定义:"既能满足当代人的需要,而又不对后代人满足其需要的能力造成危害的发展。"随后中外学者从不同角度对"可持续发展"的定义进行了完善和修正,但都围绕"当代人"和"后代人"的"需要"论述展开。1992 年,世界银行描述的可持续发展非常简单,即"可持续发展就是能继续"。同年,《里约环境与发展宣言》(Rio Declaration)描述可持续发展为人类的需要满足当前和通过合理利用和自然资源补充未来的长期持续发展(Ciegis et al.,2009)。联合国开发计划署(UNDP)在 2011 年《人类发展报告》中将"人类可持续发展"阐述为:"人类可持续发展是指在采取合理措施尽量避免严重影响后代自由的前提下,努力扩大当代人们的实质性自由。"可持续利用自然资源结合环保可以改善经济(Schmalensee,2012),促进资源节约型,更环保,使经济更具有竞争力(Janicke,2012)。

可见,可持续发展是一个综合概念,它的内涵至少包括三方面:第一,保护生态环境的承载能力。第二,发展。经济学家认为,发展最初是经济增长的描述,后来增长和发展有了区分,前者强调的是吸取和积累所表现的数量性增加,后者强调质量性改进和潜力的实现。本书赞同发展的含义应当包括为人类社会物质财富的增加和人群生活条件的提高,在特定国家和地区内,以所有人的利益改进为标准,以追求社会全面进步为最终目标。第三,公平性。可持续发展追求的公平包括三层意思：一是本代人之间的横向公平；二是代际间的纵向公平；三是公平分配有限资源，是指一国（地区）的活动不得损害其他国家（地区）的环境。没有限制也就不可能持续，人类对自然资源的耗竭速度应考虑资源的临界性（兰兰，2008）。

1.1.3.1　可持续发展强调人口均衡

人口与可持续发展的关系十分密切，又十分复杂，人口对可持续发展构成了促进与制约的双重关系。南亚由于其人口红利，不仅使其经济迅速增长，而且确保了可持续增长（Panth，2014）。中国是世界上人口最多的国家，人口过多使得人均资源不足，发展水平低，加之人口素质，尤其是文化素质不高，人口地域和城乡分布不均衡，人口老龄化趋势等使得我国人口与发展之间的矛盾更加尖锐。因此要妥善处理好人口、资源、环境和发展之间的相互关系，扶持人力资本积累（彭水军、包群，2006），确保社会保障支出水平（宋马林等，2014），从而实现经济的可持续发展和人类社会的全面进步。

1.1.3.2　可持续发展强调资源永续利用

资源稀缺性是经济问题产生的根源，也是经济学研究的起点，资源的可持续利用贯穿了人类发展的全部历史。自然资源是人类社会可持续发展的物质基础，要实现可持续发展必须在经济发展过程中保持一个不变的或增加的资源存量，从而维护可持续发展的物质基础。因此，自然资源的永续利用是实现可持续发展的基本问题（张健等，2007）。近年来有越来越多的学者在研究经济可持续发展与自然资源的关系。Li（2000）为了更好地促进经常的可持续发展，还需要考虑到个体消费的时间偏好，以解决当前和未来几代人之间的资源冲突问题。自然资源的永续利用其实是个代际传承的问题，经济的可持续发展往往被视为代际公平的问题，但要解释怎样才能可持续并不简单（Anand 和 Sen，2000）。

1.1.3.3　可持续发展强调环境保护

人类社会面临最大的两个问题是水资源的短缺和生态环境的恶化（Mariolakos，2007）。良好的生态环境可以为人类的发展和进步提供有力的保障，而恶化的生态环境则会制约、甚至动摇发展的基础。因此，环境问题是不可持续发展的根源之一，生态环境的保护是实现可持续发展的基本内容。有学者（王光净等，2009；Reilly，2012）认为，经济的发展应该尽量避免重复以前因过分追求经济增长而导致生态环境破坏和资源枯竭的发展道路，它的发展既要提高人民的生活质量，满足现代人的需要，也应该着眼于不断提高该地区的环境承载能力，给后代留下更广阔的发展空间。因此要发展绿色低碳经济、循环经济（王广峰,2015),推进产业间资源和能源的循环利用,努力形成行业之间、行业内部和企业内部循环经济发展格局(李向阳,2014)。加速推进低碳产业的发展,大力研发、应用和推广低碳技术,积极引导和倡导低碳社会和低碳生活(邹玉娟,2010),还要加强公共机构的强制性生态友好型公共采购计划(Mathews,2012),并推动碳排放权交易,发挥市场机制对环境容量资源的优化配置作用,调动企业控制排放的积极性,灵活地调节经济发展与环境保护之间的平衡,使社会整体治理成本趋向最低化(巩海滨,2014)。

在经济可持续发展理论研究的基础上,国内外学者还进一步探讨区域经济可持续发展的具体实践战略以及不同层次的可持续发展综合评价的研究,提出了有参考价值的可持续发展评价指标体系。Velde et al.(2007)认为,脆弱的自然资源对生态环境有负面影响,进而会影响经济的可持续发展。Tweed(2007)认为,碳排放、城市改造、能源消耗和废物管理,以及建筑文化传统都会影响城市可持续发展。Goebel(2007)还从城市住宅角度研究可持续问题,指出宏观经济现状、城市化进程与速度、种族隔离、难以动摇的社会制度等因素都会影响住宅可持续发展。Portney 和 Berry(2010)从美国市民参政程度与城市可持续发展关系的角度,建立了一套评估可持续发展能力的指标体系,并据此对美国 24 个城市进行了评估排序。评价结果发现坚持贯彻可持续发展政策的城市往往更倾向参与签署地方请愿书、参加示威、成立地方改革小组、加入社区团体等活动,也易受到个人所得税及其他因素的影响。国内学者狄乾斌、韩增林(2009)运用复合生态系统场力分析框架,提出综合评价指数——海洋经济可持续发展度,对辽宁省海洋经济可持续发展水平及其演进特征及系统耦合模式进行分析探讨。盖美等(2011)从水资源、社会、经济三方面综合分析选取 24 项评价指标,合理构建辽宁沿海经济带水资源—社会经济可持续发展评价指标体系。孟伟庆等(2014)通过构建城市尺度的能值账户分析模型,对天津市生态经济系统的能值效率进行了分析。由于天津的发展主要依赖于不可更新资源的消耗,导致污染物排放量增加,环境负荷加剧。因此,虽然经济增长很快,但实际的能值效率增加幅度不大。天津市应大力发展第三产业,同时在工业发展中,应推进循环经济的深入发展,提高资源和能源利用效率,减少污染物排放总量。黄询、黄民生(2015)针对当前城市可持续发展研究中忽视其动态机制的现状,在运用能值分析法对可持续发展水平进行定量测度的基础上,通过构建可持续发展库兹涅茨曲线模型对城市可持续发展水平与经济增长之间的动态关系进行分析。檀菲菲、陆兆华(2015)认为区域可持续发展水平、发展的持续性和系统的协调性是区域可持续发展定量评价研究的三角构架,提出了非线性主成分分析(NLPCA)和施密特正交化(GSO)耦合的方法,评价区域的可持续发展水平来弥补传统方法的不足,并由此建立了区域发展持续性模型和可持续发展系统协调模型。

1.2 "三缺口"模型与政策搭配

1.2.1 "三缺口"模型

"三缺口"模型是在"两缺口"模型的基础上拓展后得到的,即在考虑储蓄投资和进出口之外,加入了财政收支因素,它是通过储蓄、外汇和财政缺口三个约束综合考察经济增长的理论,形成于 20 世纪 80 年代末期,现已成为分析发展中国家经济增长问题的主流经济理论。

根据宏观经济学原理,社会总供给 $S=C+S+T+M$,社会总需求 $D=C+I+G+X$,其中 C 为消费,S 为储蓄,I 为投资,T 为政府收入,G 为政府支出,M 为进口,X 为出口。社会供求差额$(S-D)$可表示为:

$$(S-D)=(S-I)+(T-G)-(X-M)$$

等式的右边即为"三缺口"模型。其中$(S-I)$为储蓄缺口;$(T-G)$为财政缺口;$(X-M)$为外汇缺口。

"三缺口"模型理论表明,一个国家的经济发展不仅受到储蓄水平、外汇缺口的约束,还受到政府部门决策约束。政府部门的投资以及储蓄规模关系到私人部门的储蓄缺口规模,为使得经济合理发展,政府部门的投资及储蓄应保持在一个较合理的水平。

国外对于"三缺口"模型的研究是由"两缺口"模型调整演变而来的。Chenery 和 Strout(1966)在"两缺口"模型中讨论了储蓄缺口和外贸收支缺口对经济增长的约束。Bacha(1990)在"两缺口"模型中引入财政缺口,分析了财政约束对高负债国家经济增长的影响。Taylor(1994)则利用"三缺口"模型分析了储蓄、外汇、投资和通货膨胀缺口对潜在产出增长和产能利用率的约束。Mwangi et al.(1994)研究了肯尼亚的储蓄、财政、外汇缺口和经济增长的关系,并分析了这三个缺口自 20 世纪 70 年代早期以来的演变路径。他们的研究结果表明,中间品进口率、外汇缺口是限制肯尼亚的潜在经济增长的重要因素。Iqbal 等学者(2000)根据 1970—1993 年对巴基斯坦的宏观经济表现充分考察后,运用"三缺口"模型,定量研究了内部政策调整及外部冲击对巴基斯坦经济的影响。Thanoon 和 Baharumshah(2003)认为贸易、外国直接投资和债务流动等外部冲击,加上国内经济不平衡会导致经济不稳定,亚洲金融危机证明了这一点。马来西亚、泰国、韩国、印度尼西亚和菲律宾受到严重影响,外资在 1997—1998 年东南亚金融危机后纷纷撤离。因此,必须对经济和金融体制进行改革。他们运用"三缺口"模型,分析了马来西亚财政及外汇缺口是否对其政策调整有所约束,并预测了其未来 10 年经济复苏的关键是私人部门,再配上公共部门相应的政策支持。Ranaweera(2003)在"三缺口"模型基础上,对乌兹别克斯坦经济失衡进行分析后得出,积极的政策调整能有效提高经济水平和福利。Davies 和 Seventer(2004)运用"三缺口"模型分析了南非 1993—2002 年的储蓄和投资情况,研究表明,南非政府部门在需求驱动方面的作用在下降,所造成的空缺主要由国外部门所占据,而不是私人部门。之后,Sepehri 和 Akram-Lodhi(2005)评估了国内和国外储蓄对越南经济增长的意义,利用 1986—2000 年的年度数据,运用"三缺口"模型进行估计,直观地说明了外汇缺口对越南经济增长的制约。他们认为国内私人储蓄的缺乏比公共储蓄的缺乏更具约束力,其在不同的增长路径的情况下对外汇需求进行估计,最后建议增加投资以提高产出。

国内对"三缺口"模型的研究较少,其中蔡思复(2005)通过比较我国 1985—2001 年各宏观指标数据后发现,我国市场需求不足缺口自 1989 年转折后一直在扩大,于是提出利用"三缺口"模型逐步消除。具体策略包括:一是加快金融改革并实施适度宽松货币政策;二是加大出口导向力度;三是实行更加积极的财政政策。汤文仙、韩福荣(2000)通过两缺口对我国引进外资的实证研究和储蓄转化为投资的有效性分析,发现双缺口模型在解释中国利用外资行为上存在局限性,并建议引入技术缺口,从而将模型改进为"三缺口"模型,来更好地解释发展中国家的外援外资与经济发展的关系。吴云勇(2010)以"三缺口"模型对辽宁省的就业结构进行了分析,发现辽宁省第一产业产业结构缺口一直居高不下,主要原因是第三产业就业比重较低,即第三产业对第一产业转移的劳动力吸纳能力不足所致。故通过多种途径挖掘第三产业就业潜力,应是辽宁省降低第一产业产业结构缺口的努力方向。章和杰、陈威吏(2007)运用"三缺口"模型对我国经济内外失衡进行了分析,发现内部失衡是外部失衡的根源,造成内部失衡的原因在于投资储蓄缺口。他们参考国内外相关研究成果,提出了"点""线""面"相结合的分析方法及相关对策建议。章和杰在《三缺口模型下的中国内外均衡政策搭配研究》一书中利用"三缺口"模型,对中国经济的转型、结构调整以及可持续增长等方面进行了全面深入研究。他认为中国经济内部失衡的主要原因是投资储蓄失衡,我国经济的主要问题表现为"高投资""高储蓄""低消费"。同时从财政政策、货币政策、汇率政策和政策搭配四个角度对中国经济的均衡发展提出了具备科学合理性和可持续发展的对策建议。

1.2.2　政策搭配

詹姆斯·米德(James Meade,1951)最早提出固定汇率制度下的内外均衡冲突问题。他认为,在开放经济下内外均衡的矛盾经常出现,必须运用政策搭配的手段来调节,但在固定汇率制度下政府无法使用汇率政策,靠较单一的支出增减政策来寻求内外均衡的同时实现往往会遭到失败,即所谓的米德冲突。丁伯根(J. Tinbergen,1952)最早提出了将政策目标和工具联系在一起的模型,他指出要实现 N 个独立的政策目标,至少需要相互独立的 N 个有效的政策工具。斯旺(Trevor Swan,1955)首次将内外均衡问题用直观的图像模型来展示,提出了著名的"斯旺模型"。这一理论主要为:用支出增减政策和支出转换政策搭配解决内外均衡冲突,利用支出增减政策谋求内部均衡,用支出转换政策谋求外部均衡的实现。罗伯特·蒙代尔(Robert Mundell,1968)提出了政策指派的"有效市场分类法则"(又称为"蒙代尔指派法则")。该法则的主要含义是:每一目标应当指派给对这一目标有着相对最大影响力的工具。蒙代尔根据这一法则,区分了财政政策、货币政策在影响内外均衡上的不同效果,提出了以货币政策实现外部均衡目标、财政政策用于实现内部均衡的想法。

国内政策搭配理论研究较多的是沿用米德—丁伯根—斯旺—蒙代尔的分析方法。这些方法因侧重点不同可大致分为两类:一是注重理论分析,研究政策搭配的必要性及合理方案;二是注重实证分析,通过模型和数据来检验政策的相对有效性。

侧重理论分析的研究。刘锡良(1997)在比较分析了财政政策与货币政策的四种搭配组合方式后,结合我国经济实情,得出目前我国应该采用紧缩的货币政策和略为松动的财政政策相组合模式,从而在防止通胀的同时又有利于促进产业结构调整。姜波克等(1999)从开放经济下内外政策目标的相互关系出发,研究了多种政策目标和政策工具间的有效搭配来解决内外均衡问题,并提出了一套包含多种(五种)政策工具的搭配组合方案来实现内外均衡目标。张斌(2004)从"米德冲突"出发,结合当时我国通货膨胀与人民币升值现状,指出货币政策正逐步丧失作用,因此,为了抑制经济过热,财政政策的实施将更加频繁,这不利于宏观经济的平稳过渡。王景武(2005)回顾了 1997 年东南亚金融危机后到 2005年我国实施的财政与货币政策,结合 2005 年的宏观经济实情,分析了调控中存在的问题,并提出了合理的政策建议。冯彩(2008)分析了 1994 年以来我国通货膨胀和国际收支顺差为特征的内外均衡矛盾后,认为在短期内,应该进行人民币升值,并与紧缩性的财政政策和货币政策进行配合;从长期来看,应该改善人民币汇率制度和外汇管理体制。张永成(2010)根据蒙代尔政策搭配原理,对比我国 2007 年的经济状况,分析了导致我国政策取向与蒙代尔模型结论不一致的原因。蒙代尔政策搭配理论的分析前提是资本自由流动、利率市场化、固定汇率制度,而我国的经济环境并不满足这些要求。一方面,我国的资本账户尚未开放,因此资本不能自由流动,不满足资本流动具有较高的利率敏感性这一假设前提;另一方面,利率未实现市场化,利率实行较严格的管制也是其中一个原因。此外,蒙代尔政策搭配理论是从固定汇率制度这一假定来研究开放经济下一国内外均衡的问题,并没有把汇率的调整纳入模型的研究体系,因此该理论得出的结论与我国实际就有所不同。

侧重实证分析的研究。晁毓欣(2002)基于 IS-LM-BP 模型推导出了开放经济下的财政政策与货币政策乘数,并将我国的财政与货币政策对经济增长的作用进行实证分析,结论是我国财政政策乘数大于货币政策乘数,而且测算结果与官方公布的数字相接近。冯彩(2008)认为依靠财政政策解决内部失衡、货币政策解决外部失衡的"蒙代尔法则"并不能解决当前中国内外失衡问题。根据斯旺模型和克鲁格曼模型,应该实行汇率政策和其他政策的配合以实现内外均衡问题的解决。具体到我国当前的内外均衡冲突特征,她认为短期内应该实行人民币升值、紧缩性财政政策和紧缩性货币政策;长期内应该进行外汇管理体制的改革,完善人民币汇率制度。王国松(2009)采用 Kydland 和 Prescott(1982)的动态时间不一致模型,结合我国 1982—2004 年的数据进行实证检验后指出,无论是固定汇率制度还是浮动汇率制度,我国币值稳定的货币政策目标均存在显著的内在矛盾,致使货币政策的独立性与有效性被严重削弱。因此,我国政府在宏观调控时应该注重转换型与支出增减型政策搭配。章和杰、陈威吏(2007)突破了 M-F 模型在固定汇率制度和浮动汇率制度两种情况下分类探讨的约束,提出了存在人民币固定单向升值预期下的 M-F 模型,章和杰、何彦清(2011)在人民币一篮子货币汇率制度框架下,通过修正的 M-F 模型,结合汇改后的数据深入分析了我国财政政策与货币政策对经济的影响,对资本流动管制的约束进行了扩充,加入了 BP 曲线移动的政府管制目标区间,提出了更贴近我国实际的M-F模型,并提出了三方面的政策建议:首先是适度扩大人民币汇率的浮动区间,其次是逐渐完善人民币汇率机制,最后逐步增强央行独立性。杜晓郁(2011)对斯旺模型进行了拓展,将斯旺模型中的四个区域进行了细分,并考虑了每个区域内政策搭配方案。结论是运用人民币升值搭配紧缩性货币政策以及适度宽松的财政政策,是解决中国经济失衡的有效路径。夏晶、陈志勇(2015)依据"米德冲突"理论与丁伯根政策模型,对内外失衡背景下的宏观政策搭配进行了深入分析,论证了宏观政策搭配的必要性,并对宏观政策效应进行了实证探讨。张见(2015)认为当前中国宏观经济内外失衡主要表现为经济增长、物价水平、人民币汇率和国际收支四个宏观经济变量的失衡。其中,经济增长和物价水平的失衡属于中国经济的内部失衡,而人民币汇率和国际收支的失衡属于中国经济的外部失衡。不同宏观经济变量之间既存在兼容性,又存在冲突性,宏观政策工具的选择需要考虑不同宏观经济变量之间的兼容性和冲突性,需要多种政策工具的组合运用才能够同时实现中国宏观经济内外双均衡。

1.2.3　我国经济内外失衡的原因

国内外学者在分析我国经济内外失衡原因时的研究角度是多方面的,根据他们侧重点的不同可归纳成三类:内部失衡原因、外部失衡原因和内外部失衡互为因果。

(1)内部失衡原因。国内外学者在分析我国内部失衡原因时,根据我国"高储蓄、高投资、低消费"现状,从不同的角度进行了分析。王仁言(2003)从人口年龄结构角度切入,认为是人口年龄结构的变化导致消费、投资和储蓄行为随之而变。Kuijs(2005)指出我国政府高储蓄根源在于其投资政策为"政府融资型",即政府只为企业(主要指国有企业)提供融资而不进行政府消费;而企业高储蓄的原因则在于低分红政策和资本集中型企业较多。Blanchard 和 Giavazzi(2006)认为我国养老、医疗保险等社会保障制度的改革,以及教育、住房体制的改革,导致居民预防性储蓄增加。李扬、殷剑锋(2007)以我国 1992—2003 年资金流量表为基础,比较分析了企业、居民和政府三方面的储蓄率后发现,居民部门储蓄率虽然最高但呈下降趋势,而企业政府储蓄率则呈上升趋势。因此政策的重心应放在国民收入分配结构的改善上。熊志军、魏大光(2008)认为中国经济体制的变迁导致了经济内部失衡,如国企股份制改革导致大量职工下岗、农村富余劳动力流入城市扩大了劳动力市场供给,造成就业压力;社会保障制度从原来的国有企业承担变成企业、个人一起承担,由于建设落后致使边际消费需求不足。樊纲等(2009)认为造成我国长期储蓄—消费失衡的根源在于企业资本分配收入增长与劳动者报酬增长不同步所造成的收入结构失衡,造成这种现象的原因包括两方面,即国企"不分红"和企业利润率"虚高"。姜波克等(1999)则认为由于中国的劳动年龄人口较多,而其相对于非劳动年龄人口来说,拥有更高的储蓄率;随着人口出生率的降低,我国劳动年龄人口将难以得到有效补给,从而导致储蓄率自然下降。

(2)外部失衡原因。Blanchard 和 Giavazzi (2006)认为我国 2005 年的人民币汇率改革将有效降低国内出口部门投资,使中国外部经济重新回到平衡状态。熊志军、魏大光(2008)发现人民币升值与贸易顺差增加额之间不匹配,很可能是国际"热钱"借助贸易账户潜入我国,致使我国贸易余额虚增。刘晴辉(2008)利用我国历年宏观数据对 FDI(对外直接投资)流入量、投资储蓄缺口以及加工贸易进行综合分析后,认为我国对外贸易双顺差属于国际收支结构性失衡。因此他把 FDI 流入量、投资储蓄缺口和加工贸易顺差纳入考虑范围,利用我国1994—2007年的月度数据构建了 VAR 模型,进行实证检验后证实 FDI 流入、投资储蓄缺口和加工贸易均是造成外汇储备增长的原因。李天栋等(2009)通过对贸易余额和人民币实际有效汇率进行 Granger 检验后发现,人民币汇率和出口总额之间不存在明显因果关系。吴亦强(2009)根据我国1992年一季度到2007年三季度数据,对我国"双顺差"原因进行实证分析后指出,我国贸易依存度、国外净资产(即经常账户顺差不断积累的结果)、政府预算收支差额、实际GDP 增长率等指标均与我国经常账户差额之间存在不同程度正相关关系,金融深化指标和经常账户收支之间则有较强的负相关关系。从而提出国内吸收(国内消费、投资、政府支出)相比较于国民收入存在严重不足是导致外部失衡的主要原因。

此外,大部分学者在挖掘外部失衡原因时往往倾向于挖掘内部失衡的诱因,只是在分析角度上存在差异。江春、吴宏(2009)从收入分配角度切入,对比分析了1980—2007年我国及世界代表性国家如美国、英国等的收入分配等相关数据后指出,国内在收入分配方面的失衡是引起我国国际收支产生失衡的关键性因素,而收入分配包括功能性和宏观两方面:伴随着居民收入及其消费水平的下降而逐渐积累的经常项目巨大顺差,反映了国内积累或国外资产是靠削弱居民消费来完成;另一方面,由于我国劳动力、土地资源以及自然资源等生产要素价格较低,政府又大力引导外资流入,从而导致我国资本和金融项目顺差。蔡德容等(2008)从我国1978—2007年的储蓄、投资及其差额的实际值和1985—2007年我国经常项目、资本项目和官方储备项目入手,对我国宏观经济的储蓄投资失衡和经常项目失衡现状进行了分析,数据显示,我国经常项目目前存在大量的贸易顺差,成为我国宏观经济内部不平衡的最重要表现之一,宏观经济的外部失衡主要表现为以"双顺差"为代表的国际收支失衡。同时,作者还运用 Eviews 实证分析了储蓄投资失衡对经常项目失衡的影响,得出结论:我国宏观经济内部失衡决定外部失衡,外部失衡不过是内部失衡的外部表现。李天栋等(2009)从经济扩张角度出发,根据贸易余额及 GDP 的 Granger 检验分析后发现:贸易余额不是 GDP 的 Granger 原因,而 GDP 是贸易余额的 Granger 原因。之所以出现这一有违于宏观经济学理论的结果,是由于我国经济处于快速增长阶段,产出效应相比贸易余额对 GDP 乘数效应更加显著,从而得出我国贸易失衡主要原因在于经济规模扩张的结论。

(3)内外部失衡互为因果。现阶段国内大多数学者普遍认同的观点是,中国经济内部失衡存在因果联系,即内部失衡导致外部失衡,而外部失衡又反过来影响内部失衡。章和杰、陈威史(2007)基于蔡思复(2003)提出的"三缺口"模型分析,结合我国1990—2006年宏观经济发展指标,认为内部失衡是导致外部失衡的原因,而"高投资、高储蓄、低消费"的现状是引起内部失衡的主要原因,此外,他们还分别归纳分析了造成我国储蓄和投资失衡、储蓄和消费失衡以及投资分配失衡现状背后的原因。熊志军、魏大光(2008)指出,在拉动我国经济的"三驾马车"中,因需求不足致使投资短期内过快增长,从而引起产能过剩,所以政府选用"第三驾马车"净出口来带动经济,也就是说外部失衡对内部失衡存在"替代作用",同时外部失衡对内部失衡又有传染效应。邵成芳(2007)利用亚历山大的吸收理论,依靠国内投资率和储蓄率数据定性地分析了当前中国由于国内消费需求偏低导致国内产出不能完全被本国吸收,顺差部分转化为外需;随后进行实证分析,利用Granger检验发现消费(C)和投资(I)之间的因果关系并不存在,得出了中国的部分盲目投资在国内不适销,积压的产品只好寻求海外市场以致经常账户长期盈余的结论。樊纲等(2009)基于"两缺口"模型分析,结合Jahanson和Granger检验方法直接分析了贸易顺差与国内净储蓄之间的关系,并指出净储蓄是引起贸易顺差的诱因。

1.2.4 "三缺口"模型和内外均衡政策搭配

本部分为章和杰专著《三缺口模型下的中国内外均衡政策搭配研究——基于篮子货币汇率制度》(浙江大学出版社,2014年版)的相关内容。

(1)专著的水平和影响。经济增长的均衡性问题是宏观经济学研究的一个重要课题。从国外学者的研究成果看,"三缺口"模型(财政、外汇与储蓄缺口)用于分析经济增长的内外均衡性问题,并提出对策建议是非常有效的,它能提供一个定量框架,能明确地表达生产力提高和生产能力利用率间的相互关系。正因如此,该模型已为许多国际和政府研究机构所采用。本专著与已有出版的国内外相关论文和著作的最大不同点,或可能的创新之处是:基于中国的经济现实修改"三缺口"模型,动态分析中国经济内外不均衡问题,挖掘中国经济内外失衡的主要根源,并提出未来如何减少缺口等政策调整的方向。

(2)专著的科学意义或应用前景等。受全球金融危机影响,我国经济增速受阻,经济高增长时期掩盖的经济结构、增长方式和体制问题凸现。固定汇率(和篮子货币固定)造成的外汇占款使通胀高居不下,法定存款准备金率的高企不仅无法使通胀实质性下降,又造成中小微企业融资烦、难、贵问题更加突出,私人投资乏力,第三产业发展滞后,自主创新能力不强,就业形势严峻;居民收入受挫,农业发展、农民持续增收难度加大,消费需求不足;能源、资源消耗多,环境污染重;房市面临资产泡沫破灭风险;同时,存在着严重的国际收支双顺差等外部失衡,人民币升值预期仍然存在,外部经济环境严峻,不确定因素显增。在经济内外失衡的表面下又有深层原因,内外失衡间有诸多联系。经济结构调整是否能成功?拉动内需为何效果不彰?经济政策的调整方向等是若干年内理论研究和实际工作需重点关注的对象。本研究运用"三缺口"模型挖掘当前中国经济内外失衡的成因、深层次根源及相互关系,通过篮子货币汇率制度下的货币、财政和汇率三大政策有效协调和搭配,重点解决当前中国经济内外失衡的根源,达到中国经济内外均衡,实现经济可持续发展,具有重大的理论和现实意义。

(3)专著相关章节简介。第四章发现:长期以来,财政收入是制约中国经济高增长的核心变量,中国经济目前正处于转型期的十字路口,面临着传统经济结构和"十二五规划"目标相互冲突的困境。也就是说,要完成"十二五"规划,就要提高财政收入,即要提高税收。而中国现在是世界上少有的高税负国家,在人民的收入增长不仅滞后于 GDP、更滞后于财政收入的情况下,靠提高税收增加财政收入发展经济,只能是竭泽而渔,将严重有悖于党的十八大提出的人均可支配收入倍增目标。实际上,其潜在含义是:要发展和谐社会,政府首先要坚决"瘦身",其次要坚决压缩"三公"经费,不与民争利等。

第五章分析了国内外储蓄对中国经济增长的重要性。我们用 1981—2010 年的数据,基于改进的"三缺口"模型对中国经济进行剖析后发现,长期来看,储蓄是约束中国经济高增长的关键因素,政府投资对私人投资有"挤入效应",但不能有效刺激生产能力利用率,政府过多的财政收入降低了私人储蓄。净的私人资本是外流的,中国的经济增长主要依赖国内市场,依靠消耗并非充裕的人均资源,中国的经济增长主要依赖政府投资。中国的宏观经济从 2005 年到 2010 年变得更加不平衡。用"三缺口"模型进行的创新模拟实验结果表明,在"十二五"期间(2011—2015)要实现中国经济内外均衡的可持续发展,如欲在 2015 年年底使中国的生产能力利用率达到 100%,则经济增长率应逐年降低,合适的外汇储备约维持 1.3 万亿美元即可。

第六章重要的发现是,中国调整其经济结构从出口导向型经济转向国内需求非常困难,重要的原因之一是贸易出口对税收的贡献是国内非贸易税收的 10 倍!这就引申出了下一步的研究方向:如何深层次地调整经济结构?人民币国际化背景下逐渐取消出口退税政策对中小企业国际化有何影响?等等。

第七章发现,1981 年到 2011 年中国经济内外不均衡的主要问题是,随着生产能力利用率的提高,政府的财政收入过多以至私人储蓄的缺口在增大。因此笔者提出在社会震动较小的状况下,实施渐近式改革,以取得中国宏观经济的内外均衡。经模拟实验,在 2012 年到 2020 年,渐近式改革,提高居民收入到政府收入增加的一半,加速人民币国际化。短期来看,可依资本账户单边开放原则,资本"出"易、"进"难,主要通过人民币支付进口货物,通过经常账户逆差流向境外,减轻国内"外汇占款"的通胀压力;中期来看,保持资本账户顺差,逐渐加速境外人民币回流,通过对我国进行投资、购买政府债券等支持我国的经济建设,逐渐构成人民币出、入境的循环通道;长期来看,资本账户双向开放,人民币出、入境构成大循环,人民币成为国际货币。

2

选题说明

本书从"三缺口"模型视阈下中国内外均衡政策搭配视角切入对"经济发展平衡性、包容性、可持续性"进行深入、系统的研究:从全球"三缺口"模型视阈下内外均衡政策搭配提高经济发展平衡性、包容性、可持续性研究,中国宏观税负约束经济增长的合理区间的测度研究,中国宏观税负约束经济转型升级合理区间的测度研究,中国宏观税负约束经济增长和经济转型升级合理区间的测度研究,提高中国经济发展平衡性、包容性、可持续性的现代财税体制改革路径研究等五个方面对"三缺口"模型视阈下中国内外均衡政策搭配提高经济发展平衡性、包容性、可持续性研究做进一步的深入剖析。

2.1 选题背景、价值和意义

2.1.1 选题背景

发展是第一要务,习近平总书记对发展问题做出了深入的回答:"发展必须是遵循经济规律的科学发展,必须是遵循自然规律的可持续发展,必须是遵循社会规律的包容性发展。"遵循着新的发展理念,党的十八届五中全会提出了全面建成小康社会新的目标要求:经济保持中高速增长,在提高发展平衡性、包容性、可持续性的基础上,到 2020 年国内生产总值和城乡居民人均收入比 2010 年翻一番,产业迈向中高端水平,消费对经济增长贡献明显加大。从目标的变化中可发现,以增长指标为主的时代已然过去,现在是发展指标占了大部分内容。

中国经济发展面临的国内外环境正发生着深刻变化。新一轮全球科技革命和产业革命蓄势待发,中国传统竞争优势逐渐削弱。中国经济发展不平衡、不协调、不可持续的问题依然存在,供给面无法适应需求面升级的矛盾越发突出。

为了保持经济运行在合理区间,我国需要着力加强结构性改革,在适度扩大总需求的同时,提高供给体系质量和效率。

无论是从需求侧还是供给侧考虑中国的经济改革,中国财税体制改革的重要性是毋庸置疑的。建立健全现代财政制度、税收制度的关键在于全面深化改革,通过体制机制创新形成有效的激励机制和利益协调机制,全面激发市场活力、社会活力和政府活力,进一步形成推动转型创新的合力和动力。从政府部门"端菜"变为人民群众"点菜",以群众需求为导向,从反映突出问题入手,让社会和市场从改革中体会到"获得感"和"幸福感"。

2.1.2 选题价值

经济增长的均衡性问题是宏观经济学研究的一个重要课题。从国外学者的研究成果看,"三缺口"模型(财政、外汇与储蓄缺口)用于分析经济增长的内外均衡性问题,并且对于提出对策建议是非常有效的,它能提供一个定量框架,能明确地表达生产力提高和生产能力利用率间的相互关系。正因如此,该模型已为许多国际和政府研究机构所采用。可持续发展与公平包容,是为了避免经济发展中出现的一些不协调、不公平问题造成过大的社会影响,让全体中国人民都能分享生产力进步的红利。

申请者从"三缺口"模型角度研究中国内外均衡政策搭配时发现,从1981年至今,中国宏观经济的非均衡(用财政、外汇与储蓄三个缺口所构成的面积的大小衡量)非但没有减小,反而越来越大。申请者模拟实验表明,可通过对财政政策、储蓄政策和外汇政策的调整减小中国经济发展的巨大"缺口"。但在不对社会造成过大震动前提下,在继续从需求侧考虑问题时,着重从供给侧考虑,即调整财政政策、降低过高的宏观税负是首选。通过构建现代财税体制,提高中国经济的平衡性、包容性和可持续性发展,持续从供需两端推进结构性改革,促进新的发展动能加速成长。以创新供给带动需求扩展,以扩大有效需求倒逼供给升级,实现稳增长和调结构互为支撑、互促共进。释放经济社会的潜力和活力,托举中国经济的潜在增长率,提高全要素生产率,促进总供需平衡,加快增长方式转变,为实现中华民族伟大复兴的"中国梦"扫清道路。

"拉弗曲线"是供给学说的重要理论支柱,描绘了政府税收额与税率之间的倒U形变化关系:同样的税收额可由高低两种税率获得。降低税率会提高劳动和资本的税后报酬,刺激劳动和资本供给的增加,进而推动潜在的产出增长。

如果说供给学说中的某些概念如"拉弗曲线"是发达国家先提出,则申请者提出的就是已超越"拉弗曲线",具有中国特色的供给学说的概念。即先确定同时满足经济增长和经济可持续发展的宏观税负的最优区间,以便确定宏观税负的总量,再考虑如何确定分税制改革时中央税和地方税的分成比例,为最终确定不同税种的税额等打下科学基础。笔者所提出的这一思想在理论思维上更具有系统性,更具深远价值。因为传统上的现代财税体制均是以发达国家的财税体制为蓝本,即便有最优宏观税负,也仅是与经济增长挂钩,不与经济转型升级挂钩,更没有研究同时基于经济增长和经济转型升级的宏观税负的合理区间等,表现出思维的单一性。

因此我们申报的课题不仅将创新现代财税体制的相关学术观点,而且将从供给侧重构现代财税体制的定义、内涵和外延。

自1994年的分税制改革以来,除了个别年份的波动外,整体而言,中国的宏观税负(小、中、大各种口径)不仅逐年攀高,而且在其居于高位时人民只能享受低福利,这在世界经济史上都是很罕见的。1994年以来,税收收入的持续高速增长实现了当初税制改革的最初目标,但同时增加了企业和个人的沉重负担,对刺激投资和消费、扩大内需以及提高企业国际竞争力极为不利,也不利于我国经济的持续稳定增长,是造成目前我国经济增长和转型升级后劲不足的主要原因。

我们的研究表明:中国较高的宏观税负不仅在于是落在拉弗曲线的左边、还是右边的理论之争,而是已成为中国经济能否按照平衡性、包容性和可持续性发展的关键问题,成为阻碍中国经济转型升级的拦路虎,成为在供给端抑制财富源泉的严重障碍,成为能否顺利实现党的"十三五"及以后的宏伟蓝图,实现惠民生、调结构、顺利实现中国梦、助推中国在全球和平崛起的不得不深入研究、并提出切实可行解决方案的关键因素。我们所设计的课题,是要得到既能促进经济增长、又能加速经济转型升级的最优宏观税负的区间,以此从总量上控制宏观税负的高速攀升,并实施现代财政和税制改革,提高中国经济平衡性、包容性、可持续性,具有重大的理论和实际价值。

保持经济持续发展的根本出路在于更新供给结构。财税制度是从财政和税收制度上决定财富源泉是否被创造或抑制的关键。制度决定了一个国家宏观的社会分工效率和微观的企业生产效率,而社会分工和管理效率的提高自然带来财富的增长。李克强总理说,每一个制度改进的地方都孕育着很大的潜力。只有解除对财税制度的供给抑制,中国的经济增长潜力、经济转型升级的活力才能源源不断地涌现出来。我们课题的价值就是研究如何降低财税制度的供给成本,提高财税制度的供给效率,让成千上万的中国企业恢复增长和转型升级的动力,让亿万中国人民有能力消费,过上有尊严的生活。

注:宏观税负是指一个国家的总体税负水平,一般通过一个国家在一定时期内的税收收入总量占同期GDP的比重来反映。在我国,由于政府收入来源多样化,且不够规范,只用税收收入指标不能综合反映微观经济主体的税收负担,也无法说明我

国的宏观税负问题,因此我们用财政收入占 GDP 的比重这一指标来衡量宏观税负。根据对财政收入的三种口径的划分,可对应地将宏观税负划分为小、中、大三种口径。

小口径的财政收入仅包括税收收入。中口径财政收入是根据预算收入统计法测算的,包括税收收入和纳入到政府预算中的其他各项收入。大口径财政收入是将政府所有税收收入以及所有非税收入加总来衡量的财政收入水平,它不仅包括政府预算内收入,还包括政府向企业和个人收取的大量未纳入财政预算的各项预算外收入。这三个口径中的大口径指标涵盖的范围最广,能全面、真实地反映整个国民经济的宏观税负水平,在横向对比上也能和国际接轨。

宏观税负上升,即财政收入占 GDP 比重的上升,意味着政府能掌握的资源比重上升,政府通过财政支出提供公共物品的能力得到增强,这将在一定程度上对经济增长起推动作用。但宏观税负的提高,也意味着企业和个人所支配的社会资源的比重下降,从而对微观主体的行为产生抑制效应,阻碍经济增长。

章和杰研究的"三缺口"模型共有 22 个方程,详见《三缺口模型下的中国内外均衡政策搭配研究——基于一篮子货币汇率制度视角》。

为了便于理解,将专著中相关方程及说明列表如下(见表 2.1、表 2.2)。从表 2.1 和表 2.2 可见,"三缺口"模型不仅考虑需求端,更考虑供给端。可通过改革供给端(如财税制度的改革等)拉动需求端。

表 2.1 "三缺口"模型中的方程

名 称	定 义	条 件	
实际产出	$X = \text{GDP} + m_k$		(1)
生产能力利用率	$u = \dfrac{X}{Q}$		(2)
增长率	$g = g_0 + k_i$	$g_0 > 0 \ or \ g_0 < 0; \ k > 0$	(3)
均衡	$i = s$		(4)
总投资	$i = i_p + i_g$		(5)
总储蓄	$s = s_p + s_g + s_f$		(6)
私人投资	$i_p = i_0 + \alpha i_g + \beta u$	$\alpha > 0 \ or \ \alpha < 0; \ \beta > 0$	(7)
私人储蓄	$s_p = \sigma_0 + \sigma_1 u$	$\sigma_0 > 0 \ or \ \sigma_0 < 0; \ 0 < \sigma_1 < 1$	(8)
政府部门储蓄	$s_g = z - \zeta j^*$	$0 < \zeta < 1$	(9)
财政努力率	$z = z_0 + z_1 u$	$z_0 > 0 \ or \ z_0 < 0; \ z_1 > 0$	(10)
政府借款需求	$\pi u = i_g - s_g$		(11)
中间品出口	$m_k = a_0 + a_1 u$	$a_0 > 0 \ or \ a_0 < 0; \ 0 < a_1 < 1$	(12)
资本货物出口	$m_z = m_0 + m_1 i$	$m_0 > 0 \ or \ m_0 < 0; \ 0 < m_1 < 1$	(13)
商品出口	$e = \xi_0 + \xi_1 u$	$\xi_0 > 0 \ or \ \xi_0 < 0; \ 0 < \xi_1 > 1$	(14)
国外储蓄	$s_f = m + m_k + m_z + j^* - e = \Phi = \Delta \delta + \delta g + r$		(15)

表 2.1 中的相关变量和方程说明

(一)潜在和实际产出

模型的方程见表 2.1,模型中所有的变量定义为潜在产出(Q)的一定比例,潜在产出(Q)以实际 GDP 乘以当年 12 个月份中最大的工业增加值所在月份的数值来衡量。方程(1)定义为实际产出(X),为实际 GDP 与实际中间品进口值(m_k)之和。根据 Taylor (1993)的产出定义,这里的定义为非严格的标准形式,它反映的是在低收入转型经济体(如中国)中,中间进口品在早期工业化和农业现代化进程中的作用。生产能力利用率(u)在方程(2)中被定义为实际产出(X)和潜在产出(Q)的比率。之所以将实际产出(X)和潜在产出(Q)分别作为变量分析,是由于许多转型经济体的经济运行往往低于它的充分生产能力,例如中国的产能利用率在 1981 到 2010 年的平均值为 60.8%。在早期的两缺口模型中认为产出等于生产率,与此不同,笔者认为在转型经济增长过程中,通过探索三缺口和经济增长的相互作用,可利用扩展生产能力来提升产量。

(二)经济增长

经济增长的定义根据哈罗德-多马的线性模型(Harrod-Domar lines),潜在经济增长率(g)是关于投资(i)的线性投资函数(见方程 3)。其中,参数 k 表示资本产出增长率(ICOR),g_0 表示其他影响经济产出的因素,例如劳动生产率的增长。

(三)储蓄和投资

方程(4)表示均衡条件或储蓄约束,根据定义,投资(i)等于储蓄(s)。方程(5)中的总投资为私人投资(i_p)和政府投资(i_g)之和。

方程(6)中,总储蓄为私人储蓄(s_p)、政府储蓄(s_g)、国外储蓄(s_f)之和,其中国外储蓄(s_f)为经常账户的负值。这里的变量 s_g 和其他论文如 Sepehri 和 Akram-lodhi (2005)的定义不同,这里所定义的政府储蓄为政府预算内、预算外收入减去财政支出,财政支出为政府消费和财政转移之和,之所以有区别是为了与中国目前的国情相适应。

私人投资的定义见方程(7),假定私人投资根据需求条件而变化,并用生产能力利用率(u)以及政府投资来衡量。私人投资随政府投资正向变化称"挤入效应",是指政府加大在基础建设、公共设施以及基础工业方面的投资时,提高了私人部门的收益率。私人投资随政府投资负向变化称"挤出效应",是指当政府大量从银行系统借债,降低了供私人部门的可贷资金(Ndulu,1990)。最后结果取决于政府和私人投资是互补还是替代。私人储蓄的定义见方程(8),并假设储蓄与生产能力利用率(u)之间是正向关系。

政府储蓄的定义见方程(9),其为财政努力变量(fiscal effort variable)(z)和政府所支付的国内外债务利息(j^*)之差。这里的变量(ζj^*)与 Sepehri 和 Akram-Lodhi (2005)的定义不同,包含所有国内、外政府债务,其中,(j^*)代表所支付的国内外债务利息,(ζ)代表政府所占的份额。

(四)财政努力率

在方程(10)中,变量 z 被定义为财政努力率(fiscal effort rate),也被称为政府盈余,即 s_g 和 ζj^* 之和。根据方程(10),政府盈余被假定为主要由生产能力利用率(u)决定。这一反应函数的优点是可以通过参数(z_1)——边际财政努力率来衡量,除了生产能力利用率(u),财政努力率还受其他如税基、税收稽征系统运行效率等因素影响,参数 z_0 表征这些因素。在方程(11)中,定义政府借款需求(πu)或政府储蓄约束为政府投资(i_g)和政府储蓄(s_g)之差。值得注意的是,在方程(11)中,政府借款需求(PSBR)表示为(Q)的一个部分,可以表示为$PSBR/Q=PSBR/X*X/Q=\pi u=i_g-s_g$。PSBR用年度财政预算赤字衡量(Mwangi et al.,1994)。

(五)外贸部门的活动

外贸部门的活动由方程(12)至(15)表示。在方程(12)中,中间品进口需求m_k是生产能力利用率(u)的一个函数。资本品的进口需求反映的是与国内投资(i)有关的函数,见方程(13)。出口需求(e)为生产能力利用率(u)的一个函数,见方程(14)。方程(15)是对国外储蓄或者说是国际收支平衡约束的定义,第一部分为经常项目赤字,它等于商品进口(m)加上中间货物进口(m_k)加上资本货物进口(m_z)加上国外债务利息支付(j^*)减去出口(e)。(注:这里认为国内外的利息是相同的,都为1%)。资本账户方程见方程(15)的最后一部分,δ表示国外债务和潜在产出(Q)的比值,$\Delta\delta$为比值δ的变化量,g表示经济增长率,r表示其他资本(例如FDI)和潜在产出的比值。Φ表示总资本流入,它是潜在产出(Q)的一部分。出口和资本流入被视为外生变量。

(六)投资—增长和"三缺口"方程

投资—增长方程以及"三缺口"方程都列在了表2.2中。其中政府投资部分的方程组为(16)至(18),增长模型为(19)至(21),投资—增长方程见(22)。

表 2.2 "三缺口"模型

名　称	方　程	
名称1:模型I(政府投资约束的"三缺口"方程)		
储蓄缺口(i_{gs})	$(1+\alpha)i_g-(\sigma_1+z_1-\beta)u=z_0-\zeta j^*+\sigma_0+\Phi-i_0$	(16)
外汇缺口(i_{gf})	$m_1(1+\alpha)i_g+(a_1+m_1\beta)u=\Phi-m-j^*-m_0-m_1i_0-a_0+e$	(17)
财政缺口(i_{gi})	$i_g-(\pi+z_1)u=z_0-\zeta j^*$	(18)
名称2:模型II(增长约束的"三缺口"方程)		
储蓄约束(g_s)	$g_s=k[\sigma_0+z_0-\zeta j^*+\Phi]+k(z_1+\sigma_1)u+g_0$	(19)
外汇约束(g_f)	$g_f=\dfrac{k}{1-\theta}(\xi_1-a_1)u+\dfrac{k}{1-\theta}(\Phi+\xi_0-j^*-a_0+-m)+g_0$	(20)
财政约束(g_i)	$g_i=k(1+\alpha)(z_0-\zeta j^*)+k[(1+\alpha)(\pi+z_1)+\beta]u+g_0+ki_0$	(21)
增长—投资	$i_g=\dfrac{1}{1+\alpha}\left[\dfrac{\overline{g}-g_0}{k}-(i_0+\beta u)\right]$	(22)

储蓄缺口即方程(16)表示在一定生产能力利用率(u)条件下政府投资所能达到的最大值,即满足方程(4)的均衡条件。假设政府投资和私人投资是互补的,意味着较高的政府投资有助于私人投资和提高生产能力利用效率,因此所产生的充裕储蓄能为高投资提供融资保障。此外,即使政府投资对私人投资有挤出效应,只要挤出效应不完全,政府投资就能提高生产能力利用率。根据外国储蓄缺口方程(17),政府投资(i_g)和生产能力利用率(u)之间有一个替代效应。在给定的外汇约束条件下,较高的生产能力利用率(u)能产生更多的中间品进

口需求,由于受到外汇缺口限制,需要消减资本品进口及降低政府投资率。财政缺口方程(18)显示了政府投资(i_g)和生产能力利用率(u)是同向变动的,更高的生产能力利用率产生更多的财政盈余,而财政盈余能被转换为资本构成。储蓄缺口方程(19)表示在均衡状态下(见方程(4)),在给定的生产能力利用率(u)条件下所能达到的最大经济增长率(g_s)。根据外汇储蓄缺口方程(20),经济增长率(g_f)和生产能力利用率(u)之间并不存在替代关系,表现在较高的生产能力利用率要求较高的外汇需求。财政缺口方程(21)显示了增长率(g_i)和生产能力利用率(u)是同向变动的,因为较高的生产能力利用率(u)能产生更多的财政收入,而财政收入能被转换成资本沉淀。

在方程(22)中,政府投资和生产能力利用率被视为达到宏观经济均衡的能互相替代的变量,这意味着经济增长率(g)可被看作政策目标变量。实际上,如上述所言,"三缺口"模型的一个创新之处在于它能反映转型经济体中生产力提高和生产能力利用率之间的相互作用。在存在经济结构和外汇缺口的瓶颈下(例如中国在1990年前的情况),这种情况阻碍了对生产能力的充分利用,即使中国的经常账户在1990到2010年间保持盈余,但在这期间的平均生产能力利用率(u)只有76.6%。方程(22)反映了政府投资(i_g)和生产能力利用率(u)之间的关系,其中目标潜在产出增长率为($\overline{g}$)。

(七)内外均衡状态

在均衡状态下,"三缺口"模型相互作用,储蓄缺口等于财政缺口,财政缺口等于外汇缺口,外汇缺口等于经济增长率,即 $g_s = g_i = g_f = g$。

2.1.3　选题意义

我们若能审时度势,从"三缺口"模型角度研究中国内外均衡政策搭配提高经济发展平衡性、包容性和可持续性问题,能够在理论上具有制度重构(中国宏观税负约束经济增长合理区间的测度,中国宏观税负约束经济转型升级合理区间的测度,中国宏观税负约束经济增长和经济转型升级合理区间的测度,推动中国经济发展平衡性、包容性、可持续性的现代财税体制改革)的先发优势;实践中,可为加快经济转型升级,提高中国经济发展的平衡性、包容性和可持续性,提出具有科学合理性、可操作性的对策,因此该选题具有重大的理论和实践意义。

2.2　研究视角创新

2.2.1　拓宽研究视角

从"三缺口"模型角度研究中国内外均衡政策搭配提高经济发展平衡性、包容性和可持续性问题,是借鉴已有较为成熟的用以分析宏观经济增长均衡性的模型来研究中国经济的非均衡、非包容和不可持续性问题。这有利于将研究中国的现实经济问题,上升到如何创新、凝练发展经济学理论和现代财税体制理论的高度,为发展中国家寻找较普适的发展经济学和现代财税体制理论;进而从创新、凝练的相关理论进一步完善相关的法律、法规和政策,以便有的放矢地指导中国经济改革的实践。这也体现出从实践上升到理论,新的理论指导实践这一人类认识自然和社会的逻辑链条,较易推出有决策参考价值的重大成果,为促进经济平稳健康发展、社会和谐稳定提供理论支撑和智力支持。

2.2.2　综合研究发展经济学和现代财税体制理论

传统上,经济学是财税体制相关原理的基础,财税体制相关原理是经济学的分支。但此课题设计不囿于经济学谈经济学,不囿于财税体制谈财税体制,而是将两者综合集成在发展经济学、内外均衡、"三缺口"模型等更宏大、精深的研究框架中,属新兴、边缘领域,较易得出体现平衡性、包容性和可持续发展的现代财税体制的创新性研究成果。

2.2.3　纵深发展

通过中国宏观税负约束经济增长合理区间的测度研究,中国宏观税负约束经济转型升级合理区间的测度研究,中国宏观税负约束经济增长和经济转型升级合理区间的测度研究,提高中国经济发展平衡性、包容性、可持续性的现代财税体制改革路径研究,抓住几个关键问题,有针对性地体现出深入挖掘、精细研究的学风,免于题目设计的宽泛,突出强化问题意识,突出问题导向,体现有限研究目标,突出实际应用价值和理论指导意义。

例如:满足经济发展的平衡性、包容性和可持续性的目的的宏观税负在总量上如何确定? 其合理的宏观税负具体如何细分? 有哪些具体税目? 税目的税额应控制在何区间? 哪些税种是需逐渐减少的? 哪些税种应增加(如资源税、环境税、生态修复税等)? 对这些问题的研究为制定相关法律、法规和政策提供前置条件。

2.2.4　制度补位和制度创新

未来的财税体制改革重点,应把过去偏重于政策和规划的顶层设计概念,转向法律意义上的制度建设。具体包括制度补位和制度创新。

(1)制度补位。就是依市场经济国家通常经验,我国当前确实有很多制度需要改进,如规范财税体制,完善对中小企业支持的财税体制等。因此在未来现代财税体制改革中,须深入思考和梳理,究竟有哪些需要补充的重要制度。

(2)制度创新。随着网络经济、信息技术、支付体系、互联网金融带来的冲击和变化,在现代电子财税体制等方面的上位法建设,同样变得非常重要。

3

本课题研究的主要问题和内容

3.1 主要问题

笔者针对"三缺口"模型视阈下中国内外均衡政策搭配提高经济发展平衡性、包容性、可持续性研究这一主题,通过上述国内外文献综述和课题组的实地调研和案例分析,提出了可深入研究的五大问题。

3.1.1 问题一:全球"三缺口"模型视阈下内外均衡政策搭配提高经济发展平衡性、包容性、可持续性研究

提出该问题的依据:在全球范围内,用"三缺口"模型视阈下内外均衡政策搭配视角,对提高经济发展平衡性、包容性、可持续性进行研究,有助于从动态角度高屋建瓴地系统把握中国经济发展的平衡性、包容性和可持续性研究主题,并为以下四个子课题的提出奠定坚实的理论和实践基础。

在问题一的基础上,本着先细分(问题二和问题三)、再综合(问题四)的研究思路,展开相关问题研究,即细分两个问题。

3.1.2 问题二:中国宏观税负约束经济增长合理区间的测度研究

问题二的研究目的是要解决:在"三缺口"模型视阈下内外均衡政策搭配时,怎样的宏观税负能促进中国的经济增长?其潜在含义是:可能促进经济增长,但同时可能无法促进经济转型升级。具体可从理论和实证入手展开研究:

(1)中国宏观税负约束经济增长合理区间测度的理论模型研究;

(2)中国宏观税负约束经济增长合理区间测度的实证研究。

提高宏观税负对经济增长有直接的抑制作用,但增加的财政支出,间接地对

经济产生促进作用,见图3.1。

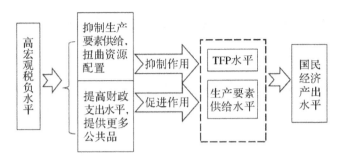

注:TFP为全要素生产率

图3.1 宏观税负对经济增长的作用机制

3.1.3 问题三:中国宏观税负约束经济转型升级合理区间的测度研究

研究此问题的目的是要解决:在"三缺口"模型视阈下内外均衡政策搭配时,怎样的宏观税负能促进经济转型升级? 其潜在含义是通过"三缺口"模型测算出的宏观税负可能会促进经济转型升级,但在短期内可能无法促进经济增长。具体而言,本书从下述理论和实证上展开研究:

(1)中国宏观税负约束经济转型升级合理区间测度的理论模型研究;

(2)中国宏观税负约束经济转型升级合理区间测度的实证研究。

在对问题二和问题三细分研究的基础上,再进行综合研究,即问题四。

3.1.4 问题四:中国宏观税负约束经济增长和经济转型升级合理区间的测度研究

此问题的研究目的是要解决:在"三缺口"模型视阈下内外均衡政策搭配时,合理的宏观税负既要促进经济增长,又要促进经济转型升级,达到经济发展的平衡性、包容性和可持续性的目的。

具体可从理论和实证方面深入研究:

(1)中国宏观税负约束经济增长和经济转型升级合理区间测度的理论模型研究;

(2)中国宏观税负约束经济增长和经济转型升级合理区间测度的实证研究。

问题四是难点。其原因在于:将宏观税负、经济增长和经济转型升级置于一个满足经济发展平衡性、包容性和可持续性的内外均衡政策合理搭配的分析框架中,其理论和实证的突破是一大难点。

3.1.5 问题五:提高中国经济发展平衡性、包容性、可持续性的现代财税体制改革路径研究

问题五是重点。此问题的研究目的是要解决:在"三缺口"模型视阈下内外均衡政策搭配时,在满足经济发展平衡性、包容性、可持续性目的的基础上,最优宏观税负的总额(通过问题四解决)知道后,其合理的宏观税负进一步如何细分? 有哪些具体税目? 税目的税额应控制在何区间? 哪些税种是需要逐渐减少的? 哪些税种应该逐渐增加(如资源税、环境税、生态修复税等)?

党的十八届五中全会进一步强调要建立事权和支出责任相适应的制度,适度加强中央的事权和支出责任,调动各方面的积极性。

分税制改革,完善事权与财权的匹配。未来的分税制改革,将按税种分,不按税率分。这有利于调动地方发展经济的积极性,有利于化解地方政府的债务危机,保障地方政府基本公共服务支出,包括基础设施公共服务的建设支出。

宏观税负的最优化调整可作为财税体制改革的一个突破口,为建立现代财税制度奠定坚实的基础,也有利于推进国家治理体系的现代化和国家治理能力的现代化。

因而此问题是重点。其原因:一是无先例可借鉴。"三缺口"模型视阈下内外均衡政策搭配建立具有平衡性、包容性和可持续性的现代财税体制,无论是在国外还是国内,还是理论实践中,均无先例可借鉴。二是影响因素纷繁复杂。受2007年年底的全球金融危机影响,我国经济增速受阻,经济高增长时期掩盖的经济结构、增长方式和体制问题凸显。固定汇率(和篮子货币固定)造成的外汇占款使通胀高居不下。法定存款准备金率的高企不仅无法使通胀实质性下降,还导致中小微企业融资烦、难、贵问题更加突出,私人投资乏力,第三产业发展滞后,自主创新能力不强,就业形势严峻;居民收入受挫,农业发展、农民持续增收难度加大,消费需求不足;能源、资源消耗多,环境污染严重;房市面临资产泡沫破灭风险。同时,我国还存在着严重的国际收支双顺差等外部失衡问题,人民币升值预期仍然存在,外部经济环境严峻,不确定因素显增。在经济内外失衡的表面下又有深层原因,内外失衡间有诸多联系。考虑到我国经济增长速率放缓的原因并不是短期冲击,而是诸多深层次问题并存,仅靠凯恩斯主义政策难以有效解决,故要着眼于保持中高速增长和迈向中高端水平的"双目标",坚持稳政策稳预期和促改革调结构"双结合",打造大众创业、万众创新和增加公共产品、公共服务"双引擎",从供需两端共同促进经济长期平稳健康发展。但经济结构调整是否能成功? 拉动内需为何效果不彰? 笔者的前期研究表明,从建立现代财税

体制入手,提高经济发展平衡性、包容性、可持续性是一个重要突破口。但具体如何突破? 怎样突破? 怎样有效协调和搭配篮子货币汇率制度下的货币、财政和汇率三大政策,考虑需求侧时,重点在供给侧。考虑如何解决当前中国经济内外失衡的根本问题,达到中国经济内外均衡,实现经济包容性和可持续性发展,是需要研究的重点问题。

3.2 主要内容

3.2.1 "三缺口"模型视阈下中国内外均衡政策搭配提高经济发展平衡性、包容性、可持续性研究的理论框架

(1)政府在提高经济发展的平衡性、包容性和可持续性中的效能边界。

如何在现代财税体制建设中,做到政府行为的法无授权不可为? 进一步简政放权,通过设立政府权责清单、负面清单和监管清单的方式,来确定政府和市场的效能边界,消除不作为和乱作为,为市场伸展打开足够的空间。明确政府和市场的权限,倒逼政府服务与监管职能加速和政府财税治理体系、治理能力加速现代化,为现代财税体制创造法制环境、改善监管环境、扫除体制机制障碍。

政府的职能在于将宏观税负控制在一个最优区间,提高生产力的潜能,托举全要素税率,协调经济增长和经济转型升级,在它们之间建立起正反馈的良性循环。在充分发挥市场机制的前提下,政府的职责是弥补由于负外部性而产生的市场缺陷,确保现代财税体制服务以满足实体经济转型发展的需求。

制度变革是经济发展"三大发动机"(制度变革、结构优化和要素升级)中的根源性发动机,是提高全要素生产率的最重要途径。要抓住建立现代财税体制这个"牛鼻子",同时通过经济结构优化和要素升级来提高全要素生产率,促进经济健康可持续发展。[①]

(2)中国宏观税负约束经济增长合理区间测度的理论模型研究。

(3)中国宏观税负约束经济转型升级合理区间测度的理论模型研究。

(4)中国宏观税负约束经济增长和经济转型升级合理区间测度的理论模型研究。

---

① 要素升级不同于要素投入,要素升级代表了生产要素"质的提高",可以直接促进全要素生产率的提高。推进要素升级包括促进技术进步、提升人力资本、促进知识增长、推进信息化等。而所有这些的有效取得,离不开建立现代财税体制。

(5)现代财税体制所覆盖的公共服务疆域的理论机理

①哪些公共服务是需要完全由财政资金提供的？

②哪些公共服务是可通过 PPP（政府和社会资本合作：Public-Private-Partership)实现的？

③哪些公共服务是可采取私人建设、政府购买的(BOT 方式)？

④如何硬化预算约束？如何改革预算管理制度,硬化预算约束,强化立法机关对政府的约束和监督？如何建立跨年度预算平衡机制,建立权责发生制的政府综合财务报告制度？

章和杰课题组的调研和案例研究表明,PPP 目前叫好不叫座的主要原因如下：

一是政府与市场的边界模糊。在 PPP 的理论与实践两个层面,业内的共识是：PPP 最大的风险来自于政府缺乏契约精神(不讲信用)、"新官不理旧账"。目前中国 PPP 的现状是政府既是裁判员、又是运动员,政府的契约精神决定着一个 PPP 项目的成败。

二是体制机制障碍。民营企业单独参加 PPP,遭遇融资难题,金融机构非要其拉央企才愿意贷款；某些地方政府仍将 PPP 视为政府融资平台的一种融资手段,工作协调上不到位、工作机制等问题频现。

(6)合理的宏观税负的总量在区间(上下限)上确定后如何进一步细分的理论。在"三缺口"模型视阈下内外均衡政策搭配时,在满足经济发展平衡性、包容性、可持续性目的的基础上,其合理的宏观税负在总量上确定后,如何细分？有哪些具体税目？税目的税额应控制在何区间？哪些税种是需要逐渐减少的？哪些税种应该增加(如资源税、环境税、生态修复税等)？

(7)如何建立事权和支出责任相适应的现代财税体制的理论机理？建立事权和支出责任相适应的制度,适度加强中央的事权和支出责任,调动各方面积极性。

(8)分税制改革,完善中央和地方事权与财权相匹配的理论机理。未来的分税制改革,将按税种分,不按税率分。这有利于调动地方发展经济的积极性,也有利于化解地方政府的债务危机,保障地方政府基本公共服务支出,包括基础设施公共服务的建设支出。完善税制,规范非税收收入,进一步理顺政府间收入划分,改进转移支付制度。建立规范合理的中央和地方政府债务管理及风险预警机制。

(9)调研、检验。首先,选择长三角、珠三角等经济发达所在地开展实地调研,检验和完善上述理论分析框架；其次,前往财政部、国家税务总局、国务院相关部门等进行政策咨询；再次,到高等院校、科研院所、地方政府、相关企业等展开深入调研,进一步检验和完善上述理论分析框架。

　　附:改革税制的若干思考

　　一、建立统一的税务局。提请全国人大常委会尽快制定税收征管改革特别法,将现行税收管理体制合二为一。地方不再设立国家税务局和地方税务局,建立统一的税务局。税务机关应按照精简高效原则,大幅裁减税务人员,借助互联网技术,减少征税。企业办理营业执照之后,即可获得网上缴纳税收的代码,通过互联网直接纳税。

　　二、建立消费性税收体系。逐步实现生产性税收体系向消费性税收体系过渡,鼓励企业扩大生产规模,增加就业岗位,生产出适销对路的产品。当前我国的税收结构极不合理,生产环节越长,税收负担越重。若能逐渐改变生产性税收体系,建立消费性税收体系,就能让生产企业轻装上阵,通过技术革新,生产出个性化产品。消费者在消费环节缴纳税收,若属于特殊消费品,可征收特殊产品消费税。这样,既可通过税收手段调节消费,也可通过刺激消费,增加财政收入。

　　三、增加资本利得税。防止一些企业利用资本经营或金融市场获取高额利润。这不仅可以增加国家的税收,而且还能鼓励投资者将更多的资金投入到实体经济中。

　　四、实行定额征税。征收定额税是在中小微企业平均收入基础之上,测算出一个平均的税收标准,对中小微企业实行统一定额税管理。只要中小微企业缴纳定额税款,税收征管部门不再查账,不再要求中小微企业缴纳企业所得税。既减轻中小微企业负担,又减少征税成本。

　　五、推进个人所得税改革。要建立"综合与分类相结合"的个人所得税制,即将部分所得项目以个人或家庭为单位按年度适用累进税率实施综合计征,而对其他项目保持分项计征的税制模式。在这一模式下,通过逐步引入抚养扣除、残疾扣除、赡养扣除等差别化的扣除项目,更好地发挥个人所得税的调节收入功能。

　　六、改革和优化增值税。增值税占到整体税收收入的 1/3 左右,可见其对国家财政的重要性。首先,要把现存的生产型增值税转变为消费型增值税。由于生产型增值税对固定资产所含税不予抵扣,所以其中存在着重复性征税,特别是对资本有机构成高的行业或企业更为不利,这将抑制企业投资、减缓设备和技术的更新。而消费型增值税能够一次性扣除固定资产所含税金,进而对投资产生刺激作用,投资的形成将会刺激经济的增长。其次要适度降低增值税税率,并适度提高增值税、营业税的起征点。由此可以切实减轻企业负担,特别是中小规模纳税人以及个体工商户的税收负担,进而促进就业和鼓励创业。

　　七、改革企业所得税。(1)要延长和扩大小型微利企业即中小企业减半征收企业所得税的政策,施行更加宽厚的税收优惠政策,为中小企业的持续健康发展创造一个宽松的税收条件和环境。同时简化企业所得税税制结构,适当降低税率,尤其是中小企业的税率。提高小规模纳税人标准,形成小微企业的自动减税机制。(2)以国家的产业政策为导向,加大对自主创新产业的税收优惠政策,对新兴产业、高新技术产业实行税收优惠,从而推动产业转型升级。(3)进一步扩大抵扣范围,将企业公益性支出全部纳入抵扣范围。(4)提高对大型企业特别是国有垄断企业的所得税税率。

八、合理调整消费税征税范围和税率。(1)逐步降低和取消对现在已成为居民生活必需品的商品征税,对一般性的生活用品和具有环保节能优点的产品实行低税率。与此同时,要将高档消费品、奢侈品、高消费行为和对造成环境污染的行为及商品及时纳入到消费税的征收范围。(2)对不可再生资源的消费以及对污染严重的消费行为等实行高税率,从而既减轻了居民的消费环节承担的税负,也达到了引导人们合理消费行为的目的。(3)尽快启动消费税立法程序,调整消费税的征收范围,修订《消费税暂行条例》,推动由向企业征收改为向居民征收,从"价内征收"转向"价外征收",提高税收的透明度。

九、清费降税。对收费项目和规模进行普查,进行"费归税、费改税"的改革。取消纯公共服务和社会管理类的各种收费,除了准公共服务(如公交、教育和医疗等)适当收费外,将居民、工商户和企业的税负定在一个合理的水平上,对居民、工商户和企业只征税,不再收取税外费,废除各种收费,大幅度减少罚款,极少量的罚款需要由社会听证制度来认可,并受社会各界的监督。同时,要加快行政体制改革的步伐,加大政府职能转换和机构改革的力度,从源头上压缩对财政性开支的需求,这才是治理"乱收费,滥收费"的制度保障。

收费罚款的90%以上是地方政府及其部门和行政性事业单位收取的,中央部门和行政性事业机构收取的在5%左右。由中央各部门带头清理收费,重点是清理地方政府各部门和各行政机构的收费。从机制上讲,向人民收费,需要由人民同意。原来的一切收费项目,由社会重新听证和通过人大讨论,不能费改税的,规定清理的最后期限;无论是收税,还是收费,其任何变动,都要通过社会听证和人大讨论,政府不能擅自收税和收费。要建立人大、政协、新闻舆论、社会听证、法律程序等制约政府乱收税和乱收费的机制。

十、规范政府性基金收入和社保基金收入。1.将政府性基金收入纳入预算管理。政府性基金收入的不断增长,特别是土地出让收入的增长,在一定程度上满足了地方财政支出的需要,但也加重了企业负担,产生扭曲效应,不利于经济的增长与长远发展。日益走高的土地出让金,还有政府税务部门和各有关部门对房地产项目征收的其他税,同时也是推动房价上升的最重要的因素。2.正税清费。以"正税清费"的思路对现有政府性基金进行及时清理,并将其纳入财政综合预算,结余部分按规定转入一般公共预算。强化各级人大、审计部门的监督职责,针对政府性基金开展专项审计,确保政府性基金征收和使用的合规性。要加强对政府性基金使用结果的绩效评价,建立以绩效评价结果为导向的基金使用配置机制,不断提高基金的使用效率。

十一、树立大口径财政的基本理念。大口径财政即"财政统一",是现代国家治理的基本要求。当前除公共财政外,政府性基金、社会保障基金、地方融资平台资金的支配权力并不被财政部门掌握。财政收支管理权力碎片化,不利于整体分析财政支出是否符合国家政策的方向,不利于控制政府规模,也不利于提高公共资源的配置效率。未来应强化大口径管理,让财政部门将有关政府收支的事项统一管理,以此为基础加强人大和审计部门对于全口径财政收支的事前审批和事后审计。各项改革措施的出台,也应建立在对当前财政收支全口径分析的基础上,从宏观整体上确定规模和结构调整的方向。

十二、落实"税收法定"原则。我国当前的财税体制改革必须以法治为导向,落实"税收法定"原则。"税收法定"原则指的是立法者决定是否收税。即如果没有相应的法律规定,政府不能向公民征税,公民也没有纳税的义务。税收的权力应归于全国人大,通过立法的形式来落实,而不是由行政来确定。中国现在有 18 个税种,其中 3 个是全国人大立法征收的,分别是个人所得税、企业所得税和车船税,其他 15 个税种是由全国人大授权国务院通过制定税收的暂行条例来征收的。由于当前我国税务体系中,绝大部分主体税种游离在人大立法之外,使得税收依"规"征收多,依"法"征收少;此外,立法缺位加大了征税随意性,政府自己立条例,自己收费。涉及行政收费的乱象更多,必须要通过立法,避免税收的随意性。具体包括落实征税要素明确原则、征税要素法定原则以及程序保障原则。税收法定原则是消除税收"痛苦感"的治本之道。

注:以上结论为本书作者根据相关文献综述得到,具体参考文献如下:

1. 乔新生,减税:先得改革税收体系。上海证券报,2015 年 11 月 11 日,A2。

2. 章和杰课题组相关研究:2015 年曹彬硕士论文:财政收入占 GDP 最优比重的国际比较研究——中国案例。

3. 迟福林,"十三五"将释放市场化改革新红利。上海证券报,2015 年 10 月 28 日,A1。

3.2.2 提高中国经济发展平衡性、包容性、可持续性的现代财税体制改革路径研究

(1)合理的宏观税负的总量在区间上确定后如何细分?

(2)完善中央和地方事权与财权相匹配的分税制设计。

(3)政府提供的各类公共产品如基础设施建设、社会保障等制度类公共产品与服务的有效供给等占 GDP 的份额是多少?

(4)间接税为主如何改为直接税为主?

(5)有哪些具体税目?

(6)具体税目的税额应控制在何区间？

(7)哪些税种应该增加(如资源税、环境税、生态修复税等)？

(8)如何健全国有企业的红利分配制度？

(9)社会如何监督？如何创建公开、公平和公正的现代财税体制环境？

研究财政收入占 GDP 最优上限的新方法——中国案例

4.1 引　言

什么是财政收入占 GDP 最优上限？它指的是在人民生活舒适的前提下财政收入占 GDP 的最大值。换言之，政府不能随心所欲地从 GDP 中索取，必须有限度。否则，人民就过不上舒适生活。

发达国家在调整财政收入占 GDP 上限方面扮演着重要角色。这个角色的重要性随着传统的财政收入和 GDP 测算方法被以科学为基础的新技术所取代而愈加明显。随着电脑的迅速普及，在许多不同的国家如复杂的现代经济、传统经济及转型经济国家中进行的各种经济活动的翔实信息都可以获得。然而却没有尝试通过发展有效的方法来系统地组织一个综合的、完整的信息系统。其覆盖程度在很多情况下反映了不同国家的任务导向需求，而不是获得一个对整体经济结构变化的更好、更详细理解的需求。例如，没有发展有关替代技术用于处理同一个国家，或者不同国家之间财政收入和 GDP 事项的细节。换句话说，上述问题，也是政府在扮演经济和社会角色时增加或减少税负的结果。基于对政府干预经济的分析，美国经济学家阿瑟·拉弗提出了一种新的自由主义经济思想，即优先考虑个人。他所发展的某些政策可能解决现代经济所遭遇的一些问题(Dobrotă 和 Chirculescu，2009)。

但不幸的是，无论是现代经济学、传统经济学，还是转型经济学的学者，没有一个人可以解决这一难题。之所以缺少一个整体的认识，其部分原因是因为缺乏有效的研究方法。或许我们可以通过"三缺口"模型所隐含的线索来解决这个问题。

经济均衡增长是宏观经济研究的重要问题之一。"三缺口"模型(储蓄缺口、财政缺口和外汇缺口)是许多国际和政府研究机构分析经济增长内外均衡问题并提供调整政策的有效工具。因为它可以提供定量框架,显示促进生产力发展和提高生产能力利用率之间的关系。

为了提供宏观经济运行的选择框架,许多学者用"三缺口"模型研究了每个缺口对经济增长的约束情形(Chenery 和 Strout,1966;Bacha,1990;Taylor, 1993;Mwangi et al. ,1994;Sepehri et al,2000;Iqbal et al. ,2000;蔡思复,2003; Ranaweera,2003;Akram-Lodhi 和 Sepehri,2005;章和杰、陈威吏,2007;章和杰、何彦清,2011;Chen 和 Zhang,2012;Ruan 和 Zhang,2013)。

4.2 案例:"三缺口"模型面临的困境——基于中国数据

4.2.1 困境产生的过程

"三缺口"模型有 15 个方程(Ruan 和 Zhang,2013)。私人储蓄的定义见方程(4.1),并假设储蓄与生产能力利用率(u)之间是正向关系。

$$s_p = \sigma_0 + \sigma_1 u, \sigma_0 > 0 \ or \ \sigma_0 < 0, \ 0 < \sigma_1 < 1 \qquad (4.1)$$

式(4.1)中,系数 σ_0 隐含地包括了私人部门所支付的国外利息。σ_1 为边际储蓄率,隐含地反映了税收转移效应。请注意所有的文献假定 $0 < \sigma_1 < 1$,但是在中国(1981—2011),σ_1 的符号是负的,见方程(4.2)。

$$s_p = 0.068 + 0.827 s_{p-1} - 0.043 u \qquad (4.2)$$

$$t \quad (1.15) \ (4.28) \quad (-0.91) \qquad \overline{R^2} = 0.362$$

方程(4.2)用 B-G 测试进行了自相关检测和校正。

需要注意的是,从 σ_1 的负号可以看出从 1981 年到 2011 年私人储蓄的积累主要依靠其前期的贡献,达到 82.7%。这一情况与经典公式中的先验假定 $0 < \sigma_1 < 1$ 有极大的不同,因此为了利用"三缺口"模型分析中国经济结构问题,我们不得不改变 σ_1 的定义区间为 $0 < |\sigma_1| < 1$。

这样又产生了另外一个严重的问题,即难道私人储蓄不是从生产能力利用率的增长中获得的? 这与人们的日常经验不符。为了解决这一矛盾,我们计算了 1981 年到 2010 年的样本数据,发现 σ_1 的值是正的,见方程(4.3),$0 < \sigma_1 < 1$。方程(4.3)的残差检验如图 4.1。

$$s_p = 0.268 + 0.017 u \qquad (4.3)$$

$$t \quad (8.97) \ (0.37) \qquad R^2 = 0.005, D-W = 1.10$$

Date:03/31/13 Time:08:08
Sample:1981 2010
Included observations:30

Autocorrelation	Partial Correlation		AC	PAC	Q-Stat	Prob
		1	0.072	0.072	0.1731	0.677
		2	0.039	0.034	0.2260	0.893
		3	-0.039	-0.045	0.2814	0.963
		4	-0.061	-0.057	0.4204	0.981
		5	-0.061	-0.050	0.5641	0.990
		6	-0.068	-0.058	0.7468	0.993
		7	-0.021	-0.014	0.7659	0.998
		8	0.017	0.017	0.7789	0.999
		9	0.052	0.041	0.9043	1.000
		10	0.020	0.002	0.9244	1.000
		11	-0.034	-0.047	0.9843	1.000
		12	-0.071	-0.069	1.2559	1.000
		13	-0.102	-0.087	1.8396	1.000
		14	-0.087	-0.069	2.2972	1.000
		15	-0.084	-0.074	2.7487	1.000
		16	-0.113	-0.121	3.6213	0.999

图 4.1 方程(4.3)的残差检验

比较方程(4.2)和方程(4.3)的结果,我们知道,中国的经济结构变得不利于私人储蓄积累是从 2010 年到 2011 年。原因是政府财政收入的增长率为 20%,远远大于私人储蓄的增长率 13%。为什么 2011 年财政收入的大幅增加会改变 σ_1 的符号呢? 主要是因为 2010 年到 2011 年财政收入增加的数值占 1981 年到 2010 年的 16.3%。这里产生了另一个非常重要的问题,即相对于私人储蓄而言,财政收入的增长率为多少才是符合方程(4.1)的正常阈值? 在我们看来,解决这一问题的方法是通过调整 2011 年的财政收入增长率来计算方程(4.1),直到 σ_1 的值变为正的。亦即我们增加私人储蓄直到 σ_1 的值为正。或者找到私人储蓄与财政收入的合适比例。但是,仅仅根据方程(4.1)和方程(4.2)通过调整 2011 年的财政收入数据来解决这一问题是不可能的。原因如下:

设存在一个连续函数 $y=f(x)$,如果存在区间 $[a,b]$,满足 $f(a) \cdot f(b)<0$,即 $f(a)$ 与 $f(b)$ 的数值符号相反。因此必然存在一个点 $x_0 \in (a,b)$,满足 $f(x_0)=0$。

但是,由于计量经济的数据是不连续的,因而方程(4.1)和方程(4.2)不是连续函数。

有一种可能的方法解决这个问题,即建立一个多项式函数 $u=f(y)$。例如

$$u=\alpha_0+a_1 y+a_2 y^2 \tag{4.4}$$

u 表示生产能力利用率,y 表示财政收入。也许我们可以找到最优财政收入与最优生产能力利用率的合适比例。

如何使用上述结果？

首先,在我看来,可能发现造成发展中国家不能赶上发达国家的原因之一是:相对于私人储蓄来说,发展中国家政府索取了太多的财政收入。

其次,可能得到一些经济原理的创新,如发展经济学、财政理论、宏观经济等。

4.2.2　最优和最高的财政收入占 GDP 上限的可持续性发展区间

用 1981 年到 2011 年的数据,对方程(4.4)求导并令其等于 0,可得:

$$y=a_1/(2a_2) \tag{4.5}$$

$$u=0.180-0.391\times y-21.904\times y^2+0.789\times u_{(-1)} \tag{4.6}$$

$a_0=0.180, a_1=-0.391, a_2=-21.904, y=-0.0089$,事实上,在 2001 年, $y=-0.0087$,接近最优 y 值。

在 2001 年,财政收入/GDP = 14.95%。在 2011 年,财政收入/GDP = 21.97%。

因此得到最优和最高的财政收入占 GDP 上限的可持续性发展区间为 $[15\%, 22\%)$。

4.2.3　2001 年和 2011 年私人储蓄与财政收入比例的范围

在 2001 年,私人储蓄与财政收入比例是 2.6,但 2011 年这个数值是 0.02。因此得到最优和最高私人储蓄与财政收入比例的可持续性发展区间是 $[2.6, 0.02)$。

4.3　未来研究计划

未来主要有两个研究方向。一是财政收入占 GDP 上限是多少才能满足 $0<\sigma_1<1$ 时的最高阈值？二是什么才是最优的中国财政制度？

第二篇

P2P公司上市视阈下的互联网
金融理论、实践与政策研究

5

国内外相关研究的学术史综述

互联网金融是基于互联网技术,对金融体系的交易技术、渠道、方式和服务主体等方面进行创新而展现出来的具有新形态和特点的金融活动。互联网金融的发展对提高金融效率、促进包容性增长、提高金融普惠程度有重要作用。党的十八大提出了工业化、信息化、城镇化和农业现代化的发展蓝图;党的十八届三中全会提出发展普惠金融,鼓励金融创新,丰富金融市场层次和产品;《国务院关于促进信息消费扩大内需的若干意见》也提出要使信息消费规模快速增长;李克强总理在 2014 年《政府工作报告》中首次提出,促进互联网金融健康发展,完善金融监管协调机制。这些都充分显示了政府对互联网金融这一新生金融产品的重视。在此背景下,对"P2P 公司上市视阈下的互联网金融理论、实践与政策"进行分析和研究,在控制风险的基础上规范、加快互联网金融的可持续发展,使中国互联网金融跻身世界第一方阵,促进中国产业转型升级,增强我国经济的综合实力和国际竞争力,早日实现中国梦,具有重要的理论和现实意义。

5.1 互联网金融概述

5.1.1 互联网金融的定义、特征和功能

(1)互联网金融的定义

互联网金融(Internet Finance)的概念最早是由我国学者谢平等在 2012 年提出的。以互联网为代表的现代信息科技,特别是移动支付、社交网络、搜索引擎和云计算等在过去十多年对图书、音乐、商品零售等多领域的商业模式产生了颠覆性影响,同时对金融最为基本的融通资金模式产生根本影响,出现既不同于商业银行间接融资模式、也不同于资本市场直接融资模式的第三种金融融资模

式,称"互联网金融模式"(谢平、邹传伟,2012;谢平、邹传伟、刘海二,2012)。

刘新海(2013)、周宇(2013)对互联网概念的研究较全面。他们首先结合各方的理论,给出了自己对互联网金融的定义;其次,根据不同的服务主体,将互联网金融分为电商、网络借贷、众筹和金融互联网等模式;然后,根据这些模式,分析了互联网金融的特点和意义,主要是受众较多的普惠金融、不够成熟的金融新模式、风险管理依赖性较强、数据分析要求高、高效性与经济性、推动利率市场化、加速金融脱媒;最后,对互联网金融的发展趋势做出了预测。

陶娅娜(2013)指出互联网金融是传统金融行业与以互联网为代表的现代信息科技,特别是搜索引擎、移动支付、云计算、社交网络和数据挖掘等相结合产生的新兴领域,是借助于互联网技术、移动通信技术实现资金融通、支付和信息中介等业务的新兴金融模式。不论互联网金融还是金融互联网,只是战略上的分类,没有严格的定义区分。随着金融和互联网的相互渗透、融合,互联网金融已泛指一切通过互联网技术来实现资金融通的行为。互联网金融是广义金融的一部分,传统金融机构的互联网业务,也应该是广义的互联网金融的组成部分,两者是交叉进行,相互促进的。

互联网金融是以计算机或电子设备终端为基础,以通信网络为介质,提供资金融通、资源配置和金融中介服务的新型金融运作模式,以及与该模式相结合的网络金融组织、网络金融市场和外部金融生态环境(杨云龙、何文虎,2014)。

互联网金融可定义为在电子商务迅猛发展的大环境催生下,以互联网为平台依托,以第三方支付、金融中介、信用评价、线上投资理财、金融电子商务等为主要表现形式,将我们认定的传统金融业与体现"开放、平等、协作、分享"精神的互联网技术相结合而成的一种新兴金融(杨洋、张宇,2014)。

互联网金融就是互联网技术和金融功能的有机结合,依托大数据和云计算在开放的互联网平台上形成的功能化金融业态及其服务体系,包括基于网络平台的金融市场体系、金融服务体系、金融组织体系、金融产品体系以及互联网金融监管体系等,并具有普惠金融、平台金融、信息金融和碎片金融等相异于传统金融的典型特征(皮天雷、赵铁,2014)。

陆岷峰、刘凤(2014)将互联网金融定义为各类金融机构或准金融组织借助网络信息技术,提供资金融通、资源配置和金融服务的新金融模式。

胡睿喆(2014)认为互联网金融充分运用长尾理论,把目标设定在招揽"长尾"客户上,传统金融机构依赖帕累托法则(即80%的财富被20%的富人占有),在对高净值客户的争夺中投入了巨大的成本。但数量庞大的"长尾"客户尚待开发,其理财需求长期无法得到满足,是极具经济潜力的利基市场。同时,互联网金融具有明显的正外部性,随着参与互联网金融的企业与个人增多,会激发更多的消费者投入互联网金融业务中来。当互联网金融的正外部性与长尾特征融合，就进一步扩大了潜在的客户与市场规模。互联网是一个开放的平台，在此平台上几乎每个参与者都可平等访问。互联网金融凭借其接近于零的边际成本，通过基础服务的免费提供，形成的供给曲线与需求曲线交于远端，实现无边界的暴力扩张。传统金融企业的边际成本的较快上升让供给曲线较为陡峭，从而与需求曲线交于近端。

(2)互联网金融的功能

互联网金融的基本功能依旧是支付、吸存、放贷、财管、投资、定价、信息服务，与传统银行及其他金融服务功能没有区别。但互联网金融具有独特功能，那就是为客户提供便捷、高效、零距离的财富管理直观体验。正是这种依托高科技实现的便捷服务，将金融功能进一步融入日常经济、商务活动当中，客观上加剧了金融的脆弱性，一旦产生风险，会出现传递快、系统性强、不宜控制的局面(田光宁，2014)。

互联网金融创新的是业务技术和经营模式，其主要功能仍是资金融通、价格发现、支付清算、风险管理等，并未超越现有金融体系范畴(曾刚，2012;张晓朴，2014)。互联网金融发展又一次印证了诺贝尔经济学奖得主莫顿的"金融功能理论":金融功能比金融机构更为稳定(Bodie 和 Merton，2000)。金融体系的三大核心功能:一是便利清算和支付功能。金融体系提供完成商品、服务、资产清算和结算的工具。不同的金融工具在功能上可替代，运作它们的金融机构也可不同。二是聚集和分配资源功能。金融体系能为企业生产和家庭消费筹集资金，还能将聚集起来的资金在全社会重新进行有效分配。三是风险分散功能。金融体系既可提供管理和配置风险的方法，又是管理和配置风险的核心。风险管理和配置功能的发展使金融交易和风险负担有效分离，使企业与家庭能选择其愿意承担的风险，回避不愿承担的风险，增加企业与家庭福利。金融体系还具有充分挖掘决策信息和有效解决委托—代理关系中激励不足的问题的功能(曾刚，2012;张晓朴，2014)。

(3)互联网金融的作用

1)互联网金融填补了市场空缺。互联网金融模式下，金融服务边界不断拓展，服务人群将包括尚未被传统金融覆盖的长尾互联网用户。而且互联网金融的金融产品和服务创新层出不穷。有的互联网金融平台打破传统金融的禁锢，设计出包括秒标、日息、复利等收益形式的新金融产品，迎合了投资者的多样化投资需求;有的互联网金融平台还开发票据网上融资等多种新交易样式，及时满足资金融入方的融资需求(陈韬、陶斌智，2014)。

2)互联网金融更有效地配置金融资源。小微企业是经济中最有活力的实体,但在传统信贷模式下,银行对小微企业的贷款成本相对较高,因此商业银行普遍缺乏对小微企业放贷的积极性。解决小微企业融资难,不能简单依靠传统金融的增量,须依靠全新的信贷理念、模式。Ibrahim 和 Verliyantina(2012)提出通过互联网金融模式,使得印尼那些在筹集资金中遇到障碍的中小企业,可借助于网络平台获得资金。

基于互联网的小额融资平台,为小微企业融资拓展了新渠道,更有效地配置金融资源。相对于传统金融而言,互联网金融让信息更充分,资金供求双方可在网络平台上完成信息搜寻、定价和交易等流程,降低了交易成本。如阿里巴巴小微贷款单笔的操作成本为 2.3 元,而银行的单笔贷款操作成本在 2000 元左右。互联网金融基于"微贷技术"实现降低信贷成本,贷款申请、资金获取及还贷等流程均可在网上完成,利用计算机技术减少了人工成本,免除了营业场所的营运成本,极大地降低了综合成本(杨光,2015)。

3)互联网金融完善了支付清算体系。基于互联网技术的现代化支付体系克服了时空约束,加快了资金流动速度,有助于提升支付体系的功能。同时,互联网金融的支付方式将进一步促进去现金化。无论从理论上还是实践上看,现金使用越多,支付效率越低,现金的使用将使银行被动地增加柜面和自动现金处理设备,商户须频繁到银行办理存款,央行也不得不印制和回笼大量纸币,企业、个人及央行的支付成本都因此增加。麦肯锡研究显示,"金砖四国"因现金交易产生的成本,1/3 由银行承担,1/3 由商户承担。互联网支付有助于降低社会交易成本,并降低金融体系的风险。

4)互联网金融将推动征信系统的发展。互联网金融的发展催生对个人和企业信用数据服务的需求,而现有的征信系统覆盖的人数和收集的信息难以满足互联网金融需求,征信体系的不健全加速暴露(葛志苏,2014)。互联网金融企业已在征信方面做了大量有益尝试。阿里巴巴集团为 3 亿实名制用户建立了互联网信用档案,并广泛应用到各条业务线,支撑起了万亿级的电商交易规模。2014年,阿里巴巴集团推出的芝麻信用业务,将互联网征信服务推上新台阶,将对中国单一依靠央行的征信体系起到有益的补充。

但从各种相关英文文献中难以找到"Internet Finance"一词,故可判定"互联网金融"并非国际上带趋势性现象。在美欧等国,普遍使用的概念是"Network Finance"或"E-Finance"等。这些词语可翻译成"网络金融""电子金融"等。与此对应,借助 Network,它们自 20 世纪 90 年代初期就发展了网络银行、网络证券和网络保险等(王国刚、张扬,2015)。如 Christiansen(2001)认为电子金融交易是一种依赖于互联网或类似的家庭或非金融企业访问的网络的金融交易,Franklin、Mcandrews 和 Strahan(2002)认为电子金融是指基于电子通信与计算技术的金融服务与金融市场。

随着信息技术发展到一定程度,其与传统金融结合、衍生并创造出大量新的金融业态,使金融业务模式、风险等呈现出全新特点,使互联网金融显异于传统金融。

我们定义互联网金融是通过互联网等现代信息技术实现金融功能的活动。

(4)互联网金融的特征

1)资源开放化和共享性。基于互联网技术本身带来的开放性社会资源共享精神,所有使用网络的人都能因此不受限制获得互联网提供的资源,故基于互联网技术发展起来的互联网金融,兼具互联网资源的开放性和共享性两个主要特点。资源开放化的互联网金融使用户获取资源信息的方式更加自由,同时拓展了互联网金融受众的有效边界。不过互联网金融的开放性却增加了盗窃和隐私泄露方面的风险,须多加关注(Claessens,2002)。

2)技术依赖化。互联网金融能实现如此快速的发展,多样化的IT技术手段是其中很重要的推动力。近些年,随着物联网、社交网络、云计算、移动互联网等新兴信息技术不断涌现,传统的信息产生、传播、加工利用方式发生了改变,信息不对称程度大幅下降,信息的获取和处理成本大幅减少,资源的配置效率大幅提升,对金融业产生了巨大的影响。在大数据支持下的互联网金融领域,所使用的数据类型更加多样,描述问题更加全面,数据作为核心资产具有了独特的商业价值,数据集本身即可作为商品进行交易,而对数据进行分析的能力也成为互联网金融领域最可宝贵的能力。运用大数据的思维和技术,充分挖掘和利用数据资产,构建适应性的模型完成征信和决策支持,可以极大降低信息处理成本。

3)去中介化。互联网的去中心化及信息的海量呈现,使传统金融中介收集、处理信息的功能完全可被机器代替。随着货币和支付方式的网络化,互联网可实现金融资源供需双方的直接对接,一定程度上替代了银行、券商和交易所等传统的金融中介;同时,借助互联网实现的远程服务减弱了实体营业网点存在的必要性。未来随着互联网技术的不断进步,基于互联网的沟通和交互渠道有可能承载更加复杂的功能,从而承载更加复杂的金融产品的信息收集与处理功能,使得传统金融中介功能被替代空间更大。如在P2P借贷市场中,放贷人给私人提供贷款,由指定的人对潜在的借款人进行筛查和偿还贷款进行监测,这些市场的参与者就替代银行成为金融中介,提高了借款人的信用(Berger 和 Gleisner,2009)。

但去中心化会造成中央监管的缺失,由于高度专业的互联网技术和交易机制设计的原因,对电子货币的交易和授信监管甚至是非常无力的,这就导致了这类金融市场中的违约和道德风险较高,促使市场动荡(袁金星,2014)。

4)产品个性化。互联网经济中,规模效应特别突出,吸引用户聚集是产生规模效应的重要途径。同时,互联网本身是去中心和权威化的,吸引用户的唯一途径是用户体验至上。只有用户体验做到极致才能产生用户黏性,才有基础实现商业价值。而互联网提供的及时互动能力,使用户可全程参与产品制作过程,为金融产品创新提供新模式。用户介入方式:通过主动表达支持行为,作为一种投票机制决定市场上存在的产品组合;通过用户数据的及时反馈,实现适应性的产品参数调整,从而使产品和商业模式表现出更加定制化的特征。

5)高效率。依靠强大的信用数据积累与挖掘优势,以及互联网、移动支付、搜索引擎、大数据、社交网络和云计算等先进技术手段,互联网金融模式可以突破时空限制,减少中间环节,便捷支付方式,金融活动参与者通过互联网有了更直接、更有效的接触,透明度更高,极大程度上减少了市场信息不对称,使市场充分有效,从而接近一般均衡定理上描述的无金融中介状态,有效提高了资金融通效率。

6)普惠大众化。钟会根(2014)认为互联网技术模式下,资金供求双方可通过网络平台自行完成信息甄别、匹配和交易,无传统中介、无交易成本及无垄断利润(消费者可在开放透明的平台上快速找到适合自己的金融产品,削弱了信息不对称程度)。且金融业务主要由计算机处理,操作流程完全标准化,客户不需要排队等候,业务处理速度更快(如阿里小贷依托电商积累的信用数据库),经数据挖掘和分析,引入风险分析和资信调查模型,商户从申请贷款到发放只需几秒钟,日均可完成贷款 1 万笔,成为真正意义上的"信贷工厂"(单笔贷款成本低于1 元人民币,只有单笔传统信贷业务成本的千分之一左右,可谓微乎其微,使互联网金融服务可在很小的单位规模上实现,从而实现金融服务的普惠性)。

7)风险特殊性。互联网金融的特点决定了其引发风险的因素、影响与传统金融存在差异。互联网金融除具有传统金融业经营过程中存在的流动性风险、市场风险和利率风险外,还存在基于信息技术导致的技术风险、系统安全风险和基于虚拟金融服务的各类业务风险,且风险扩散传播速度更快、风险诱因更复杂。

5.1.2　互联网金融理论

(1)互联网金融的微观经济理论分析

1)KMRW 声誉模型。KMRW 声誉模型是 1982 年由 David M. Kreps、Paul Milgrom、John Roberts 和 Robert Wilson 所建立的。该理论解释了当进行多阶段博弈时,声誉机制能起到很大作用,上一阶段的声誉往往影响到下一阶段及以后阶段的效用,现阶段良好的声誉意味着未来阶段较高的效用。声誉是反映行为人历史记录与特征的信息,声誉信息在各个利益相关者之间的交换、传播,形成声誉信息流、声誉信息系统及声誉信息互联网,成为信息的显示机制,能有效限制信息扭曲、增加交易透明度。在互联网金融领域,海量并不断增多的交易数据被深度保留、分析和挖掘,能够作为反映经济主体声誉的重要特征,同时成为最能反映企业未来收益的真正前瞻性信息,市场主体利用这些"大数据"在重复博弈中评判对方的信用水平(乔海曙、吕慧敏,2014)。

2)网络经济理论。Economides(1993)是最先运用网络经济学理论分析金融交易与金融市场发展的经典文献,其分析思路和框架对于理解互联网金融的发展及其对金融市场和金融体系的影响具有很强的启发意义。其认为,金融业与交通、电信等行业类似,都具有网络特征。数量众多的金融产品供给方和需求方通过金融中介和金融市场被连接起来,从而形成了典型的"单向网络"(oneway network)。这一金融交易网络具有明显的网络外部性:从正外部性来看,市场规模的扩大会引发流动性的大幅提高;从负外部性来看,随着市场规模的扩大,金融市场的价格发现功能可能会在一定的程度上失效。这两种外部性的并存会导致福利扭曲,因此需要采取措施予以纠正。显然,互联网在金融业的普及极大地降低了金融交易成本,扩大了金融市场的规模,因此在相当程度上放大了上述两种外部性,并会对金融市场发展产生重要影响。这构成了网络经济学框架下研究互联网金融发展的基本逻辑。Mishkin和Strahan(1999)则从更长的历史纵深探讨了技术进步特别是信息网络技术的普及对美国金融市场发展产生的影响,认为20世纪70年代以来电子信息与通信技术的革新极大地减少了金融交易成本并克服了信息不对称问题,进而从三个方面对美国金融市场的发展产生了重大影响。首先,金融市场规模迅速扩大,市场流动性大大提高;其次,衍生金融市场得以迅速发展从而提高了企业和金融机构应对市场风险的能力;最后,金融支付系统的电子化和网络化降低了居民对活期存款的投资需求,从而加速金融脱媒。

3)金融中介理论。Akerlof(1970)认为金融中介与投资者之间的关系理论的核心是映射与监督方式的逆向选择 Leland 和 Pyle(1977)将金融中介看作是信息共享联盟 Diamond 和 Dybvig(1983)认为金融中介是个体投资者的一个联盟,当企业被清算时能为个体投资者提供保障。Chant(1992)对于金融中介理论的研究划分为新论与旧论两个时段,标志就是信息经济学以及交易成本引入金融中介的研究,主要是对交易成本经济学和信息经济学发展在金融中介研究中所做出的回应,使该理论研究从更加微观层面对其提供的各种不同服务进行更为细致的识别与分析。Boot et al.(1993)发现金融中介、金融中介的声誉、竞争之间相互影响,随着时间的推移,金融机构的形式和特征或许会有很多不同。

Merton 和 Bodie(1993)认为融资、风险管理以及信息挖掘等功能的发挥,在根本上都依赖于各类信息的搜集和处理能力,为互联网金融发展提供了广阔的空间。Hart(1995)认为个体投资者在支付金融中介一定费用后可以实现最终受益为正。Merton(1995)认为金融中介机构相当于金融产品走向市场的推进装置,原先小规模、独具特色的金融服务或产品克服了信息不对称,逐步为大多数人熟悉和接受后,交易规模会不断扩大,产品形式日趋标准化后,金融新产品就从原先的金融中介转向市场。Qi(1998)以及 Diamond 和 Rajan(2001)发现融资保证金对于金融中介的管理具有激励效用,对于金融中介的声誉机制在金融市场中的影响进行了分析,发现金融中介履行义务是源于自身声誉的考虑,Berger 和 Udell(2002)将金融中介与企业之间的契约分为两种:基于交易成本的契约与基于关系的契约。在第一类型中,在契约成立的时候信息很容易获得。在后一种方式中,信息的采集持续整个过程。因此,随着金融产品日趋多样化,推动金融职能和业务领域的交叉和重组,形成金融体系的螺旋式演进,现代金融中介理论建立起自己的核心理论体系。

4)长尾理论。1897 年,意大利经济学家帕累托发现了"二八效应",即 80% 的社会财富掌握在 20% 的人手里,之后随着这一理论的不断推广和完善被普遍接受,视为一种主流的计算投入和产出效率的有效方法,被广泛引用到了其他行业。如:20% 的客户带来 80% 的销售额;20% 的产品创造 80% 的利润;20% 的时间里发挥 80% 的生产力。其实,"二八效应"并非确切的 2∶8 的比率,而是要表述一种任何小比例付出能够创造大比例成果的现象。

随着互联网技术的出现和应用,市场加快从规模经济向范围经济过渡的步伐。2004 年 10 月,《连线》杂志主编克里斯·安德森首次提出了"长尾理论",该理论合理地解释了在范围经济下亚马逊、Google 等网络公司赚钱的秘密,同时挑战了"二八效应"。所谓"长尾理论"是指,只要产品的存储和流通的渠道足够大,需求不旺或销量不佳的产品所共同占据的市场份额可和那些少数热销产品所占据的市场份额相匹敌甚至更大,即众多小市场汇聚成可产生与主流相匹敌的市场能量。即企业的销量不在于传统需求曲线上那个代表"畅销商品"的头部,而是那条代表"冷门商品"常被人遗忘的长尾(Elberse,2008)。

传统金融行业所能提供的每个金融产品所摊销的人工、经营、研发和风控成本等因素限制了其提供产品的数量,有限的金融产品中高净值客户集中于更少数精品金融产品中,提供绝大部分利润。而互联网金融属自金融,公司原则上只需为客户提供一个安全、快捷、产品丰富的资源平台,资金供需双方就可自发地进行匹配,企业在新增产品方面边际投入成本极低,每新增一个投资产品不需再负担高昂的人工、经营、研发和风控成本等。这也使得互联网金融企业所能提供给客户的金融产品变得无限多,即便企业在每个产品上的收益极为有限,但在更多的金融产品得以销售的同时利润总和有可能会超过传统金融行业。

霍兵、张延良(2015)运用长尾理论研究互联网金融发展的驱动因素,认为虽然不同模式的互联网金融替客户创造价值方式不同,但其收益都不同程度受用户数量、交易意愿、交易风险、大数据应用等因素影响。这些因素的改变会导致互联网金融市场的长尾变动,由此提出互联网金融发展的普适策略:延展、加厚长尾策略和驱动长尾向下策略。

(2)互联网金融的宏观经济理论基础分析

1)互联网金融与金融发展。互联网金融既是传统金融的有益补充,也对传统金融形成了严峻挑战。Rajan和Zingales(2003)的金融发展群体理论指出,金融发展促进了金融部门之间的竞争,损害了在位者的利益,因而在位者会阻碍金融发展。互联网金融的发展和金融开发一样,将会增加金融体系的竞争,加速传统金融部门的改革,从而促进金融发展。此外,余额宝等金融产品的出现体现了市场在资源配置中的决定性作用,它的发展壮大为利率市场化提供了强大的推动力,成为倒逼金融业改革的重要力量。

虽然互联网金融发展对金融体系的深化产生了极其深远的影响,但它仍是传统金融的延伸,并未撼动金融的根源。首先,第三方支付不能直接参与中央银行结算系统中,互联网支付方式所使用的最终支付工具仍来源于银行账户相对应资金,并未创造新支付工具。Friedman(2000)等认为即便互联网技术进步,也不能撼动中央银行地位。虽比特币等电子货币的诞生,从表面上看是互联网金融业发展产生新型支付工具,但从货币本质角度分析,这些所谓的新型支付工具并没有实质性的突破,仅仅是传统银行支付方式在效率和范围上的延伸。在现实社会中,迄今为止法定货币及中央银行在经济运行中仍然处于最核心的位置。

2)互联网金融与经济发展。金融和经济发展的关系在之前很长一段时间都存在争议。Robinson(1952)和Lucas(1988)认为金融只是对实体部门需求的反应。Miller(1998)则认为金融促进经济增长是显而易见的。Levine(2005)总结了之前研究金融和经济增长关系的文献,发现绝大多数文献的结论都表明金融发展促进了经济发展。

互联网金融依托大数据优势更好实现了资本配置,直接促进经济发展。首先,互联网金融通过对企业各项经营指标分析,选出优质企业,将资本配置给它们,完成优胜劣汰。其次,相对传统金融部门对抵押品的严格要求,互联网金融更加看重项目的社会价值,如P2P模式和众筹模式,缓解了信用约束,使得优质的项目获得了更多的发展机会。再次,互联网金融公司可以对融资公司的经营状况进行实时监控,如阿里巴巴对线上企业的订单流进行监控,有利于对融资公司进行监督和培育。互联网金融凭借信息技术优势和大数据优势,更好地履行了金融部门的筛选、监督等职能,实现了资本的合理配置,促进了经济发展。

3)互联网金融与收入分配。Greenwood 和 Jovanovic(1990)认为,在经济和金融发展的初期,由于金融部门财富门槛的存在,穷人无法享受金融服务,与富人的差距进一步扩大;随着经济的发展,穷人的财富逐渐累积,从而也可以享受金融服务,与富人的差距减小。Clarke et al.(2003)等的实证研究发现,金融发展提高了低收入人口的收入,缓解了收入不平等。因而,金融发展有利于缩小收入差距。

我国经济高增长,但居民个人收入增长明显落后于整体经济增长。个人收入分布中财产越来越集中在少数富人手中,国家统计局公布的 2014 年我国基尼系数为 0.469。联合国规定基尼系数为 0.4~0.5 表示收入差距较大,而超过 0.5 则表示收入差距悬殊。贫富差距的拉大意味着社会的不公平,更威胁着社会的稳定。互联网金融扩展了企业的融资渠道,并扩展了个人的投资渠道,从而改变了既有的收入分配格局,有利于我国缩小贫富收入差距。

(3)创新理论

创新作为一种理论可追溯到 1912 美国哈佛大学教授熊彼特的《经济发展概论》一书中。熊彼特在其著作中提出:"创新是指把一种新的生产要素和生产条件的'新结合'引入生产体系。"熊彼特关于创新的基本观点中,最基础的一点即创新是生产过程中内生的。他认为经济生活中的创新和发展并非从外部强加而来的,而是从内部自行发生的变化。这实际上强调了创新中应用的本源驱动和核心地位。20 世纪 60 年代,随着新技术革命迅猛发展,美国经济学家罗斯托提出了"起飞"六阶段理论,"技术创新"在创新活动中的地位日益重要。但随着技术创新的迅猛发展,其表现出了越来越强的知识依赖性。创新由易变难,逐渐成为高知识积累群体才能完成的工作,这无形中造成了创新与应用间壁垒的形成。

互联网金融符合现代创新理论条件,是金融业和互联网的新组合。陈韬、陶斌智(2014)认为作为新兴金融,互联网金融属经济学上的创新。其在不同发展阶段具有不同的创新点,分别表现为新的产品、新的经营方式、新的企业组织形式或新市场中的一种或几种。互联网金融的创新基于互联网思维,是互联网和金融的结合。互联网金融是市场驱动下的创新,孕育于传统金融市场,成长于电子商务,并抓住国内货币市场机遇获得了大发展。互联网金融创新受益于信用制度,反过来也促进了金融信用的发展,丰富了货币职能。互联网金融发展提高了金融市场效率。金融监管当局对互联网金融的监管应继续进行创新。

互联网金融将推动传统银行业金融创新。并形成了强劲生产力。当前中国经济转型正处关键点,随着利率市场化积极推进,传统银行业多年来赖以生存的金融模式正受到冲击,天然的优势正在丧失,银行必将通过创新全面反击互联网金融(张谨,2014)。

(4)金融脱媒理论

"金融脱媒"是指在金融管制的情况下,资金供给绕开商业银行体系,直接输送给需求方和融资者,完成资金的体外循环。随着经济金融化、金融市场化进程的加快,商业银行作为主要金融中介的地位在降低,储蓄资产在社会金融资产中所占比重持续下降及由此引发的社会融资方式由间接融资为主向直、间接融资并重转换。金融深化(包括金融市场的完善、金融工具和产品的创新、金融市场的自由进入和退出、混业经营和利率及汇率的市场化等)也会导致金融脱媒。金融脱媒是经济发展的必然趋势。

互联网金融模式是努力尝试摆脱金融中介的行为。通过互联网技术手段,最终可让金融机构离开资金融通过程中曾经的主导型地位,因互联网分享,公开、透明等理念让资金在各个主体间游走非常的直接、自由,且低违约率。互联网金融的发展使金融中介作用不断地弱化,使金融机构日益沦落为从属服务性中介地位,不再是金融资源调配的核心主导定位(刘鑫,2014)。

5.1.3　互联网金融类型

互联网金融的类型可从不同的角度划分。互联网金融的类型包括货币类、结算类、融资类、渠道类及其他。货币类主要是数字货币,如比特币、莱特币、元宝币等依靠密码技术生成的货币;结算类主要以第三方支付为代表;融资类的业态有P2P网贷、网络众筹、电商网络贷款以及对应的网络理财融资;渠道类的业态主要有信息平台、金融产品网络营销等。不仅仅在银行领域,互联网金融同样引发证券经纪和财富管理的"渠道革命",弱化证券行业金融中介功能(龚映清,2013)。目前较公认的互联网金融类型有:

(1)金融互联网(金融电子化)

金融互联网体现以互联网为代表的信息技术对金融中介和市场的物理网店、人工服务等替代,含网络和手机银行、网络证券和保险公司、网络金融交易平台、金融产品网络销售等。金融互联网使传统金融服务从线下扩展到线上,在时空上外延了金融服务,提高了金融效率(新金融,2013)。

(2)第三方支付和移动支付

随着互联网金融发展,越来越多的非金融机构加入到提供金融服务的行列。如第三方支付服务机构为客户提供支付服务。第三方支付是一些具有实力和信誉优势的独立机构,通过与金融机构进行签约等合作而成立交易支持平台,交易双方通过此平台提供的账户进行交易货款支付。就第三方支付而言,Kim

(2010)从消费者角度进行了安全性分析。在对第三方支付系统在 B2C、C2C 等电子商务方面的理论分析的基础上,结合对韩国大学生第三方支付模式的问卷调查,建立了结构方程模型来进行实证分析,最后提出了相应的对策建议。González(2004)则从法律监管角度分析了 PayPal 这种国外的第三方支付方式。首先,从 PayPal 的定义、产生原因及运营方式等方面进行了现状分析;其次,通过案例来详细分析其存在的风险问题;最后,借鉴银行、电子货币的监管模式,提出了降低 PayPal 风险的对策建议。而于小洋等人(2013)则对我国第三方支付模式进行了政策环境、行业发展现状分析。

我国的第三方支付公司有易趣公司 PayPal、阿里巴巴的支付宝、腾讯的财付通、百度的百付宝、易宝支付、快钱等。P2P 网络借贷平台则实现了借贷双方客户的认证、记账、清算和交割等流程,满足了人们对资本快捷的需求,典型的有拍拍贷、红岭创投、易贷 365 等。第三方支付业务的出现和发展,是电子商务发展的必然选择。它大大降低了电子商务交易中出现的信用风险。目前第三方支付已不局限于最初的互联网支付,而是依靠智能手机、平板电脑等,成为人们可随时支付、应用场景更为丰富的综合支付工具,衍生出移动支付。

目前,第三方支付涉及行业已涵盖基金、保险、企业支付、网购、费用代缴等银行传统领地,包括支付宝、财付通、快钱在内的第三方支付企业已将银行个人和企业客户服务作为其重要业务战略。据相关数据显示,2014 年中国第三方互联网支付交易规模达到 80767 亿元,同比增长 50.3%。中国第三方移动支付交易规模近 6 万亿元,同比增长 391.3%。

(3)基于大数据的征信和网络信贷(电子供应链金融)

信贷的核心是信用评估,故征信和信贷紧密相连。基于大数据的金融服务平台主要指拥有海量数据的电子商务企业开展的金融服务。它集合海量非结构化数据,通过分析和挖掘客户的交易和消费信息,掌握客户的消费习惯并准确预测客户行为,为互联网金融机构提供客户全方位信息(征信),使金融机构和服务平台在营销和风控方面(信贷)有的放矢。有以下几种模式:

1)电商小贷。电商小贷指电商企业利用平台积累的企业数据完成小额贷款需求的信用审核并放贷。因电子商务平台累积大量用户,企业可根据多年累积的平台交易数据,结合相关技术分析出用户的信用状况,目前已经有许多电子商务公司进入了互联网金融领域。

国外为电商店主提供供应链金融服务的互联网金融模式创新时间较短。Kabbage 是一家为网店提供营运资金支持的企业,2008 年年底,由 Marc Gorlin、Kathryn Petralia 和 Rob Frohwein 创立于美国亚特兰大。Kabbage 通过向 eBay 网店提供类似贷款的商业预付款而实现收费,提供预付款的决策依据是这些网店的营运数据,包括从 Google Analytics 等得到网络信息,从网店使用的记账软件 Quickbooks 等得到记账信息,以及从 UPS 等物流企业得到的发货信息。Kabbage 在 2009 年上线之后快速发展,目前,Kabbage 的服务遍及 eBay、亚马孙、雅虎、Etsy、Shopify、Magento 等电子商务平台,服务网店达 3 万家。

近年来,国内电商小贷贷款规模不断增加,越来越多的电商逐步涉足金融领域,相关的金融产品也越来越丰富。阿里小贷的模式是中国原创的。2010 年 6 月,阿里的第一家小贷公司在杭州成立,次年在重庆开了第二家。截至 2013 年年末,阿里小贷累计获贷客户数 64.2 万家,累计放款金额 1722 亿元,户均贷款余额不超过 4 万元人民币,不良率小于 1%。其中,2013 年新增 1000 亿元,网络小贷进入高速增长期。截至 2013 年年底,已累计发放贷款近 2000 亿元。而在国外,亚马逊在 2012 年才推出基于亚马逊平台的供应链融资项目 Amazon Lending,但其不管是在规模还是经验上都远不如中国的同类公司。

阿里小贷成功后,苏宁凭借自身拿到的开展独立贷款业务的牌照开办了专门的子公司进行网络贷款,而京东、慧聪、敦煌等则采取与银行合作的方式,曲线进军贷款平台。曾在电商遭遇滑铁卢的 eBay 也通过与平安银行的联姻,借道互联网金融成功踏足国内的小额贷款领域(王曙光、张春霞,2014)。

2)以京东、苏宁为代表的电子供应链金融模式。

3)P2P 网络信贷模式。P2P 是 Peer-to-Peer 或 Person-to-Person 的缩写,中文翻译为"人对人"。P2P 小额借贷最初是由"诺贝尔和平奖"得主穆罕默德·尤努斯教授(孟加拉国)创立的,是一种将十分小额度的闲置资金聚拢起来借贷给有资金需求人群的一种商业模型。随着互联网技术的发展和人们对金融服务诉求的不断精细化,P2P 小额借贷逐渐从线下走上线上,借助第三方互联网平台,针对借、贷双方的需求,进行及时、高效的资金匹配。P2P 的风险相对较高,Singh (2008) 和 Emekter(2014) 都对 P2P 网络贷款投资的风险进行过深入研究。

网络 P2P 借贷平台根据类型和采用的方法不同基本上分为两种类型:商业和非商业。商业平台一般仅限于国内市场,非商业性平台经常全球操作。两种平台类型之间的主要区别是放贷者的总体意图和他们的期望回报。在商业平台的放贷者可以根据他们承受的风险获得合理的风险报酬,而在非商业平台贷款的放贷者对他们愿意承担的风险是几乎没有或只有很少的回报的(Wang,2009;Bachmann,2011)。

针对 P2P 网络借贷模式,Yum(2012) 从信息不对称角度研究了其风险。首先,分析了 P2P 模式的发展现状、优势和存在的风险;其次,利用 P2P 借贷平台 Popfunding.com 的数据来研究影响 P2P 借贷的因素;最后,根据上述分析,提出了如何利用 P2P 借贷的 Herding 效应来降低风险的对策。牛锋等人(2013)

对我国的 P2P 网络借贷模式进行了比较全面的研究。首先,结合 P2P 的定义,对 P2P 借贷平台的整体特征进行了分析;其次,根据运营模式将 P2P 借贷平台分为单纯中介型、复合中介型、混合模式三种,并分别对其操作流程和经营状况等发展现状进行了分析;最后,针对其存在的问题,从法律制度层面、监管机构层面、P2P 平台层面提出了相应的对策建议。

中国的 P2P 行业虽然比英美两国起步晚,但是后期发展迅速。2007 年网络贷款正式进入中国。目前中国已成为全球最大的 P2P 借贷市场。到 2014 年末,P2P 平台数量已经达到 1575 家,2014 年行业成交额 2528 亿元,是 2013 年的 2.39 倍;贷款余额 1036 亿元,是 2013 年的 3.87 倍。目前,形成了以拍拍贷为代表的纯粹中介平台,以宜信为代表的"准金融机构",以陆金所为代表的信贷资产证券化模式。

4)传统的网络贷款模式。其特点就是网下申请、网下审批、网上发放。其并未改变以往的运作模式,只是把银行线下业务搬到线上,节约交易成本,如温岭民泰商业银行手机贷、宁波银行 E 家人。

5)银行自建电子商务平台。因银行在电子商务平台的劣势,普及度不高。

6)以中信银行网上中信为代表模式。网上中信把网络银行独立出来,实现网上贷款受理、审批、发放。优点是可依网络融资需求特点来个性化、定制化做金融创新服务①。

(4)互联网货币

互联网货币体现了互联网对货币形态的影响。欧洲中央银行(2012)专门就网络虚拟货币进行了研究。首先,通过对货币发展历史的回顾,提出了虚拟货币的定义和分类;其次,从货币形式、付款方式、面临风险、监管形式等方面将实体货币和虚拟货币进行了比较;再次,以比特币和第二人生计划为例,从技术和经济层面对网络虚拟货币进行分析后发现其面临的问题;最后,从央行职责方面提出了相应的监管对策。

比特币在全球范围内的火爆引起了美联储等世界主要央行注意,德国是世界上首个赋予比特币合法身份的国家。虽然其合法性得到了承认,但它依然不是"合法货币",只是被作为一种金融工具纳入到德国的法律体系当中。这一政策直接把德国所有经营比特币的公司都变成了金融服务机构,政策同时规定其与比特币相关的所有业务都要经过德国联邦金融监管局的批准,并且接受监管。德国当局的这一系列举措扩大了比特币的使用范围,把比特币确立为金融理财工具,在一定程度上避免了它对现有货币的干扰;通过把它纳入到现行的法律体

---

① 来源:http://www.stuse.com/Newsshow.asp?id=10207。

系之内,使比特币的使用价值得到了正常的发挥。我国央行对比特币采取了管制措施。我国互联网虚拟货币仍存在,若处理不当,将对金融业态产生重大影响。

作为互联网货币的典型代表,比特币自诞生以来,引起了金融界和学术界的高度关注。有些学者认为比特币是邪恶的,而 Angel 和 McCabe(2014)认为比特币和其他支付工具一样是中立的,既不恶也不善,但在使用过程中可有道德和不道德的方式。

比特币作为新型虚拟货币,具有分散发行、总量固定、匿名交易等特征,是互联网时代支付技术的重大变革,也对传统货币体系带来新挑战:其开放支付体系,消除了在处理多种货币兑换和携带等方面的麻烦,在电商全球化中可起减少摩擦的作用,特别对小金额、长距离、大范围交易,用其跨境支付更自由、付款速度更快、成本优势更明显。故比特币将侵蚀传统上与货币和支付相关的产业,通过改变电子商务的货币环境对实体经济发挥间接作用。

比特币因其匿名特性成了犯罪资金的主要载体,在许多非法网站上甚至成为唯一支付手段。在金融监管过程中,几乎所有国家都非常依赖银行系统来查验交易资金进出。而比特币独立支付网络则有效地躲开此追查途径,使监管资金动向变得非常困难。即便政府将比特币纳入监管范围,由于其复杂的属性,仍存在大量法律适用方面的问题(闵敏、柳永明,2014)。

比特币的生产、存储、兑换、支付和消费在中国已初步形成较完整的产业链。截至 2013 年 5 月,中国比特币"矿工"已达 8.5 万人,比特币在中国注册用户超 3 万人。2013 年 11 月,中国成为全球最大的比特币交易市场,日均交易量超 10 万个比特币。随着比特币交易规模和用户不断激增,为保护投资者利益,中国已逐步开始对比特币市场进行监管。2013 年 12 月 5 日央行等五部委联合下发《关于防范比特币风险的通知》,文件中明确了中国政府对比特币的态度。一是不承认比特币货币地位,但承认其虚拟货币地位,并指出"比特币不具有与货币等同的法律地位,不能且不应作为货币在市场上流通使用"。政府允许公众在自担风险前提下自由参与比特币交易。二是强调现阶段"金融机构和支付机构不得开展与比特币相关的业务",防止比特币投机性风险向金融机构传递。三是为防止不法分子用比特币交易洗钱,加强对比特币交易市场的监管,对用户身份信息进行识别并报告可疑用户。

(5)众筹融资(crowd funding)

众筹指主要通过互联网方式发布筹款项目并通过捐赠的形式或用未来产品或某种形式的奖励作为交换的方式募集资金(Amme et al.,2014)。

相对于传统的融资方式,众筹更为开放,能否获得资金也不再是由项目的商业价值作为唯一标准,只要是网友喜欢的项目,都可通过众筹方式获得项目启动的第一笔资金,为更多小本经营或创作的人提供无限的可能。而对企业来说,众筹可帮助企业测试、推广和营销他们的产品,使他们更了解消费者的口味,或创建新的产品或服务(Belleamme et al.,2010)。

Mollick(2014)研究了众筹融资成功与否的动力因素。通过众筹模式的定义,分析了各参与方的目标和其影响因素,并结合 Kickstarter.com 的数据进行了实证分析,最后,结合上述分析,从项目的规模、创新性等方面提出了促进众筹融资成功的建议。Stemler(2013)则研究了美国新颁布的 JOBS 法案对众筹融资产生的积极影响。

近几年,众筹模式在欧美国家迎来黄金期,发展速度加快。据美国福布斯发布的数据,2013 年,全球众筹平台筹资总额接近 60 亿美元,其中 90% 集中在欧美市场(徐诺金,2015)。具有代表性的股权众筹平台有英国的 Crowdcube(全球首个股权众筹平台)、美国的 Fundable,非股权众筹平台有美国的 Kickstarter 和 IndieGoGo、拉美的 Idea.me 等。

众筹根据标的物和目的性不同可以分成以下类别:回报众筹、公益众筹、债权众筹、股权众筹(李湛威,2015)。

回报众筹是指投资者对公司或者项目进行投资,最终会获得服务或者产品。最典型的平台是美国的 Kickstarter 和 IndiGoGo,以及国内的点名时间。

1)Kickstarter 众筹平台简介

在欧美国家诸多众筹平台中,成立于 2009 年 4 月的 Kickstarter 最具代表性。Kickstarter 通过公开的网络平台为有创造力的项目和创意向公众融得所需资金,并使众筹这种新兴融资模式开始得到业界的关注。Kickstarter 刚成立时主要为文化产业类项目融资,如音乐、电影和动画类等,如今 Kickstarter 已经发展成为包括技术融资在内的 15 类项目的融资平台。

从建立到 2012 年年底近 4 年的时间里,Kickstarter 平台共发布项目 27086 个。其中,成功融资项目为 11836 个,融资额达到 9934.44 万美元,参与投资支持项目的人数超过 300 万人,2012 年该平台全年营业收入超过 500 万美元。截至 2014 年 8 月 18 日,项目融资额达 127130.28 万美元,成功融资项目为 67880 个,总投资人数达到 6819371 人,有两次或者两次以上投资经历的人数为 2037637 人,约占总投资人数的 30%。对于一个处于创业初期面对资金短缺的企业来讲,上述数据证明众筹是一个值得肯定和推广的融资模式。

2)Kickstarter 平台的运营模式分析

①项目发起流程

Kickstarter 平台融资流程:在 Kickstarter 平台工作人员的帮助下,项目发起人需要在融资项目的包装、融资目标的设定、融资期限的规定等方面对融资项目进行设计;Kickstarter 平台对项目是否符合项目发起规则进行审核。2014 年 6 月 4 日,Kickstarter 对项目发起规则进行修改,符合要求的用户将不需要接受审核可随时发起项目,并将 1000 条项目发起规则缩减到 300 条。将设计和包装好的项目发送给身边的朋友,并在朋友那里得到有关项目的反馈意见。根据反馈意见发起人对项目进行修改,使项目更好地满足市场的需求。完成修改后,该项目就可以通过 Kickstarter 平台向投资者展示并募集所需资金。项目发起人通过各种网络资源和自己的人脉关系对项目进行宣传,以期项目能够提前完成融资目标。

截止到项目的融资期限,若该项目达到最初设计的融资目标,Kickstarter 平台通过 Amazon 公司将募集到的资金转交给项目发起人。Kickstarter 平台按照募集资金的 5% 收取费用,为 Kickstarter 平台提供资金支付服务的 Amazon 公司则收取募集资金 3%～5% 的费用;若该项目募集资金未达到融资目标,Kickstarter 平台则将所融得的资金全部返还给出资人,Kickstarter 平台和 Amazon 公司将不收取任何费用。在项目成功融资并实施后,出资人可以从项目发起人那里得到相关产品或服务作为投资的回报。美国在通过 Jumpstart Our Business Startups Act(简称"JOBS 法案")后,投资者可获得项目的股权作为投资的回报。

②交易主体间的相互关系

Kickstarter 平台融资模式涉及:项目发起人(资金需求者)、Kickstarter 融资平台、项目投资者(出资人)、Amazon 公司。项目发起人是项目所有者,其在有好项目或创意后就可向 Kickstarter 平台发出申请,为项目的进一步发展融得所需资金;Kickstarter 平台为项目发起人提供融资平台,在资金需求者和出资人之间搭建了一个融通资金的桥梁;项目投资者是资金所有者,为获得资金的增值或相应的产品与服务,项目投资者通过 Kickstarter 平台对有创意的项目进行投资;Amazon 公司为 Kickstarter 平台提供资金支付服务。

项目发起人通常是需要解决资金问题的创意者或小微企业的创业者。发起人必须具备一定的条件,对项目拥有 100% 的自主权,并要与 Kickstarter 平台签订合约,明确双方的权利和义务。项目是具有明确目标的、可以完成的且具有具体完成时间的非公益活动,如生产某种电子产品、制作专辑或出版图书等。

Kickstarter 既是融资平台,又是项目发起人的监督者,还是出资人利益维护者。项目上线前,Kickstarter 平台对项目进行审核,确保项目未违反法律及平台相关规定。通过审核后,Kickstarter 平台将项目和融资需求发布上网,并在后期对项目进行跟踪,确保项目的顺利展开。但是,当项目无法执行时,其相应的退款机制并不完善,一直为人们所诟病。

出资人是数量庞大的互联网用户,他们利用在线支付方式对自己感兴趣的创意项目进行小额投资。项目成功实现后,对于出资人的回报不是资金回报,而可能是一个产品样品或者是一项特定的服务。出资人资助创意者的过程就是其消费资金前移的过程,这既提高了生产和销售等环节的效率,也满足了出资人个性化的消费需求。

Amazon公司在项目融资的过程中为以上三者提供资金存管和支付服务。出资人选中项目后,采用在线支付的方式对项目进行投资。在规定的期限内,项目达到设定的融资目标,并接到Kickstarter平台的指令,Amazon公司会将账户中的资金转交给项目发起人;若项目未达到设定的融资目标,则将账户中的资金退还给投资者。

公益众筹是指投资者对公司或者项目进行无偿的捐献,以帮助有需要的人或物。目前比较典型的平台是美国的Wasti。

债权众筹则是指投资者对公司或者项目进行投资,从而获得一定的债权,将来的某个时期将收回本金和获取利息,债权众筹也就是目前比较普遍的P2P,在国外已经有两家比较出名的债权众筹平台,它们分别是Lending Club和Prosper。

股权众筹也可称股票型众筹,是指投资者通过对公司进行投资,从而获得一定比例的股权,形式上和公司到交易所发行股票类似,但现在主要是指通过互联网渠道进行融资。

股权众筹作为互联网金融的创新模式,特点是:首先,股权众筹消除了传统融资渠道的中间环节,优质项目一发布,易得到市场关注,极大提高了融资效率;其二,该模式相较于传统金融模式,透明化程度高,且参与感强,投资者能够亲身经历项目成长的整个过程,并提供外源技术上的帮助,具有较强的认同感;其三,该模式尤其注重创意,筹资者必须将自己的创意通过图纸、样品或商业计划书等形式展示出来,才有可能通过平台的审核,而不仅仅是一个简单的想法;其四,股权众筹单笔的融资规模和投资额都较小,企业多为初创企业,投资者多为普通民众,真正体现大众参与、共享创新收益(蓝俊杰,2015)。

相当部分众筹活动中,投资者不仅为项目融资,还积极参与到项目中,为项目的实施出谋划策。Stemler(2013)研究了美国JOBS法案对众筹融资产生的积极影响。相比于国外,我国应用众筹模式来进行融资的较少,因此,余枚(2013)就在回顾国外众筹发展历程的基础上,发现了众筹在我国水土不服的原因,如监管界限不明、募资规模有限、角色扭曲为营销手段、创意项目匮乏,并提出了我国未来众筹盈利的商业模式。Mollick(2014)研究了众筹融资成功与否的动力因素。通过众筹模式的定义,分析了各参与方的目标和其影响因素,并结合 Kickstarter. com 的数据进行了实证分析。然后,结合上述分析,从项目规模、创新性等方面提出了促进众筹融资成功的建议。

众筹进入中国的时间较晚,但短短几年时间发展迅猛,涌现出了点名时间、追梦网、淘梦网等一大批众筹平台,发展模式与世界上其他国家的基本相同:项目发起人(有创造能力但缺乏资金的人)在平台上展示自己的想法,在设定时间内,如果支持者提供的资金达到或者超过目标金额则项目融资成功,发起人可以获得资金;否则,已获得资金需退还给支持者,项目关闭。其中,点名时间是我国第一个也是目前为止发展最为成熟的众筹平台,主要是为了帮助国内一些有创意、有想法但是缺乏资金的人。其他,像淘梦网、追梦网是分别支持微电影和科技创新类的众筹平台(王曙光、张春霞,2014)。根据清科集团《2014 年中国众筹模式上半年运行统计分析报告》显示,2014 年上半年,国内众筹领域共发生融资事件 1423 起,募集总金额 1.88 亿元,其中股权众筹发起融资事件 430 起,募集金额近 1.56 亿元,上半年众筹市场募集规模主要由股权众筹贡献。根据行业报告,仅 2014 年上半年,国内众筹领域募集资金即达到 1.88 亿元,国内众筹模式主要以奖励性为主,虽然也存在一些债权、股权型的众筹平台,但发展缓慢且管理并不规范。这是由于这两类众筹模式目前在我国尚属于灰色地带,监管的缺失使之很难健康发展(高寒,2015)。

5.1.4　全球视野的金融与信息技术结合过程

互联网等现代信息技术的发展都属于人类第五次信息技术革命后发展的范畴。第五次信息技术革命源于 20 世纪五六十年代,是以计算机数据处理技术与新一代通信技术有机结合为开端。互联网金融发展与信息技术发展密不可分。

(1) 20 世纪五六十年代,银行电算化

全球范围内的金融电子化建设兴起于 20 世纪 50 年代前后。工业发达国家的商业银行,当仁不让地成为这股浪潮中最重要的推动力量。

当时的金融体系高度依赖手工作业,二战后,全球进入大规模恢复性生产时期。生产率的提高、跨国贸易规模的急速发展,商品及货币流动规模的发展使依赖手工作业的银行等金融体系压力沉重。而计算机、通信线路和磁盘介质等信息技术革命大大提升了金融体系效率,降低了人工作业的失误。此阶段为银行电算化,是信息和金融业的首次联姻。

(2) 20 世纪 70 年代,电子资金转账系统的诞生

20 世纪 70 年代前后,已实现了数据通信和电子计算的商业银行开始进一步关注资金转移的速度和准确性,并适时推出了联机柜员系统,这也是最早的电子资金转账系统(Electronic Funds Transfer,简称"EFT")。美国的商业银行在

此阶段开始实施"EFT",推进"前台电子化"。

商业银行的基础业务是吸收存款、发放贷款和汇款结算。任何一笔基础业务,本质上都离不开资金转移和归集。联机柜员系统将分布在不同受理处的柜面终端通过通信技术连到一起,任何一台终端输入业务指令全部通过网络发送到中央主机上,由主机统一计算、存储、传输。这种以中央主机处理为中心终端的连接方式,为实时交易和结算、一致呈现提供了技术基础。可以说联机柜员系统的出现,使商业银行实现了真正意义上的"电子化"。

(3) 20 世纪 80 年代,从自助银行到银行互联

1981 年,随着第四代超大规模集成电路的出现,IBM 将个人计算机应用于家庭、办公室和学校。同时,网络传输速度极大提升,以可用、易用方式,通过网络申请业务技术条件基本成熟。金融电子化催生金融电子制造产业繁荣。且不说商业银行、证券公司等金融机构是计算机中央处理系统和柜员 PC 机(个人计算机)最大的用户行业,美国的安讯公司(NCR)、德国的迪堡等一批 ATM 现金取款机、收款机、POS 刷卡机等金融机具制造商,也伴随着金融电子化的迅速推广而得以迅猛发展。

借助新兴的传输技术、信息安全技术和友善的人机交互系统,商业银行开始投入资源开发网络。电子网络不仅联结网点、分行和后台处理中心,且联结不同银行的业务处理中心和银行外部商业企业的财会部门和超级市场。在联机柜员系统和电子网络大发展基础上,商业银行开发了系列自助银行业务处理系统。其代表是自动柜员机 ATM 网络系统和支付卡受理终端 POS 系统。能以自助银行等形式受理基础金融业务,标志着商业银行进入电子化服务新纪元。后来出现的电话、网上和移动银行等,又进一步丰富了电子化受理内涵。

(4) 20 世纪 90 年代以后,网络银行崛起

最早的网络银行出现在 20 世纪 90 年代。此时互联网和其他数据网络的高速发展引起了全球性商务和经营革命,电子商务成全球新趋势。因每笔电子交易都要经资金支付和结算才能完成,作为资金流的载体——银行支付工具的创新至关重要,网上支付服务也因此蓬勃发展起来。它不仅为电子商务的参与者提供网上支付服务,还为银行客户提供广泛的金融服务,迅速成为商业银行新的竞争手段。

网上银行可分:传统银行通过互联网渠道开展的原有家庭和企业银行业务(如查询、汇款、转账、支付等),它是互联网渠道对传统银行网点渠道的补充;完全通过互联网开展业务的虚拟银行,以美国第一联合国家银行(First Union National Bank,后改为 Security First Network Bank,SFNB)为代表。此时,电话银行、呼叫中心、移动银行等其他形式的虚拟银行服务也蓬勃发展。信息化和

智能化能力及虚拟化程度成为决定银行综合竞争力新指标(万建华,2013)。

5.1.5 国内金融信息化过程

最早用于我国银行体系的计算机于半个世纪前从苏联引进。这种电磁式分析用计算机被大量用于支持银行的单项业务处理,如集中核对联行业务等。但速度较慢、功能单一、操作烦琐等弊端,使其无法继续适应银行业务大发展需要。到1974年,此计算机被从法国引进的60/61小型计算机所取代。法国60/61电子计算机完成一个工作日的10万笔联行业务,所需输入卡片的时间仅111分钟,与早期苏式电磁分析计算机相比,时间缩短1/20;所需分类时间为60~70分钟,时间缩短1/20。

20世纪60年代末70年代初,我国金融电子化开始发力。1975年年末,在京、沪等地同时启动"全国大中城市银行核算网试验工程"。20世纪70年代末,伴随商品流通范围不断扩大,异地结算业务迅速增长。此时,法国的计算机性能瓶颈开始掣肘商业银行业务发展。1978年,中国人民银行从日本引进日立公司的M150系列机,并自主开发了一套联行业务处理系统,于1980年投入运行。

接着,又一批M150机和若干台L320小型机被引进,部署于对公和储蓄两大业务系统。M150系统可以说是我国银行在当时应用最成功的金融电子化系统工程。在M150上,各银行的不同业务部门开展了对公、储蓄、联行对账和外汇业务,及信息管理等工程试点工作。因组织得力,采用工程化开发方法,并借鉴发达国家金融电子化的成功经验和已有成果,试点工作在各业务部门都取得成功,为我国金融电子化发展奠定重要技术基础。

到20世纪80年代中后期,国内金融体制改革拉开序幕。信息化建设成为金融机构重要竞争手段。以中国建设银行为例,在1985—1992年,该行开始推进柜台业务电算化,在各营业网点初步实现计算机操作。此阶段存在的问题是缺乏统一发展和标准规范,各行多从自身需求出发,给后期我国金融电子化的网络化和标准化留下一定障碍。

20世纪90年代后,国家计委和科委将金融电子化项目列入重点科技攻关项目。此阶段,金融机构的电子系统开始表现出相对清晰且一致的发展逻辑,从下到上分级建设,整合分支机构独立、分散的业务系统,实现大范围的"总对总"。此过程可分为"总分互联"(金融机构区域间的系统互联)和"行行互联"(跨主体的系统互联)。

此时央行成立了专门管理和领导我国金融电子化事业的机构——科技司及随后设立的支付结算司,制定了我国金融电子化发展的战略设想,加强了对金融电子化的理论研究,为金融电子化向网络化发展创造了条件。同时跨部门协作效应出现。"八五"期间,原电子部协同银行、邮电等推出"金卡工程"等一些"金"字工程,加速金融电子化和国民经济信息化步伐。此时诞生的中国银联,就是重要组成部分。

电子化让全国金融系统形成一张层次分明、秩序清晰的电子生命网络。

一方面,基础设施建设逐步成形。央行牵头投资建立了旨在运营全国电子联行业务的金融卫星通信骨干网,并组织几大商业银行与原邮电部共同投资组建中元金融数据通信网络有限责任公司,负责金融地面骨干网建设。商业银行则投入力量,建设其内部的局域网和内联网。它们为国内金融系统造就了一套从动脉到毛细血管的完整循环系统。

另外,作为我国金融系统中最重要组成部分,央行现代化支付系统为各银行和货币市场提供公共支付清算服务,是我国金融系统中"大动脉"和"主干道"。现代化支付系统自1996年立项施工,2002年10月8日大额实时支付系统成功投产试运行,又经近10年建设,建成含大额实时支付、银行业金融机构行内支付、银行卡跨行支付、网上支付跨行清算、小额批量支付、同城票据清算及境内外币支付等7个完整现代化支付系统,为银行业的金融机构及金融市场提供了安全高效支付清算平台。同时商业银行、证券公司、基金公司、保险企业的各级业务系统在不同层级上实现挂靠、连接和委托结算(万建华,2013)。

5.1.6 互联网金融的驱动因素和发展历程

(1)互联网金融的驱动因素

1)通信技术进步与突破

金融是一个信息密集型产业,信息、技术、制度构成金融业的三大基石,纵观历史,从19世纪30年代电报的兴起,到后来电话、计算机,乃至今天互联网、移动互联网,每一次通讯信息技术的变革都对金融业产生了巨大的影响。从IT技术发展的角度来看,云计算推动了移动互联网、物联网的产生和发展,随之产生的海量数据形成了大数据,大数据的分析技术反过来促进了云计算的进一步发展。云计算和大数据是相辅相成、互为依托的关系,移动互联网和物联网是云计算两种接入终端类型的衍生体系,以上的这些IT技术正不断地冲击和改变所有的行业,而最突出的就是稳健、保守的金融业,而传统金融业想全面拥抱互联网金融也必然依托IT技术的有效支撑。

2)传统金融机构经营模式和社会金融需求的矛盾日益突出

社会和经济因素影响是互联网金融发展的最重要因素(Nehzat,2014)。2008年金融危机以后,各国对传统金融的监管趋严,流动性不足成为常态。同时,传统金融机构进入门槛高、监管严,针对小微企业和个人的金融服务还存在很大的不足,难以满足社会对金融服务的需求。非金融机构运用互联网技术触及监管严格和门槛高的传统金融难以覆盖的业务领域,例如第三方支付、小微企业融资、个人消费贷款等,实现了金融服务面向小微企业和个人等大众群体的渗透和覆盖。互联网金融成为解决大众客户群对金融服务的需求与传统金融机构供给不足矛盾的可行模式。

(2)互联网金融的发展历程

结合前文对全球及国内金融与信息技术结合过程的阐述及文献(刘英、罗明雄,2013;刘士余,2014)等,得出互联网金融发展的三阶段:

第一阶段,1995—2003年。从1995年世界第一家网络银行即美国安全第一网络银行创建,和以网络银行、证券和保险等形式出现的网上金融为标志。网上金融以金融信息化过程为主,ATM及POS机的普及、网络银行的设立、中国银联的成立,意味着金融信息化不断深入,为互联网金融的快速发展奠定基础。

第二阶段,2003—2012年。伴随阿里巴巴等电商平台的成立,电子商务渐在中国发展,第三方支付也快速发展,支付宝、财付通等一批第三方支付机构出现;同时,P2P网络借贷、众筹融资等互联网金融业态也始出现。2011年,央行正式出台文件,将第三方支付纳入监管,进入规范发展通道。

第三阶段,2012年至今。2012年互联网金融概念正式提出。2013年,余额宝正式上线,很快极速扩张。无论银行、基金等传统金融机构还是大型电商平台、互联网公司等,纷纷涉足互联网金融领域。2013年8月,《国务院关于促进信息消费扩大内需的若干意见》指出"推动互联网金融创新,规范互联网金融服务",互联网金融第一次在国家层面文件中被提及,2013是互联网金融元年。

5.2　互联网金融发展

目前无论是从整体上研究,还是从行业、企业层面分析互联网金融,着眼点主要集中在前面5种形态上。下面进一步分析其产生背景、现状、存在问题、风险、发展趋势及国内外经验对比等。

5.2.1　金融互联网

从金融互联网化的内在动力看,主要包括两个方面。一是技术推动。正如Burton(2006)等人所指出的,计算机与信息技术,是推动现代金融创新最重要的基础动力之一,没有信息技术,就没有现在的金融创新。二是需求拉动。Herbst(2002)认为,基于互联网的电子商务的爆炸式发展,给金融创新带来了前所未有的在线金融需求。从金融互联网化的结果看,不论是技术推动还是需求拉动,其根本作用在于改善了金融服务能力,促进了核心竞争力的提升(秦亮杰、赵大欣,2014)。此研究集中在网络和手机银行、金融产品网络销售、网络金融交易平台、网络保险和证券公司等。

在国外,美国互联网在20世纪90年代高速发展的过程中,就产生了网络化的银行(如SFNB),然而,成立于1995年10月的SFNB,在经历了初期的快速发展之后,逐渐陷入经营困境,并由于电子商务低谷的到来,在1998年被加拿大皇家银行收购(陈一稀,2014)。欧洲的网上银行,作为金融中介的创新和手段,在过去的十年有了显著的增长,由于网上银行的低成本、便利性,欧洲地区使用网上银行的家庭和企业在逐年增加(Stoica,2015)。近几年来,国外已有银行使用ZestFinance公司的大数据技术对贷款客户进行信用评级;另有一些银行使用智能化技术实施客户营销,提升客户服务的针对性和满意度。国外银行金融互联网化的发展有以下特点:始终坚持以客户为中心,不断推动渠道的广化和深化,持续提升产品和服务的黏性,主动打造差异化的竞争优势(秦亮杰、赵大欣,2014)。

在国内,在银行方面,2013年我国商业银行业务电子渠道替代率可达到80%以上;在证券方面,越来越多的券商将传统业务进行互联网化,同时积极开展业务创新,促使投融资双方在线上直接对接;在保险方面,截至2013年年末,国内经营互联网保险业务的公司达到60家,保费规模达到291亿元。目前纯网络保险公司众安在线已经成立,而纯网络银行和网络券商还在孕育之中。

(1)银行业互联网化

随着电子商务的迅猛发展,电子支付的需求越来越大。互联网金融模式的出现,改变了银行独占资金支付的格局。为应对互联网金融冲击,商业银行纷纷做出自己的调整和改变,建起网上银行在线支付服务。同时商业银行业务渠道也有所创新,不仅包括网上银行,还包括手机银行、电话银行、电视银行、移动银行、微银行、微信银行等多种电子渠道。

对网络银行发展与监管探讨集中在21世纪初网络银行刚兴起时,目前在发展普惠金融大背景下,对手机银行探讨较集中(周小川,2014)。已开展手机银行业务的有工农中建交等大型国有银行、全国性股份制银行、部分城商行和农商行及少数农合行、新型农村金融机构和农信社。主要功能:无卡取现、手机银行—农户小额贷款、手机银行按址汇款和手机金融等。

手机银行无卡取现首先由交行推出,随后广发、深发展、工行等也推出类似业务。持卡人通过手机银行预约ATM机取款后,凭预约手机号码、预约号及预约银行卡的取款密码,实现无卡取款①。

手机银行—农户小额贷款由农行于 2009 年 12 月推出,它提供自助借款和还款、还款试算、合约和贷款信息查询、还款明细查询等功能②。手机银行按址汇款由中国邮政储蓄银行推出。农户可按汇款人提供的收款人姓名、地址等信息,以投递取款通知单方式完成汇款,方便偏远地区无银行卡的农民。

手机银行还可融合其他金融服务。重庆农村商业银行的手机银行高度整合基础金融服务、多领域移动支付应用及跨行业移动支付运用。如自助银行,客户足不出户即可办理各项非现金业务;远程支付,帮助客户在网上购物、缴费、充值游戏点卡、订购机票、预订酒店等;近场支付,客户用手机刷 POS 机和持手机就可搭公交、乘地铁、看电影等。

(2)证券业互联网化

证券业互联网化是证券公司基于互联网建立网上证券这种线上商业模式。其业务指投资者利用互联网网络资源(含公用互联网、局域网、专网、无线互联网等)传送交易信息和数据资料并进行与证券交易相关的活动,包括获取实时行情及市场、投资咨询和网上委托等系列服务。虽然我国证券业起步较晚,但受信息通信技术的影响发展较快,多家券商均已建立网上证券,其业务范围已不仅局限于传统的证券经纪业务,还包括了更为多元化的新型业务,如自建金融理财商城、入驻大型电商网站建立理财超市、与大型互联网门户合作等。先后经历了集中交易(上交所和深交所的成立)、网上交易(1997 年 3 月华融信托投资公司湛江营业部推出网上交易系统)、手机证券等(龚映清,2013;中信建投,2014)。

(3)基金业互联网化

基金业互联网化主要含网上销售基金和信息服务。客户可通过互联网渠道进行购买、申购、赎回和转换基金等系列投资操作,同时享受产品、市场等各种财经信息的咨询服务。

(4)保险业互联网化

网络保险指保险公司或其他中介机构利用互联网开展保险业务。狭义指保险公司或其他中介机构通过互联网为客户提供有关保险产品和服务的信息,实现网上投保,完成保险产品和服务销售。广义包括保险公司内部基于互联网的经营管理活动,及保险公司间,保险公司与股东、保险监管、税务、工商管理等机

---

① 来源:http://news.163.com/10/0517/02/66RS2OHO00014AED.html。

② 来源:http://www.95599.cn/cn/EBanking/MoblieBanking/Overview/WAPMode/1/201003/t20100309_26526.htm。

构间交易和信息交流活动。① 网络保险亦具有互联网金融所具备的优势,成本低、方便、快捷,且社交网络、大数据和云计算等技术革新与创新,为保险公司产品设计提供数据支持,使个性化服务、私人定制成为可能。

我国网上保险还处于初级阶段。多数保险公司只建门户网站,网上销售和交易未成气候。虽 2000 年中国平安保险公司推出货运险网上交易系统,但我国保险业信息化水平还很低。2012 年 6 月 19 日属于网上保险的放心保上线,其兼具 B2B 和 B2C 交易模式,也是保险产品第三方销售平台。2013 年,阿里巴巴、中国平安和腾讯联合设立众安在线财产保险公司,以互联网销售和理赔代替实体分支机构(陈植,2013;罗艳君,2013;陈奕君,2014)。

(5)金融产品网络销售

互联网理财业务常由互联网企业与金融机构联合推出,或由不同类型金融机构联合推出。其本质是通过网络渠道匹配金融产品的供、需者。主要产品有:1)投资型产品,如银行理财、股票型和债券型基金;2)融资型产品,如贷款;3)风险保障型产品,如保险产品;4)"投资+支付"复合型产品,如余额宝;5)社交型产品,如微信红包(周宇,2013;谢平 等,2014)。

从全球看,美国在线支付巨头 PayPal 在 1999 年推出了"美版余额宝"之后迅猛发展并在 2007 年达到规模峰值 10 亿美元,但美财政部在 2009 年后不再作为货币市场基金的最后担保人,其刚性兑付不再存在。加之 Q 条例的失效,导致 PayPal 货币基金规模逐步缩水,于 2011 年被迫关闭。假设我国今后银行利率出现像美国、日本一样的零利率,那么整个货币市场基金就会成无源之水,未来"余额宝们"可能会步美国后尘(吕芹,2014)。而诸悦(2013)认为中国与美国利率环境不同,中国 GDP 增速较高,因而能支持人民币 3% 年息,较适合余额宝等货币基金发展,政策风险才是余额宝更应考虑的。

除余额宝和微信红包两个与支付有紧密联系的产品,其他主要有:一是通过自建平台销售金融产品;二是利用第三方渠道销售金融产品;三是利用社交网络销售金融产品;四是利用连带关系与互联网融合推出网络供应链金融。通过网络销售的金融产品的显著特点是"普惠化",产品往往起点低、复杂程度低、风险低、标准化;而复杂程度高、条款个性化、风险高、需投资者做大量研判的金融产品,仍通过银行等传统大型金融机构销售(谢平 等,2014)。

根据目前发展趋势,互联网理财业务下一个发展目标是将现在分散于不同行业和金融机构的理财产品进行统合,建立一个全国性和全行业的理财产品交易平台(周宇,2013)。

---

① 参见张劲松主编:《网络金融理论与实务》,浙江科学技术出版社,2007。

(6)网络金融交易平台

网络金融交易平台的出现,源于资本市场多层次发展的内在需求。在股票、债券、衍生品、大宗商品等主流交易场所外,还有大量的金融产品因条款标准化程度、风险收益特征、信息披露等原因,适合不同个人、机构的差异化融资和风险管理需求,适用于不同的托管、交易和清算机制,也适合具有不同风险识别和承受能力的投资者。

5.2.2　移动支付和第三方支付

移动支付主要利用无线通信技术和设备来转移货币价值以清算债权债务关系。第三方支付指通过互联网在客户、第三方支付公司和银行间建立连接,助客户快速实现货币支付、资金结算等功能,起信用担保和技术保障等作用。随着智能手机普及和 O2O 模式盛行,移动支付开始渗透用户生活。移动支付应用除网络购物外,还有线下支付应用,比如超市、电影院、书报亭、出租车等。以此看来,移动支付比互联网 PC 端支付有着更大的发展前景。

在国外,美国第三方互联网支付始于 20 世纪 90 年代末,其优势是可以支付很低的费用就能简单快捷开展,不开设账户就能够使用信用卡。PayPal 在 1998 年 12 月由麦克斯·拉夫琴及彼得·泰尔共同建立,总部在美国加利福尼亚州圣荷西市。后来,PayPal 于 2000 年起陆续扩充业务,包括在其他国家推出业务及加入美元以外的货币单位,有英镑、加元、欧元、澳元及日元。2002 年 10 月,全球最大拍卖网站 eBay 以 15 亿美元收购 PayPal,PayPal 便成了 eBay 的主要付款途径之一。通过为 eBay 上的个人卖家以及小型商户提供支付受理服务,PayPal 迅速发展起来。Money booker 是现今欧洲使用率最高的网络支付方式,其在欧洲的注册用户人数甚至不低于 PayPal,而其便于使用、安全性高的特点更是为它在第三方支付行业消费者当中赢得了与 PayPal 相当的口碑。

在国内,自 2004 年支付宝成立以来,第三方支付行业已走过十年高速发展。从央行 2011 年发放首批第三方支付牌照至今,已有 269 家第三方支付机构获支付牌照。互联网和移动支付成第三方支付机构必争之地,多数市场份额都被交易金额排名靠前的第三方支付机构占据。依艾瑞咨询统计数据,2014 年第三季度第三方互联网支付交易市场份额中,支付宝占比 49.2%,财付通占比 19.4%,银联商务占比 11.6%,快钱占比 6.9%,汇付天下占比 5.3%,易宝支付占比 3.2%,环讯支付占比 2.7%;在同期的第三方移动支付交易规模市场份额中,支付宝、财付通和拉卡拉分别以 82.6%、10%、4.4% 的市场份额占据前三位(宋爽劲,2015)。截至 2014 年年底,中国第三方互联网支付交易规模达到 80767 亿元,同比增速达到 50.3%。我国出现了短信、NFC 近场、语音、二维码扫描、手机银行、刷脸等移动支付方式。

【案例分析】余额宝的原理及影响

余额宝是普惠金融的创新。用户资金通过"余额宝"流转,不收取任何手续费,用户存留在支付宝中的资金不仅能拿到"利息",且比银行活期存款利息收益更高。

(1)运作机理。余额宝本质是基金直销产品。其在运营过程中涉及三个直接主体:一是支付宝公司。增利宝的一个直销平台和第三方结算工具提供者,与客户的接口是支付宝,与增利宝的接口是余额宝。二是天弘基金公司。基金发行和销售者,发行增利宝(主要投向银行间货币市场),并将其嵌入余额宝直销。三是支付宝客户。基金的购买者,通过支付宝账户备付金转入余额宝或余额宝转出到支付宝,实现对增利宝基金购买和赎回交易。

(2)规模。支付宝公司提供的数据显示,余额宝业务自 2013 年 6 月 13 日开展以来,截至 2014 年年底,余额宝规模为 5789.36 亿元,人均持有 3133 元,用户数增加到 1.85 亿。2014 年全年,余额宝创造了 240 亿元的收益。天弘基金凭"余额宝"跻身国内资产管理规模最大公募基金,比排名第二的华夏基金多出约 2559.23 亿元。

(3)用户收益。2013 年银行活期存款利率 0.35%,余额宝等货币基金全年平均万份年化收益率 4.27%,是前者 120 多倍。据天弘基金官网数据,余额宝 2014 年 3 月 2 日的七日年化收益率 5.971%,自 2013 年 12 月 26 日以来首次跌破 6%。2014 年银行活期存款利率 0.35%,余额宝等货币基金全年平均万份年化收益率超过 4%,是前者 100 多倍。

(4)盈利情况。余额宝一年管理费 0.3%、托管费 0.08%、销售服务费 0.25%,总收费 0.63%。按 5000 亿元计,一年利润约 30 亿元。

(5)宏观影响。改变全社会活、定期存款比重,使银行存款平均成本上升。因余额宝客户分享原属银行的部分利差收入,致使银行利差收窄。

5.2.3　基于大数据的征信和网络信贷

大数据是新概念,英文中至少有三个相关名称:big data(大数据)、big scale data(大尺度数据)和 massive data(大规模数据)。一般认为大数据具备四个基本特征(4V 特征):数据体量庞大(volume)、价值密度低(value)、来源广泛和特征多样(variety)、增长速度快(velocity)。大数据分析的任务:分类、回归、关联分析、聚类分析、推荐系统、异常检测、链接分析等 7 类。

贷款的核心是信用风险管理,即对客户的信用资质进行评估,进而确定相应的贷款利率和条件等,故征信与信贷密不可分。基于大数据的征信和网贷,是指通过对海量非结构化数据进行实时分析,为互联网金融机构提供客户全方位信息,通过分析和挖掘客户交易、消费及信用信息,掌握客户消费习惯,对客户进行信用分类及预测客户行为,使金融机构和服务平台在营销和风控方面有的放矢。

基于大数据的征信具有成本低、全自动、可靠性强等优势。基于其的网贷在打造普惠金融、缓解中小企业、个体商户融资难问题上有较大优势。

P2P 网络信贷

P2P(Peer to Peer 或 Person to Person)网络信贷,指拥有资金且有投资意愿个人,通过第三方建立网络融资平台牵线搭桥,以信用贷款方式,将资金贷给其他有借款需求者。其特点是:在线进行,借贷门槛低;P2P 信贷公司只起中介作用,借贷双方自主交易;出借人单笔投资金额小,风险分散(李平等,2015)。P2P 借贷起源于英国,2005 年 3 月,英国人理查德·杜瓦、詹姆斯·亚历山大、萨拉·马休斯和大卫·尼克尔森共同创造了世界上第一家 P2P 贷款平台Zopa,Zopa 自成立以来便是英国 P2P 网贷的行业龙头。Zopa 网贷平台通过多个资金借出方以自身贷款利率参与竞标,为不同风险等级资金需求者寻找适合的资金提供者,凭其高效便捷的操作方式,个性化的利率竞价机制使借贷双方获益。因此,Zopa 得到市场的广泛关注和认可,2008 年金融危机爆发后,大银行都提升了资本金充足率,在此背景下,英国 P2P 网贷、众筹等互联网金融迅猛发展,为解决小微企业融资难题发挥了很大作用,到 2014 年,英国共有 P2P 借贷平台 40 多家,年行业成交量为 153 亿元,仅次于中国和美国。目前在美国市场上占据前两位的 P2P 网络借贷平台——Prosper 和 Lending Club——分别于2006 和 2007 年上线。这种模式由于比银行贷款更加方便灵活,很快在全球范围内得到复制,比如德国的 Auxmoney、日本的 Aqush、韩国的 Popfunding、西班牙的 Comunitae、冰岛的 Uppspretta、巴西的 Fairplace 等等。在 P2P 信贷方面,法国有营利和非营利两种模式,但均处于起步阶段,Babyloan 是非营利模式的代表,用户可以自主选择感兴趣的项目或者个人进行公益投资,而且贷款人不收取利息。德国的众筹融资刚刚起步,规模几乎可以忽略不计。

Lending Club

Lending Club 是美国的一个在线借贷平台,该平台在 2007 年 6 月开始营业,允许个人投资小额贷款,向投资者提供了一个平均净 9.64% 的年回报率(Paravisini,2010)。Lending Club 是第一家按照美国证券交易委员会(Securities and Exchange Commission,SEC)的安全标准建立的 P2P 网站,最初只是 FaceBook 上的一个应用,当时它的自我定位是"社交工具",通过人际关系网络促成借贷交易。

Lending Club 公司对符合要求的贷款申请进行内部信用评级,分成 A 到 G共 7 个等级。不同信用评级对应不同贷款利率,信用评级越低,贷款利率越高,从 6％到 25％不等。Lending Club 公司把每份贷款称为一个票据,提供借款者和贷款的信息,放在网站上供投资者选择。对单个票据,投资者的最小认购金额是 25 美元,能实现风险的充分分散。Lending Club 公司为投资者提供了构建贷款组合的工具,还提供了投资者之间交易贷款的平台。在贷款存续过程中,负责从借款者处收取贷款本息,转交给投资者,并处理可能的延付或违约情况。Lending Club 对自身业务模式不断创新,如表 5.1 所示,公司先后经过了三个发展阶段:

表 5.1　Lending Club 的三个发展阶段

2007.6—2007.12	2008.1—2008.3	2008.10—至今
原始的本票模式	银行模式	证券模式
借款人向公司签发贷款本票,公司再将此本票转让给相应投资人	与 WebBank 签订协议,借款人向 WebBank 签发贷款本票	在 SEC 注册后,投资人购买的是公司发行的"会员偿付支持债券。

资料来源:http://www.askci.com/finance/2014/09/26/1452420m9h_all.shtml

近几年,Lending Club 的放贷规模增长迅速,2011 年一季度的时候才 4600 万美元规模,到 2014 年一季度达到了 79100 万美元规模。经多年发展,Lending Club 已引入包括 Google、T Rowe Price、Wellington 和黑石等在内的大牌投资机构,成为美国最大的 P2P 公司。2013 年,Lending Club 营收额 9797.5 万美元(其中交易费收入 8585.4 万美元,服务费收入 351.3 万美元,管理费收入 308.3 万美元)。2014 年上半年,Lending Club 共撮合完成了超过 33 万笔贷款,总额 46.87 亿美元。2014 年上半年,Lending Club 营收额为 8732.3 万美元,其中交易费收入 8121.3 万美元,占比达 93％,此外,服务费收入为 324.8 万美元,管理费收入 255.5 万美元。2014 年 12 月 12 日 Lending Club 成功在纽交所上市,代码 LC。IPO 价格为 15 美元,上市首日行情火爆,涨幅高达 56.2％,收于 23.43 美元,当日市值达到 85 亿美元。到 2014 年年末已经促成会员间贷款超过 60 亿美元。

Prosper

Prosper 成立于 2006 年 2 月,被福布斯作为易趣网的贷款提供者,已成此领域早期领袖,是美国仅次于 Lending Club 的第二大 P2P 网贷平台(Collier,2010)。2014 年时,这"两大巨头"平台占据了美国 96％以上的市场份额。Prosper 相对于 Lending Club 的主要优势在于其提供更多的贷款品种,提供更广泛信贷投资领域。Prosper 不仅向投资者提供更多信用变量,且比 Lending Club 提供更低贷款等级。

表 5.2 国外主要 P2P 平台运营模式

类别	代表	放贷区域	面向群体	盈利机制	利率
非营利公益型	Kiva	发展中国家	收入较低的企业	收取息差覆盖贷款管理成本	平均年贷款利率30%
单纯中介型	Prosper (2006)	美国	具有美国合法公民身份、超过520份的个人信用评分、社会保障号、个人税号、银行账号的注册客户	不承担贷款的信用风险,主要确认贷款者的身份和个人信息、提供全生命周期内的贷款服务。借款者按借款金额的0.4%~4.5%收取费用;放贷人按交易规模收取1%的年费	5.65%~33%
复合中介型	Zopa (2005)	英国	P2P社区贷款服务,借款人需符合Equifax信用评级可借等级	借款人每笔0.5%及出借人年借款额0.5%的服务费;为借贷双方提供还款保障保险;坏账率低于1%	根据借款人的信用等级、借款金额、借款时限选择可接受利率
	Lending Culb (2007)	美国	借款者整体属于中上阶层,利用网民联络平台的高传播性及朋友间互相信任,使用Facebook应用平台和其他社区网络及在线社区将出借人和借款人聚合	中介服务费	6%~25%

资料来源:陶娅娜.互联网金融发展研究[J].金融发展评论,2013(11).

2007年,中国第一家P2P平台拍拍贷成立。自首个平台成立以来,国内P2P行业呈现高速增长的态势。"网贷之家"发布的P2P行业数据显示,2014年行业总成交量2528.00亿元,贷款存量1036.00亿元,其中,又以广东、浙江等经济发达省份的"网贷平台"数量最多,成交量也最大[1]。不过P2P企业自律意识不强,违规经营事件时有发生。从中国人民银行在西安、武汉和上海三地开通的金融消费权益保护咨询投诉情况看,关于第三方支付的投诉超过40%,比例较高(赵璐、陈永丽,2014)。在激烈的竞争中,P2P行业也开始呈现出大浪淘沙之势,2014年多家P2P网贷平台倒闭和跑路。这些P2P恶性事件说明,健全的监管机制、完善的立法约束机制以及健康的运营模式尚未形成,国内P2P的发展

---

① 来源:http://shuju.wangdaizhijia.com/。

只处在萌芽阶段,还待探索发展(廖渝平,2015)。

目前,我国 P2P 网络借贷的模式主要包括三种:一是纯线上模式,以拍拍贷、红岭创投、人人贷等为代表,即企业或平台仅按照"居间合同"对借款人和贷款人提供在线借贷服务,收取手续费和管理费的一种纯中介型 P2P 借贷平台;二是线上线下结合模式,以有利网、陆金所、点融网为代表,其中,点融网是美国 Lending Club 联合创始人在中国设立的公司;三是线下模式,以宜信为代表,它是国内第一家人人贷公司,也是目前规模最大的公司,成立于 2006 年。

近几年随着互联网金融发展迅速,P2P 因低门槛和高收益的特性开始受到越来越多的关注。但 2014 年全年 P2P 网贷成交额达 3291 亿元,因倒闭、跑路及提现困难等各种问题平台高达 287 家,这两个数字分别比 2013 年增长了268.83%及 282.67%。这也使一批人对 P2P 平台望而却步①。

对 P2P 网贷的分析分为三个视角:一是法律视角,分析 P2P 网贷中的法律契约和风险,并给出建议;二是资金视角,分析 P2P 网贷中资金流向;三是风险视角,分析 P2P 网贷中主要风险类型、各参与方的风险承担行为、风险转移过程。

P2P 网贷可能的发展趋势:一是扩大"P",即参与人数和类型扩大,包括越来越多自然人、机构加入;二是随征信系统等完善,定价效率显著提高;三是 P2P 平台保险功能越来越强大,即通过保险形式,将信用风险全部转移,为投资者提供新的风险管理工具(谢平 等,2014)。

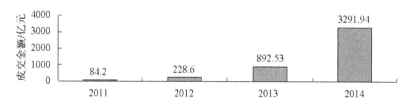

图 5.1   2011—2014 年 P2P 借贷行业成交规模

资料来源:根据中国电子商务中心网站数据绘成。

截至 2014 年 12 月 31 日,全国 P2P 借贷全年成交额为 3291.94 亿元,较 2013 年增长 268.83%,月复合增长率 12.50%。整个 2014 年 P2P 借贷行业由导入期进入快速成长期。图 5.1 显示了 2011—2014 年 P2P 借贷行业成交规模。

①   来源:http://wenku.baidu.com/link? url=CHelh4pcrYD3-Vt4GY4X_tpTOyo9E16559uSTrJUpo1 WtEdZB4z-9b6r3oJ0DLFqAUlKj7WFJuNfOtvAMi5L8do8OMs2_t6DBGgAvwB3Gny。

5.2.4　互联网货币

人类货币形态发展大致可分三阶段:物物交换,没有货币;商品货币,货币本身就有价值,如黄金、白银等贵金属;信用货币,货币本身无价值,其使用价值取决于人们对货币发行者的信任。但目前这种由法定货币主导的货币制度不是人类货币形态演变的终点,哈耶克、弗里德曼早在 20 世纪就认为货币发行是政府很重要职能的传统观点并不正确,建议货币发行应超越主权。同时,"准私人货币"的普遍存在也表明法定货币并非万能。

目前,互联网货币发行机构层出不穷,互联网货币种类日新月异,其来源主要有两类:一是实体货币按一定比例转换成互联网货币,如 Q 币;二是通过某些特定的活动来赚取互联网货币,如比特币(European Central Bank,2012)。

互联网货币普遍具有的特征:(1)由某个网络社区发行和管理,以数字形式存在,不受或很少受到监督,特别是不受或较少受央行监督;(2)网络社区建立了内部支付系统;(3)被网络社区的成员普遍接受和使用;(4)可为数字或实物商品标价,并可用来购买网络社区中的数据或实物商品。

目前,我国互联网货币年交易量折合人民币达几十亿元,且以每年 15%～20%的速度增长①。若其长期游离于法律和政策规定之外,易产生风险隐患。

互联网货币具有的风险:(1)内在风险,货币发行者的信用无法比肩央行,在交易和支付中也不可避免遭遇信用、流动性和操作风险,及支付安全问题;(2)对物价稳定的影响,互联网货币通过多渠道影响实物商品价格,包括介入实体经济活动,对法定货币产生挤出效应,影响法定货币的流通速度等;(3)对金融稳定的影响,影响汇率、利率波动(谢平 等,2014)。

5.2.5　众筹融资

众筹源于微型金融(micro-finance)和众包(crowdsourcing)。与微型金融一样,众筹首先是一种融资活动。与众包相似,相当一部分众筹活动中,投资者不仅为项目融资,还积极参与到项目中,并出谋划策。与传统融资方式相比,参与众筹的融资者目标往往是多重的,不仅包括融资,还包括通过众筹获得投资者在技术和管理上的帮助,通过与投资者的互动使生产出来的产品更好地适应市场需要。投资者参与众筹的目标也是多种多样的:有的不要求任何回报;有的通过与融资者的积极互动,享受参与创新的过程;还有的是为了获得经济上的回报,

---

① 来源:http://finance.sina.com.cn/money/bank/ywycp/20090304/13325930267.shtml。

如以较低价格获得产品,或通过股权方式共享项目成功后的回报。

最早的众筹网站是荷兰阿姆斯特丹的 Sellaband,这是一家成立于 2006 年的音乐众筹平台。第一家综合性众筹平台是注册在美国纽约的 Kickstarter,该网站在 2009 年一上线就受外界追捧。而 My major company 可称法国乃至欧洲的众筹先驱,其特色是通过众筹平台向粉丝或其他民众筹资,发现和支持有实力的音乐人,参与人可获音乐人唱片发行收益。2010 年起该公司开始涉足图书行业,即通过同样的方式发掘和支持有潜力的作家。目前该公司已为法国、德国和英国 4.2 万个项目进行融资,融资额达 1580 万欧元,并挖掘了一批法国著名歌手(温信祥、叶晓璐,2014)。

据报道,2014 年上半年,美国国内共发生近 5600 起众筹集资案例,有大约 281 万人参与众筹投资,拟募集资金 10426.99 万美元,实际募集资金 21508.61 万美元,集资成功率高达 206.28%。2012 年,美国研究机构 Massolution 在全球范围内对众筹领域展开调查。结果显示,2011 年全球众筹平台筹资金额 14.7 亿美元,平台的数量不足 100 个;2012 年全球众筹平台筹资金额达到 28 亿美元,2012 年上半年平台数量快速增长至 450 个,截至 2012 年年底已超过 700 个(《2014 年上半年中国众筹模式运行统计分析报告》)。

中国虽出现了点名时间等众筹模式网站,但总体上尚处萌芽状态,未来发展空间巨大。

垂直类平台——点名时间

成立于 2011 年 11 月的点名时间是我国众筹平台代表,是国内最早的众筹网站之一。2014 年上半年,有 37014 人参与点名时间平台上项目的投资,成功募集资金的项目个数为 138 个,总共募集资金 1293.51 万元,在国内所有垂直类众筹平台中三项指标都为第一。

2014 年年初,点名时间宣布转型,从最初的众筹平台转型为智能硬件预售平台。转型后的点名时间主要有两大业务:一是智能硬件预售;二是为智能产品领域拓展市场提供渠道服务。智能硬件预售中产品发布流程与模式和 Kickstarter 平台类似。为保护产品的知识产权,点名时间会与产品团队签署保密协议。在点名时间上进行产品首发时,点名时间不收取任何费用。首发结束后,每个团队需要向点名时间缴纳首发所获资金的 5% 作为保证金。在收到保证金后,点名时间会将 70% 的首发所获资金转入产品发布团队的账户,剩余 30% 会在用户确认收货后转入产品发布团队账户。渠道服务方面,点名时间主要采用现货与预订的方式与各渠道商进行合作。在此,渠道商可以享受市场价 5~7 折的优惠。

综合类平台——众筹网

2013 年 2 月正式上线的众筹网是综合类众筹平台的代表,也是目前我国比较具影响力的众筹平台,为项目发起者提供募资、投资、孵化、运营一站式综合众筹服务。2014 年上半年,众筹网为 455 个项目成功募集 1126.38 万元,参与众筹投资的人数达 26229 人。

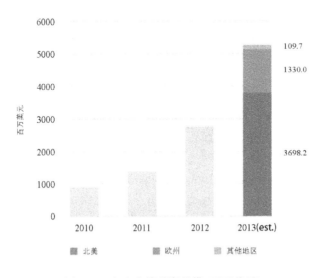

图 5.2　全球众筹融资规模(百万美元)

在众筹网上发起项目融资的流程与 Kickstarter 平台相似。项目审核通过后众筹网帮助项目团队推广。除网上集资外,众筹网财务团队与资金机构接触,了解资金进入项目的可行性。成功募集资金后,众筹网辅助项目团队撰写商业计划书,以便获得更多资金方的进入;若募集资金失败,众筹网会帮助项目团队进行二次众筹。筹资成功后,众筹网在注册公司、经营计划的拟定等方面为项目团队提供服务。与此同时,众筹网定期举办创业交流圈,项目团队可以在创业圈中与其他团队以及资金机构进行交流,积累自己的人脉。公司孵化后,众筹网在财务风险管控与企业人才的招聘与培养方面为项目团队提供一定的支持。

众筹行业 Crowdsourcing. org 站点显示,全球活跃的众筹网站有 2225 个,覆盖全球超过 90% 以上的国家,众筹是一迅速发展的行业。

众筹在实践中有四种模式,即奖赏、股权、捐赠和借贷众筹,其中奖赏是主流模式。最早的众筹网站 Kickstarter 是奖赏模式的典型代表,2009 年刚成立时主要为图片、电影和音乐等项目融资,目前为技术、戏剧、出版、设计等 13 类项目融资,已成为全球最大、最知名众筹平台。从全球看,奖赏和股权众筹在欧洲要多于北美。2009—2011 年,通过众筹方式募集的资金复合年均增长率是 63%,

这其中,捐赠和借贷众筹募资最多,股权众筹增长速度最快。仅采用一种模式的众筹网站较少,多数众筹网站都采用综合性模式。

在我国借贷众筹发展速度最快,且常与 P2P 借贷平台相联系。其他模式仍处萌芽阶段。我国首家众筹网站"点名时间"于 2011 年 7 月正式上线。此后含追梦网、淘梦网、众筹网等在内的同类网站先后成立。它们主要采奖赏模式,且以产品团购和预售为主,在为创业者搭建市场验证和推广平台的同时,帮他们寻找更多志同道合者,将创意转化为产品。因借贷众筹在我国蓬勃发展及股权众筹在全球范围高速增长,现重点分析借贷和股权众筹。

(1)借贷众筹

国内第一个众筹借贷网站"拍拍贷"于 2007 年 8 月成立,到 2014 年已有 300 余家类似企业。在传统借贷业务外,P2P 公司也尝试发行理财产品。同时,传统金融机构也借助 P2P 模式创新业务,如招商银行、广发银行、农业银行等均启动了 P2P 平台建设计划。

国内网贷平台形式多样,既有最初出借人和借款人直接发生法律关系的平台,也有类似于美国互联网债券融资的模式。因我国个人征信系统不完备,众筹借贷平台须自身构建审贷模型进行信用评定,依 O2O 模式进行信息收集和申请审核。故我国的 P2P 借贷又分:无担保线上模式,以"拍拍贷"为代表;有担保线上模式,以"红岭创投"为代表,这是国内目前 P2P 的主流模式,这种模式下的网络平台扮演着"网络中介+担保人+联合追款人"的综合角色,提供本金甚至利息担保;债权转让模式,以"宜信"为代表。

(2)股权众筹

成立于 2011 年英国的 Crowdcube 是全球首家股权众筹平台,截至 2013 年上半年,它已助 36 家小企业筹资 500 万英镑。根据 Massolution 数据,2012 年全球股权众筹规模约 1.16 亿美元,年增 30%。

股权众筹往往带来证券公开发行的问题,带来高昂的监管成本。目前仅部分国家允许面向社会公众进行股权众筹,如澳大利亚及部分欧洲国家(如英国和瑞典)。美国股权众筹以私募股权电子融资平台形式出现,即企业采用私募发行方式融资,投资者限于成熟投资者。

美国私募股权电子融资平台主要有:以 MircroVentures 为代表的 P2P 模式和以 AngelList 为代表的私募股权基金模式。P2P 模式中,公司在网络平台发布融资信息,投资者表达不受约束力的投资意愿;筹资达一定金额后,平台发挥传统投行作用,对拟融资公司进行尽职调查,起草类似"招股说明书"的融资文件,投资者直接购买拟融资公司股权。MircroVentures 于 2011 年 1 月正式运行,截至 2013 年上半年,该网站共 1 万名注册投资者,有 34 家公司获 1600 万美元投资,公司营收超 65 万美元。

　　2012 年成立的 FundersClub 系私募股权基金,成立 5 个月,已有近 4000 名会员,旗下投资基金已将 600 万美元作为种子资金投资于初创企业。同样是采用私募股权基金模式,AngelList 与 FundersClub 的运作略异。AngelList 成立的私募股权基金中,有首席天使投资人即领投人,领投人常是经验丰富的知名 VC 投资人,曾参与投资拟投资的初创企业或与拟投资企业有合作关系。截至 2013 年 9 月,AngelList 已拥有 2.1 万名投资者,约 1300 家公司通过平台成功募资,总额约 2 亿美元。

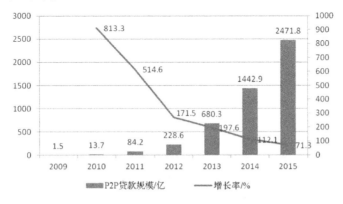

图 5.3　中国 P2P 贷款规模

资料来源:i-Research:《中国 P2P 贷款行业研究报告》。

　　在我国,公募型股权众筹面临《证券法》《公司法》的法律障碍,可能触犯刑法中非法集资罪、擅自发行股票、公司、企业债券罪等,故公募型股权众筹平台并不存在。和美国一样,我国也出现了私募型股权众筹平台。典型的是天使汇、大家投等。天使汇 2011 年年底上线,2013 年 1 月推出"快速团购优质创业公司股权"的快速合投功能,开始从事股权众筹业务。快速合投所有项目平均融资时间两周,融资最高的项目达 500 万元,最少的 50 万元,平均一个项目的股东投资人数为 5 名。为控制法律风险,天使汇对投资者设定门槛,只有具备抗风险能力和从业经验的投资者才能通过天使汇的审核成为认证投资人,才能看到初创项目融资信息,同时通过网站直接联系到项目方,参与投资。目前,天使汇已有 800 位认证投资人。大家投是一家深圳众筹网站,2013 年开始股权众筹业务。大家投的业务也采用领投和跟投方式,但对平台上投资者身份无严格审核机制,任何在平台上注册的投资者都可看到项目融资信息。项目融资成功,众多跟投人在领投人带领下,成立有限合伙企业,将钱分期投给创业团队。整个融资过程中,网站平台监督创业者依平台规则详细披露融资项目信息,同时保证投资者的入股手续严格依有限合伙公司形式办理。目前,大家投网站上已有两个项目共获 130 万元融资额。

此外,成立于 2013 年 5 月的深圳前海股权交易中心,打破区域性市场建设传统,希望利用互联网平台资源,打造私募股权电子融资平台。

股权众筹平台——原始会

原始会与众筹网同属于网信金融集团,2013 年 12 月正式上线,是网信金融集团旗下的股权众筹平台,致力于为投资人和创业者提供一站式投融资综合解决方案,帮助创业者迅速募集到所需资金,帮助投资人发现优质项目。2014 年上半年共有 113 个项目在原始会上发布融资需求,只有 7 个项目成功获得所需资金,7 个项目共募集资金 10037 万元,有 25 人参与这 7 个项目的股权众筹融资。

专注于实体项目的股权众筹平台——人人投

人人投是北京飞度网络科技有限公司旗下众筹平台,拥有《中华人民共和国电信与信息服务业务经营许可证》的股权众筹平台。为给投资者和项目所有者提供安全、合法的投资与融资环境,项目资金管理由第三方支付平台完成。人人投专注于实体店铺,为实体店铺开分店提供融资服务,帮助项目所有者开设分店融得所需资金,并为投资者提供优质项目。

项目发起人在人人投平台上融资需要经过两个阶段:融资前准备和线上融资。融资前准备主要包括项目发起人与人人投达成协议并通过人人投的项目审核、对项目进行包装和准备在线上发布融资需求等过程;项目上线后进入第二个过程——线上融资,项目发起人要为项目注入超过融资总额 10% 以上的资金并组织线下路演,在路演过程中投资者对项目进行线上投资,此过程中若未完成所设定融资额度,则开始 30 天线上融资。

因我国法律未对股权众筹有明确定义,故原始会的运作流程与其他众筹平台操作流程有所不同。投资人需得到原始会的认证或者受邀加入线下的俱乐部方可入驻原始会平台。项目发起人可以在线提交项目,原始会团队对项目进行分析和审核,审核通过后,在网站上发布融资需求。投资人在浏览项目的过程中,原始会推荐符合个人偏好的项目给投资人。项目发起人需在线下举办路演活动,以便给投资人详细介绍项目信息,与投资人建立联系约谈项目细节。项目融资完成后,项目发起人与投资人进行线下签约。为保证项目发起人和投资人的利益,原始会设立了更多的风险控制机制,例如:净资产 1000 万元或年收入高于 50 万元方可申请入会;设立投资人邀请制;投资人年投资上限为净资产的 10% 等等。

众筹融资主要是互联网上的股权和类股权融资。生产者在发生成本前就获得未来消费者资金。同时若众筹资金少,生产者在投产前会慎重考虑。这与投入资金、项目失败后才反思相比,可节省投资成本。众筹融资也是一评价、判断产品设计及市场前景的平台。此外,大型出资者往往倾向于对生产者的设想施加约束,众筹融资平台则有效解决了此问题。

我国的"众筹"融资模式 2011 年才出现。相对于美国,我国法律对非法集资的定义、对知识产权的保护薄弱,以及投资者保护立法空白等制约了"众筹"融资模式的发展,短期内对金融业和企业融资的影响非常有限(胡吉祥、吴颖萌,2013;吴志国 等,2014)。

在筹资项目开展前,国内众筹网站都会核实发起人身份,要求其提供身份证、毕业证书、公司执照等,并调查其是否有完成项目的能力。项目开始后,所募资金一般都先汇入众筹网站开立的账户,再由其将钱分数次打给项目发起人。发起人只有按期完成回报,才能拿到所筹全部资金。此过程,众筹网站已涉资金代管业务,按惯例需纳入金融监管范畴。因现在众筹网站涉款金额较小,尚未触及监管部门敏感神经。那些筹资额很高的项目恰恰说明市场需求旺盛;相反,若项目乏人问津,说明创业方向有问题,需尽早调整。众筹网站平台,渐成创业者市场验证和推广平台[①]。

我国创意项目匮乏。鉴于国内对知识产权申请与保护现状,项目发起者难以维护自己的智力成果。多数众筹平台只能吸引处于初级阶段的创业者或是一些低门槛项目,具有核心优势的项目出于募资规模和知识产权保护等的考虑,不会选其募资。

目前几乎所有国内众筹网站都仅支持通过项目名义募资,而不向创投公司开放。其支持的项目也仅限于设计、科技、影视、音乐、出版、游戏、摄影等,未吸纳公益类等其他项目。未来众筹盈利的商业模式:一是做资源平台,把网站上的创意产品、硬件公司和 VC 结合起来;二是"内部投资",因掌握着众多优质项目,想要在商业模式上寻求突破的众筹平台未来完全可投资平台上的优秀项目甚至直接转成孵化器。而实现平台专业化、打造企业众筹、发展慈善化众筹经济及策划现场众筹等都可作为未来发展趋势(余枚,2013)。

据中国电子商务研究中心监测数据显示,2014 年中国权益众筹(产品众筹)市场融资总规模达到 4.4 亿元,同比增长 123.5%。在数量方面,2014 年产品众筹全行业项目数量达到 4494 个,项目支持用户规模达到 790825 人。

综上,美国股权众筹平台为中小企业提供了新融资渠道。宜信财富联合西南财经大学发布的《中国民间金融发展报告》显示,2013 年我国家庭民间金融市

---

① 来源:http://www.cfi.net.cn/p20130826001716.html。

场规模为 5.28 万亿。然而央行和监管机构为防止非法集资的产生对民间资本流向有诸多限制,民间资本缺少进入实体经济的渠道,导致民间资本多用于投机炒作,既浪费了巨大资源,更扰乱了社会的经济秩序。近几年我国经济发展缓慢,中小企业融资难问题未得到有效解决的情况下,如何将民间资本正确引导入实体经济,促进经济发展,提升就业能力,是政府需要面对的现实问题。

股权众筹这种新型融资模式的出现,为民间资本注入实体经济,服务经济的发展开辟了新的途径,众筹平台为民间投资者与资金需求者提供了新的通道。因此,有关部门应完善股权众筹融资的法律监管体系,为股权众筹平台的发展提供相应的法律环境。在互联网金融快速发展的影响下,我国对现有金融体制的改革已刻不容缓。我们应该借鉴美国金融体系发展的经验,建立符合我国实际情况的法律和监管体系,增强非银行金融机构在金融市场中的作用,引进民间资本进入金融体系以加强竞争力。

5.3   美国互联网金融理论、实践及监管政策

互联网金融发源于美国,故目前中国几乎所有的互联网金融模式都能在美国找到"样板"。美国不仅拥有全球最发达的金融市场和最成熟的金融体系,而且也是 20 世纪 90 年代以互联网的应用和普及为代表的信息革命(information revolution)的策源地。早在 20 世纪 90 年代末,一个较为完整的互联网金融产业链就已经在美国形成(王达,2014)。

5.3.1   美国互联网金融发展概况

美国互联网金融的发展大体上分为 3 个阶段,即 20 世纪 90 年代的蓬勃发展时期、2000—2006 年的平稳发展时期以及 2007 年以来的新发展时期。具体而言,在 20 世纪 90 年代初互联网热潮的带动下,网络银行、网络证券、网络保险以及网络理财等互联网金融模式在美国率先出现并迅速发展,形成了美国互联网金融的基本业务模式与格局。1992 年,美国第一家互联网经纪商 E-Trade 成立。由于其提供了比嘉信理财(Charles Schwab)等传统经纪商更为低廉的佣金费率,所以在成立后发展迅速并推动了整个证券经纪行业的信息化和网络化。此后,美国主要的证券公司纷纷推出了基于自身优势的网络平台,并逐渐形成了以 E-Trade 模式、嘉信理财模式和美林(Merrill Lynch)模式为代表的三种特色各异的网络证券模式。1995 年,美国亦即全球第一家互联网银行——美国安全第一网络银行(Security First Network Bank,SFNB)成立。该行的特点是不设

物理网点而通过互联网向客户提供高效、便捷的银行服务。凭借成本优势和网络便捷性,该银行在短短 3 年时间内便跃居美国第六大银行,其资产规模高达上千亿美元。而同年成立的 INSWEB 作为美国第一家网络保险电子商务公司,则开创了利用互联网销售传统保险产品的先河。作为网络保险的标志,该公司利用网络平台连接保险公司和潜在的客户群体,将保险的专业知识、销售平台以及客户服务进行有效整合。这一保险公司与客户双赢的创新型保险经营模式迅速带动了网络保险模式的发展。INSWEB 的主营业务基本覆盖了主要零售险种并于 1999 年在纳斯达克股票市场上市。1998 年,美国大型电子商务公司 E-BAY 成立了互联网支付子公司 PayPal,并于 1999 年完成了电子支付与货币市场基金的对接,从而开创了互联网货币市场基金的先例。在线投资者只需注册成为 PayPal 用户,其账户中的现金余额便自动投资于货币市场基金。良好的用户体验和远高于银行存款的利息收益使得该理财产品受到市场热捧。到 20 世纪 90 年代末,美国已经基本形成了较为成熟的互联网金融模式和相对完整的产业链(如表 5.3 所示)。

表 5.3　20 世纪 90 年代末美国互联网金融的产业链与服务模式

产业层级与链条	主要功能	代表性机构和产品
技术顾问	为金融机构和专业金融服务提供软件和技术支持	如 Security First、Check Free、Sanchez 等软件工程公司
金融产品	提供传统与非传统的互联网金融产品	抵押贷款、网络借贷、网络经纪、互联网保险、电子钱包、网络转账支付以及网络信用卡服务等
金融机构	传统金融机构、新兴网络金融机构、电信运营商等提供网络金融服务的机构	网络银行:Telebanc、X Bank 网络券商:E-Trade、Ameritrade 网络保险:INSWEB 网络支付:Spectrum、Cyber Cash
综合服务网站	为金融消费者提供金融产品检索、价格比对等多样化金融服务的平台	LendingTree.com; Dollarex.com; AdvanceMortgage.com; Insweb.com
门户网站	连接服务端口和金融机构的媒介,提供个性化的金融服务的平台	传统金融机构:Citi Group 互联网巨头:Microsoft 其他门户网站:Yahoo、AOL
服务端口	提供金融服务的网络接口	联网的个人电脑、网络电视、具备上网功能的手机以及其他上网设备

左侧纵向文字:↑ 由下至上的产业层级

资料来源:王达.美国互联网金融的发展及其影响[J].世界经济研究,2014,12:41—46,85。

从总体上看,美国的互联网金融在 2000 年高科技股票泡沫破灭至 2006 年次贷危机爆发前这一期间的发展相对理性和平稳。尽管这一时期并未出现新的互联网金融模式,但互联网与金融业的融合并未中断:以大银行为代表的传统金融机构进一步加快了信息化和网络化的步伐,而传统的主要依托柜台和线下营销的保险公司也纷纷开展网络营销服务,传统金融机构的网络化成为这一时期美国互联网金融发展的主流。在 2007 年次贷危机前后,美国互联网金融的发展出现了一个较为明显的变化,即以 Prosper 和 Lending Club 公司为代表的"人人贷"(P2P Lending)网络融资模式开始兴起。这一"点对点"的网络直接融资模式几乎实现了真正意义上的"去金融中介化",并表现出了旺盛的生命力。如 Lending Club 这一目前美国最大的 P2P 网络融资平台自 2007 年成立以来,贷款额年均增速超过 100%。其于 2014 年 12 月正式通过 IPO 募集到 8.7 亿美元的资金,并在纽交所挂牌上市,这也显示出美国资本市场对其的认可。考虑到美国个人贷款市场年均约 3 万亿美元的庞大规模,以 Lending Club 为代表的 P2P 网络融资平台仍然有着十分巨大的发展潜力。2009 年 4 月 Kickstarter 网站在纽约的正式上线,标志着互联网金融的新形式——众筹(crowdfunding)融资模式的兴起。这一融资模式主要通过网络平台面向公众募集小额资金,让有创造力的人有可能获得创业所需的资金。2012 年 4 月,美国通过的《初创企业促进法》(JOBS 法案)为中小企业通过众筹方式融资扫清了法律障碍。目前,众筹融资和 P2P 借贷共同成为美国互联网金融发展的最新进展。而这一时期另一个值得注意的现象是以 PayPal 为代表的互联网货币市场基金销售平台的终结。2008 年全球金融危机爆发后,美国货币市场基金遭受了严重的挤兑,其收益率急剧下降,从而使得原本兼具高流动性和高收益性的互联网货币市场基金丧失了优势。2011 年 7 月,随着 PayPal 货币市场基金的正式关闭,美国互联网货币市场基金销售平台的发展进入了低潮。

5.3.2 美国互联网金融发展的历史背景与逻辑

20 世纪 90 年代初在美国出现的互联网热潮不仅推动了信息技术(IT)产业的迅猛发展,而且还加速了互联网技术向传统产业的扩散。金融业作为高度依赖信息获取、处理与传播的产业部门,成为与互联网技术融合的先锋。如果仅从时间上来看,美国的互联网金融模式始于 20 世纪 90 年代初期的互联网热潮,但是如果从一个更长的历史纵深来看,美国互联网金融的发展有着宏大、深刻的时代背景,即互联网金融及其产生的冲击与影响是 20 世纪 70 年代以来美国金融市场与金融体系发生的结构性变化的延续。只有深刻理解和把握这一宏观背景和基本逻辑,才能够清晰地认识美国互联网金融发展的现状与未来。纵观 20 世纪 70 年代以来美国金融市场与金融体系发生的一系列变化,其中最为显著、最

具连续性且对美国金融机构和金融市场影响最为深远的变化当属金融脱媒
(disintermediation)。1970—1990 年间,美国金融业至少经历了 3 轮金融脱媒
浪潮的冲击;而当前美国的金融业竞争格局、金融业态以及金融市场正是在这 3
轮冲击中得以重塑和发展。

(1)20 世纪 70 年代《格拉斯-斯蒂格尔法》背景下的制度性脱媒

20 世纪 30 年代大萧条时期,美国出于隔离金融风险的考虑,在传统的商业
银行业务和高风险的投资银行业务之间设立了防火墙,即以《格拉斯-斯蒂格尔
法》为立法依据的严格的分业经营模式。与此同时,为防止商业银行之间进行恶
性竞争,该法案设定了商业银行存款利率上限即 Q 项条例,并禁止商业银行对
活期存款支付利息。在此后相当长的一段时间里,这一分业经营和分业监管的
金融体制对于维持美国金融体系的稳定和经济增长起到了至关重要的作用。然
而,在一系列因素的影响下,美国经济从 20 世纪 60 年代开始步入通胀周期,并
于 20 世纪 70 年代初进入"滞涨"阶段。在通胀率高企的情况下,美联储不断提
高联邦基金利率,从而导致美国金融市场的实际利率水平不断上升。然而,在利
率管制的条件下,商业银行无权上调存款利率,从而导致其存款特别是活期存款
大量流失。与此同时,以货币市场共同基金(MMMF)为代表的类存款投资工
具的迅速发展,进一步加剧了商业银行负债脱媒的压力。在这一背景之下,存款
性金融机构中的商业银行不得不从资产和负债两个方面开展金融创新,以应对
金融脱媒带来的挑战。从资产方面来看,商业银行开始尝试贷款资产的证券化,
从而加速资金流转速度,降低对存款负债的过度依赖。从负债方面来看,积极进
行债务工具创新,如存款性金融机构中的互助储蓄银行通过开设"可转让支付命
令账户"(NOW)和商业银行通过开设"货币市场存款账户"(MMDA),从而提
高资金来源的竞争力。这种制度性脱媒作为对利率管制的规避,加速了美国传
统金融机构由分业经营向以金融创新为导向的混业经营的转变。

(2)20 世纪 80 年代的利率市场化进程与市场性脱媒

面对制度性脱媒和金融市场创新压力,美国国会和金融监管当局从 20 世纪
70 年代中期开始放松金融管制。1980 年美国国会通过《存款机构放松管制与货
币控制法》(DIDMCA),明确规定从 1980 年 3 月 31 日起,分 6 年渐取消 Q 项条
例对所有存款性金融机构持有定期和储蓄存款的利率上限,并允许所有存款性
金融机构从 1981 年 1 月 1 日起开办"可转让支付命令账户"。1982 年又通过
《加恩-圣杰曼存款机构法》(GSGDIA),允许存款性金融机构自 1982 年 12 月
14 日起开办"货币市场存款账户"(MMDA),自 1983 年 1 月 5 日起开办"超级可
转让支付命令账户"(super NOW)两类生息储蓄账户。这两个金融立法作为美
国金融管制逐渐解除的重要标志,不仅是对《格拉斯-斯蒂格尔法》的重大突破,

也是对美国在 20 世纪 30 年代建立的金融体制所进行的一次具划时代意义的制度创新。当然,由此开始的利率市场化进程对商业银行的经营产生了重大影响。如在 1980—1986 年间,美国商业银行的负债成本不断提高,而贷款利率水平、存贷利差以及净息差均有所下降(肖欣荣、伍永刚,2011)。在此背景下,商业银行不得不进一步加快金融创新特别是资产证券化的步伐。与此同时,以股票市场、债券市场和货币市场共同基金为代表的直接融资市场的持续快速发展,使得商业银行的总资产占全美金融资产总额的比重进一步下降。应当说,这一时期美国的金融脱媒主要是利率市场化进程的加快和金融市场多样化发展所导致的,即市场性脱媒。在此冲击下,美国传统的金融机构出现了一定的分化。金融创新活跃、市场适应能力较强的大型商业银行通过不断开展资产证券化等金融创新活动,进一步提高了生存能力;而一些经营管理体制相对僵化、创新能力相对不足的传统金融机构(如储蓄贷款协会)则面临着较为严重的生存危机。总而言之,20 世纪 80 年代的市场性脱媒压力促使以商业银行为代表的传统金融机构加速转型,从而提高了其市场竞争力和适应性。

(3)20 世纪 90 年代由互联网金融诱发的技术性脱媒

在经历了 20 世纪 70 年代的制度性脱媒及 20 世纪 80 年代的市场性脱媒冲击后,以商业银行为代表的美国传统金融机构已基本适应金融脱媒压力,商业银行资产脱媒(主要表现为资产证券化)和负债脱媒(主要表现为存款增速放缓)也较为对称、平稳和有序。进入 20 世纪 90 年代以后,新一轮信息技术革命即互联网的兴起,带动了传统金融模式的革新。

网络银行、网络理财等互联网金融模式的迅速发展也诱发了新一轮金融脱媒,即技术性脱媒。美联储的统计数据显示,在 1990—1994 年间,美国商业银行存款总额、大型商业银行存款总额和小型商业银行存款总额的年均增幅分别由 4%、5% 和 2% 下降至 −0.4%、−0.1% 和 −1%。然而,应当注意到,无论是从持续的时间来看还是从金融脱媒的强度来看,由互联网金融诱发的技术性脱媒对传统金融机构所产生的冲击都小于前两轮。因此,从 20 世纪 70 年代以来美国金融市场与金融体系的结构性演变这一历史视角来看,互联网金融的兴起是在利率市场化进程结束后的一轮技术性脱媒。由于此前美国金融业已经经历了两轮金融脱媒的冲击,以商业银行为代表的传统金融机构在应对市场竞争格局变化方面非常敏感,对开发创新型金融产品也有着十分丰富的经验,使其能够在 20 世纪 90 年代与互联网金融模式的竞争中主动求变、顺势而为,即通过主动升级信息网络、有针对性地推出网络金融服务、开展灵活多样的金融创新乃至直接并购新兴的网络银行等多种途径,有效地化解互联网金融模式对自身的冲击。这也正是互联网金融模式的兴起未能从根本上颠覆美国的金融业态与金融业竞争格局的原因。因此,美国互联网金融与传统金融模式之间的融合远大于竞争,二者相互渗透、相互影响、共生发展。

5.3.3　美国互联网金融的影响

尽管互联网金融模式的兴起和发展未能从根本上颠覆美国的传统金融业态与金融模式,但依然对美国金融业与金融市场的发展产生了重大而深远的影响。

(1)美国学者实证研究表明,互联网技术与金融业的结合对后者产生明显溢出效应,即互联网金融的发展提高了传统金融机构运行效率并促进传统金融部门整合。如 Mishkin(1999)和 Economides(1993)指出,以互联网为代表的信息网络技术的普及打破了地理距离与区域对开展金融业务的限制,极大提高了美国金融部门特别是银行业的规模经济,使得商业银行通过并购的方式迅速扩大资产规模从而谋求规模经济在技术上变得可行。20 世纪 90 年代中后期,美国银行业掀起了一股并购浪潮,银行部门的资产集中度迅速提高。比较有影响的银行并购案例包括 1995 年第一芝加哥银行和底特律国民银行的合并、第一联合银行与第一诚信银行的并购案以及化学银行与大通曼哈顿银行的并购案等等。此前一般认为,美国金融监管当局在 20 世纪 80 年代中后期开始逐步放开对银行业的管制特别是对跨州经营的限制,这是导致银行业出现并购潮的直接原因。但不可否认的是,互联网金融的出现和普及这一技术层面的因素,放大了传统金融机构合并所产生的规模经济效应。

(2)互联网技术极大地降低了获取、处理信息和传播成本,使基于标准化信息(即信用评分和分级)的复杂资产证券化和多级衍生金融交易成为可能,从而史无前例地提高了美国金融市场流动性。自从隶属于美国住房与城市发展部(HUD)的"吉利美"(Ginnie Mae)于 1970 年发行首款住房抵押贷款转手证券(mortgage pass-through security,MPT)后,资产证券化这一 20 世纪最为重要的金融创新便开始在美国大发展。在 1970—1986 年间,美国资产证券化产品的设计较为简单,当时的信托法不允许证券发行人对原生资产的现金流进行主动管理。然而,《1986 年税收改革法案》则允许设立房地产抵押贷款投资渠道信托(Real Estate Mortgage Investment Conduit,REMIC)来发行资产支持证券。这种 REMIC 既可以享受信托的税收优惠,同时也允许发行方对现金流进行管理和分配,美国的资产证券化由此取得了突破性进展。REMIC 能够将 MBS 等各种证券资产组合为资产池并进行分级(tranching),然后打包进行二次甚至多次证券化;而网络信息技术在这一过程中发挥了至关重要的作用。证券承销商和信用评级机构正是依靠这种网络信息技术,才有可能在充分获取和处理各种市场信息的基础上,开发出各种类型的风险识别模型,并使用现金流量分析、违约率估计等建模技术为资产证券化提供支持。而风险定价模型的不断完善和证券评级技术的不断改进,则使得结构日益复杂的衍生产品层出不穷。因此,如果离开了网络信息技术的支持,构造并给这些高度复杂的交易定价和评级几乎是不可能的(管同伟,2007)。

(3)互联网金融发展极大地改变了传统证券交易方式,对美国资本市场影响如此之重大和复杂,甚至已远远超出人们想象和监管当局控制。Lewis(2014)最新研究表明,2006年以来,主要依计算机编程和高速光纤网络的高频交易(high frequency trading)成为华尔街投行和部分美国机构投资者获超额投机利润的主要工具。一般来说,高频交易是指从那些人工操作无法捕获的极为短暂的市场变化中寻求套利的高度计算机化交易。如利用某种证券的买入价和卖出价在不同证券市场上的微小差价进行高频度的即时套利交易。Lewis(2014)指出,近年来新兴的投资公司和华尔街金融机构纷纷利用这种高频交易方式谋取暴利。为了获得千分之一秒甚至百万分之一秒的交易优势,这些资金实力雄厚的机构投资者不惜重金租用与证券交易所主机的物理距离更短、也更加昂贵的专用光纤网络,甚至不惜斥巨资购入退役的军用微波信号发射塔等个人投资者根本无法想象和涉足的各种高端专业网络通信设备。当传统的金融交易演变成为比拼网络优势和计算机建模的复杂电子化交易时,美国各界开始反思,互联网技术和各种新兴的互联网金融模式究竟对传统的金融市场和金融体系产生了何种影响?如何对诸如高频交易在内的网络交易模式进行监管,从而更好地维护交易公平以及金融体系的稳定,成为摆在美国金融监管当局面前的一个新课题。

5.3.4 对中国互联网金融发展的思考

事实上,互联网金融在美国的出现和发展是制度性因素和技术性因素共同作用的结果。这一逻辑同样适用于互联网金融迅速发展的中国。从制度性因素来看,当前中国正值利率市场化改革的关键时期,存款利率管制尚未解除,商业银行负债脱媒已经开始,又适逢以电子商务企业和门户网站为代表的新兴互联网经济蓬勃发展。从这个意义上说,目前中国的金融体系正面临着类似美国20世纪80年代和20世纪90年代两次金融脱媒的叠加冲击。在这种制度改革和金融脱媒的特殊时期,金融机构的意识和行为的扭曲以及由此导致的金融资源的错配,为互联网金融的快速发展创造了有利条件。从技术性因素来看,近年来网络通信领域出现的一系列重大技术革新,为互联网金融的出现奠定了基础。如以AJAX为代表的新型网络编程技术的出现,推动了互联网世界进入Web2.0时代;而微博、微信等新兴网络社交平台和网络通信工具的出现,更是极大地改变了人们获取和传播信息的方式。高效、扁平的信息网络使得基于互联网的金融产品开发和营销变得可行。同样,移动(无线)互联网的普及拓展了互联网的边界并提高了网络的易用性和效率,进而使得碎片化金融服务成为可能;而云计算和大数据技术的成熟则改进了信用风险的评估建模方法和效率,进而为基于海量数据处理的小额信贷和供应链金融奠定了技术基础(王达,2014)。

与美国互联网金融发展相类似的是,中国互联网金融的迅速发展同样对传统金融业态和金融运行机制产生了冲击。首先,互联网金融在一定程度上加速了金融脱媒的进程,存款,特别是个人存款的流失加剧了商业银行的竞争压力。统计数据显示,在互联网金融迅速发展的 2013 年,中国金融机构各项存款同比增长率的增幅(即同比增速的差额,下同)不断扩大;进入 2014 年以后,各项存款的同比增长率则大幅下跌。特别是个人存款月同比增长率在 2013 年 5 月便开始下降且降幅不断扩大。从银行层面来看,中国 16 家上市商业银行在2012—2014 年间,存款总额季度同比增长率的平均增幅仅为 0.23%,而个人存款总额的季度同比增长率则平均下降了 2.19 个百分点,个别银行的个人存款流失十分严重(如光大银行的平均降幅高达 20.98%)。其次,互联网金融在产业和制度层面推动了中国金融改革和发展的步伐。从金融产业层面来看,互联网金融加剧了金融行业的竞争与资源整合,推动了金融创新的迅速发展,促使传统金融机构、特别是贯享垄断利益的国有控股商业银行更加重视金融服务的内涵和客户体验,如升级支付服务网络,提供更加多样、细致的金融产品以及更加便捷、高效的服务等等,即促使其向"为实体经济融资和提供优质金融服务"这一金融本质回归。在互联网金融模式下,尽管金融的本质并未发生变化,但金融产业链条被拉长,金融产业内部的分工更加精细,金融产品的设计更加多元化,金融服务也更加差异化。从制度层面来看,互联网金融的发展能在客观上推动中国的利率市场化进程,促使此前在金融抑制环境下形成的扭曲的利率水平向均衡的市场利率水平回归,提升金融服务的内涵,强化金融服务的普惠性,倒逼金融体制、特别是金融分业监管体制的改革。从这个意义上说,互联网金融是加速中国金融改革进程的催化剂。

总而言之,从美国互联网金融发展的经验以及中国互联网金融发展的实践来看,一方面,制度性因素和技术性因素共同催生并推动了互联网金融的出现和迅速发展;另一方面,互联网金融的发展不仅进一步加快了技术进步和金融创新的步伐,而且还在相当程度上推动了制度革新。在双方相互作用和影响的过程中,金融业态不断推陈出新,金融运行机制日益多样化,金融市场得以不断扩展和深化;当然,风险控制和金融监管也愈发具有挑战性。互联网金融是深入理解和研究中国金融改革的独特视角。与美国相比,中国互联网金融发展的制度环境更加复杂,中国的商业银行此前并未经历金融脱媒的冲击,因此缺乏创新意识和市场应变能力,所以不应低估互联网金融的发展对中国金融机构、金融市场以及传统金融业态的冲击。展望未来,中国互联网金融的发展仍然存在相当大的变数。尚有众多的理论与现实问题有待国内学术界进行深入的研究和探索。合理借鉴国外的经验以解决中国的问题则应该是一个不变的宗旨和主题。

5.4　互联网金融的风险

与传统金融相比,互联网金融有其特有的风险特征。

5.4.1　信息科技风险

因互联网对金融的渗透,信息科技风险在互联网金融中非常突出,如计算机病毒、电脑黑客攻击、支付不安全、网络金融诈骗、金融钓鱼网站、客户资料泄露、身份被非法盗取或篡改等。信息科技风险可从风险来源、影响的对象及责任单位的影响三个角度来理解。

(1)信息科技风险来源

1)自然原因。地震、雷雨、群体事件及机房设备故障将影响机房供电、温度、湿度等。

2)系统风险。由信息系统相关软硬件缺陷引发,包括基础设施和硬件设备老化、应用和系统软硬件质量缺陷等。

3)管理缺陷。管理制度缺失和组织架构制衡机制不完善、管理流程不健全。

4)操作风险。互联网金融操作风险主要涉及客户在网络申请账户的授权使用、安全管理和预警、各类客户间信息交换、电子认证等。此外,还可能因客户欠缺网银操作安全等知识,使其暴露在高操作风险环境中。

(2)信息科技风险的影响对象

1)数据风险。管理不善,易出现客户信息泄密、资金差错等。

2)运行平台风险。硬件、网络、操作系统、数据库、中间件及应用系统内在缺陷或管理差错引起。

(3)信息科技风险对组织的影响

1)安全风险。信息被篡改、盗用或被非授权组织使用。

2)可用性风险。因系统故障、自然灾害等导致信息或应用程序不可用。

3)绩效风险。因系统、应用程序或人员表现不佳,导致交易和运营效率降低和金融机构价值下降。

4)合规风险。对信息的处理加工不能满足法律、监管要求,或 IT 和金融机构政策规定而导致金融机构声誉受损。

5)技术风险。网络技术稳定与安全性风险会转嫁至互联网金融,造成系统性风险。若无妥善维护和保存相关实体设备,致其破损或功能灭失,将无法有效抵挡外部恶意攻击。同时选择的网络技术若不成熟,会带来信息送达速度低、信息传输过程中断及网络不稳定等问题。

互联网金融企业处于开放式网络通信系统中,TCP/IP协议自身安全性面临较大非议,而当前密钥管理与加密技术不完善,导致互联网金融体系很容易遭受计算机病毒及网络黑客攻击(张明,2013)。目前,我国互联网金融机构多通过购买系统模板实现科技保障,系统维护、技术保障和应急管理投入相对不足,在保护互联网理财账户安全、防范计算机病毒、保护客户信息隐私、防止恶意方对客户和消费者利益的损害存在监管空白,一旦出现交易纠纷,投资者、消费者的维权渠道和法律依据仍缺乏(周华,2013)。另外,很多互联网企业把一些敏感数据放在"云"端,给信息、资金安全带来更大的挑战(彭威霖,2013)。

5.4.2 法律政策风险

(1)分业监管风险。互联网金融交易业务范围不断扩大,种类日益多样化,分业监管模式无法对互联网金融的综合业务实施有效监管,不仅造成重复监管,且各部门间信息协调问题也影响监管效果。

(2)法律模糊风险。近年来虽有《电子签名法》《网上银行业务管理暂行办法》《网上证券委托管理暂行办法》《证券账户非现场开户实施暂行办法》等规制,但仅基于传统金融业务网上服务制定,针对互联网金融新业务市场准入、资金监管、交易者身份认证、个人信息保护、电子合同有效性确认等都还无明确法律规定。目前,网络金融电子支付采用的规则都是协议,是在双方说明权利义务关系基础上签订合同,出现问题通过仲裁解决。但因缺乏相关法律,造成问题出现后涉及的责任确定、承担、仲裁结果的执行等难以解决。新《合同法》虽承认电子合同法律效应,但未解决数字签名问题(闫真宇,2013)。

(3)法律定位存在偏差。目前国内部分第三方网络支付机构的业务很多属金融业务。但《非金融机构支付服务管理办法》却将第三方支付机构界定为非金融机构。

(4)客户资金安全管理缺位。我国没有为互联网金融机构设立专门账户用于存放沉淀资金,资金账户普遍处于监管真空状态,存在资金被挪用风险。

(5)货币政策风险。互联网金融的虚拟性,将对货币层次、货币政策中间目标产生影响,通过创造较高流动性和现金替代性的电子货币(如Q币),影响传统金融市场的运行。因互联网金融企业不受法定存款准备金约束,也会削弱存款准备金等货币调控工具的力度。虚拟电子货币未计入 M2 与社会融资总量范畴,货币供应量被低估,且加速货币流动,使货币供应量的可控、可测性下降,加剧货币乘数不稳定。长期看,互联网金融模式下的支付系统也可能出现较大变化,出现所有个人和机构都能在央行支付中心(超级网银)开账户(存款和证券登记)的可能;证券、现金等金融资产的支付和转移通过移动互联网终端进行;支付清算完全电子化,社会中无现钞流通;二级商业银行账户体系可能不再存在。个人和企业的存款账户都在央行,将对货币供给和货币政策产生重大影响,也会促进货币政策理论的发展(闫真宇,2013)。

(6)破产关停风险。互联网受众面广,影响大,若相关风险在短期内过度集中和放大,互联网金融主体将面临重大经营危机。商业银行在遭遇重大危机时可获央行救助,但电商机构和网贷平台,未建立相应保护担保措施,应对突发事件经验不足,加之危机援助手段不完善,又无央行支撑,重大经营危机很可能导致其破产关停,将导致严重经济和社会问题(中国人民银行开封市中心支行课题组,2013;杨群华,2013)。

5.4.3　洗钱犯罪风险

随着网络银行、电子货币、网上支付等产品和服务推陈出新,传统洗钱方式与网络技术结合,洗钱犯罪活动频繁。从国际看,有犯罪组织利用虚拟电子货币进行洗钱。因互联网金融交易具便捷、快速、隐蔽特性,决定了对交易信息资料获取、资金活动监测分析、客户身份和可疑交易识别等日常反洗钱工作无法有效落实,也无法对资金流向真正有效跟踪,加上法律体系不健全,监管体制不完善,极易引发洗钱风险(闫真宇,2013)。

5.4.4　"长尾"风险

互联网金融因拓展了交易可能性边界,服务了大量不被传统金融所覆盖人群("长尾"特征),使其具明显不同于传统金融的风险特征:一是服务人群的金融知识、风险识别和承担能力相对欠缺,易受误导、欺诈等不公正待遇;二是投资小额而分散,作为个体投入精力监督互联网机构的成本远高于收益,易出现"搭便车"现象,市场纪律易失效;三是个体和集体非理性更易出现;四是一旦出现风险,涉及人数多(金额可能不大),对社会的负外部性很大(谢平,等,2014)。

5.4.5　征信、信用和信誉风险

（1）征信风险。我国尚未建立完善的客户信用评估体系,缺少足够的客户信用评价数据,很难对借款个人及机构进行真实、准确、全面、有效的信用判断。同时互联网金融数据的真实性、广度、深度无法获充分保障,部分企业线上线下无法有效结合,对互联网金融业务开展带来征信风险。

（2）信用风险。信用风险指交易主体无法履约所造成的风险。互联网金融业务办理过多依赖数据优势,线上审核、线下核对手段不完善,服务主体与客户无法实体接触,融资抵押物匮乏,资金流向控制手段不足,追偿机制和措施不完善,极易出现资金违约,信用风险较高。P2P 网贷平台规模与注册资本极不相称,一旦资金流动性出问题,将对网贷公司带来灾难性打击。

（3）信誉风险。信誉风险是指因推出的产品或服务无法正常实现;客户在遇到问题时不能得到及时解决;网络严重故障,使网站功能部分或全部丧失;客户信息泄露,隐私安全无法得到有效保障等。这将造成客户对互联网金融主体产生欺诈的认知,质疑其经营能力和业务可靠性。

5.4.6　流动性风险

互联网金融本质上属金融业务,但其流动性会因互联网特性受影响。以电商和网贷平台为主的互联网金融企业受到负面冲击时,资金流动性短缺,企业陷入经营困局,出现客户资金无法兑付等问题。

5.4.7　收益风险

依托互联网提供金融服务的电商、网贷平台主体,线上服务省去了营业场所、人员等成本。随着网络使用人数增多,其在网上的各类金融理财产品更易被客户接受。相较传统银行其收益成本比更高。而传统银行开展互联网金融业务需增加相关技术人员、网点联网等技改资源,较前者所需的基础性资源投入成本要高很多,面临成本收益风险。有些网络融资平台承诺的高额预期年收益远超货币基金可能达到的年均收益,导致不正当竞争,很可能造成虚假宣传后无法兑现高收益的欺诈活动(高汉,2014)。且互联网金融交易的虚拟性使对交易双方的身份认证和违约责任追究存在很大困难,对传统取证制度提出了挑战。

表 5.4　互联网金融的风险与监管现状

主要模式	风险等级	主要风险	监管现状与挑战
第三方支付	高	网络安全风险、金融风险(消费者个人信息泄露、诈骗犯罪、盗卡恶意支付、平台资金沉淀风险等)以及法律风险(第三方支付平台的法律定位不明晰所引发的风险)	央行负责审核和发放第三方支付牌照,但监管较为松散;相应的监管法规正在酝酿中,各方之间矛盾和分歧较多;对现行监管框架的冲击和挑战较大
"余额宝"模式	中	流动性风险与"挤兑"	基本处于监管真空地带,无明确的监管机构;对现行监管框架的挑战较大
大数据金融	低	在电商和供应链内部封闭运行,目前较为稳健,风险较低	尚无明确的监管机构
P2P 网络信贷	高	借贷双方之间信息高度不对称、非法集资、恶意逃债风险较高,易诱发系统性风险	基本处于监管真空地带,无明确的监管机构;对现行监管框架的挑战较大
互联网金融门户	低	目前较为稳健,风险较低	尚无明确的监管机构
信息化金融机构	低	由商业银行主导,风险较低	主要由银监会监管,仍在现行的监管框架内
众筹融资	低	创业方的信用风险以及融资平台的法律风险	尚无明确的监管机构;对现行监管框架存在一定挑战

资料来源:王达.影子银行演进之互联网金融的兴起及其引发的冲击:为何中国迥异于美国?[J].东北亚论坛,2014(4):73—82。

5.5　互联网金融的监管

互联网金融的快速发展引起了社会的广泛关注。目前各国政府都在探索互联网金融监管,无成熟规制。2015 年 3 月 5 日,李克强总理在《政府工作报告》中明确指出:"促进互联网金融健康发展。"

5.5.1　互联网金融监管的必要性

在 2007 年年底的国际金融危机后,金融界和学术界普遍认为,自由放任(laissez-faire)的监管理念只适用于金融市场有效的理想情景(UK FSA,2009)。以这一理想情景为参照点,对互联网金融进行有效监管是十分有必要的。

　　在市场有效的理想情景下,市场参与者是理性的,个体自利行为使得"看不见的手"自动实现市场均衡,均衡的市场价格全面和正确地反映了所有信息。此时,金融监管应采取自由放任理念,关键目标是排除造成市场非有效的因素,让市场机制发挥作用,少监管或不监管,具体有三点:(1)因为市场价格信号正确,可以依靠市场纪律来有效控制有害的风险承担行为;(2)要让问题金融机构破产清算,以实现市场竞争的优胜劣汰;(3)对金融创新的监管没有必要,市场竞争和市场纪律会淘汰没有必要或不创造价值的金融创新,管理良好的金融机构不会开发风险过高的产品,信息充分的消费者只会选择满足自己需求的产品。就判断金融创新是否创造价值而言,监管当局相对于市场不具有优势,监管反而可能抑制有益的金融创新。

　　但互联网金融在达到这个理想情景之前,仍会存在信息不对称和交易成本等大量非有效因素,使得自由放任监管理念不适用。

　　第一,互联网金融中个体行为可能非理性。比如,在 P2P 网络贷款中,投资者购买的实际是针对借款者个人的信用贷款。即使 P2P 平台能准确揭示借款者信用风险,且投资足够分散,个人信用贷款仍属高风险投资,投资者不一定能充分认识到投资失败对个人的影响。

　　第二,个体理性不意味着集体理性(禹钟华、祁洞之,2013)。如在以余额宝为代表的"第三方支付＋货币市场基金"合作产品中,投资者购买的是货币市场基金份额。投资者可以随时赎回自己的资金,但货币市场基金的头寸一般有较长期限,或者需要付出一定折扣才能在二级市场上卖掉。这里就存在期限错配和流动性转换问题。如果货币市场出现大幅波动,投资者为控制风险而赎回资金,从个体行为看,是完全理性的;但如果是大规模赎回,货币市场基金就会遭遇挤兑,从集体行为看,则是非理性的。

　　第三,市场纪律不一定能控制有害的风险承担行为。在我国,针对投资风险的各种隐性或显性担保大量存在(如隐性的存款保险、银行对柜台销售的理财产品的隐性承诺),老百姓也习惯了"刚性兑付",风险定价机制在一定的程度上是失效的。

　　第四,互联网金融机构若涉及大量用户,或者达到一定的资金规模,出问题时很难通过市场出清方式解决。如果该机构还涉及支付清算等基础业务,破产还可能损害金融系统的基础设施,构成系统性风险。如支付宝和余额宝涉及人数如此之多和业务规模如此之大,已经具有一定的系统重要性。

　　第五,互联网金融创新可能存在重大缺陷。比如,我国 P2P 网络贷款已经出现良莠不齐的局面。部分 P2P 平台中,客户资金与平台资金没有有效隔离,出现了若干平台负责人卷款"跑路"事件;部分 P2P 平台营销激进,将高风险产品销售给不具有风险识别和承担能力的人群(比如退休老人)。

第六,互联网金融消费中可能存在欺诈和非理性行为,金融机构可能开发和推销风险过高的产品,消费者可能购买自己根本不了解的产品。比如,在金融产品的网络销售中,部分产品除了笼统披露预期收益率外,很少向投资者说明该收益率通过何种策略取得、有什么风险等。而部分消费者因为金融知识有限和习惯了"刚性兑付",不一定清楚 P2P 网络贷款与存款、银行理财产品有什么不同。

因此对互联网金融,不能因发展不成熟就采取自由放任的监管理念,应该以监管促发展,在一定的负面清单、底线思维和监管红线下,鼓励互联网金融创新(谢平等,2014)。

5.5.2 互联网金融监管的国际经验

(1)特点和趋势。在互联网金融诞生之初,美国、英国等并不匆忙着手制定新的监管法规,而是本着"等着看"的态度。首先,利用已有的包容性金融监管框架对互联网金融予以规范,即当互联网金融发展到一定阶段、原有监管框架的部分条款不再适用于互联网金融发展中出现的新矛盾和新问题时;其次,在业界、学界以及监管当局充分酝酿讨论并达成共识的基础上对原有监管框架做出修改和完善。美国、英国等互联网金融监管呈现以下特点和趋势。

1)分业监管与集中监管并存,行为监管与审慎监管是趋势。美国对金融业实行分业监管模式,不同金融业务分别由不同的监管机构负责监管,这一制度安排也被沿用到互联网金融监管之中。比如,第三方支付在美国被纳入货币转移业务监管框架,主要由联邦存款保险公司(FDIC)实施监管;P2P 网络贷款和众筹融资则被纳入证券交易监管框架,主要由证券交易委员会(SEC)实施监管。除了接受联邦一级机构的监管之外,在美国"双线多头"的监管体制下,互联网金融业务还需接受州一级机构的监管。国际金融危机后,金融监管中的行为监管理念越来越受到重视,美国在互联网监管实践中也秉承了这一理念。英国对金融业实行集中监管,将包括互联网金融在内的金融业作为一个整体统一进行监管。在早期,英国金融市场由金融服务局(FSA)负责实施统一监管,互联网金融行业也被纳入 FSA 的监管职责中。国际金融危机之后,英国为加强审慎监管,对金融监管体制进行了全面改革,新设审慎监管局(PRA)和金融行为监管局(FCA)替代 FSA,分别承担审慎监管职能和行为监管职能。互联网金融行业的业务行为由 FCA 负责监管,而与宏观审慎监管有关的事项则由 PRA 实施监管,故互联网金融行业也被纳入审慎监管框架之中。

2)功能监管和机构监管共存,功能监管越来越受到重视。美国、英国等按照实质功能和风险特征对互联网金融各业态实施差别化监管。在具体监管工作中，机构监管与功能监管并存，相互补充、协调配合，监管重心依照业态特点各有侧重。面对互联网金融的综合化、全能化趋势，功能监管更有利于发挥金融监管的专业性和针对性；同时，功能监管能够更为有效地解决金融创新产品的监管权责归属问题，更有利于推动互联网金融创新。以股权众筹为例，依据其所实现的金融功能以及风险特征，美国和英国都将其纳入证券监管框架：美国通过 JOBS 法案确立了股权众筹融资的合法性，并主要由 SEC 对众筹融资实施监管，监管重点在于信息披露和消费者保护；英国金融行为监管局（FCA）根据投资型众筹的功能特点，专门提出"不易变现证券"这一概念，将所有推介"非上市股票"或"非上市债券"的投资型众筹活动均纳入监管范围。但功能监管也有局限，无法从整体上把握金融机构所面临的风险，难以充分实现审慎监管目标。相比之下，机构监管在监管整体性和风险防控方面更具优势，更能适应审慎监管要求。以第三方支付为例，欧盟认为其具有金融商品属性，会加大货币控制难度，更侧重于机构监管：要求第三方支付机构取得银行业执照或电子货币公司（ELMIs）执照，对其自有资本和流动资金提出较高要求，对沉淀资金采取与银行类似的准备金管理制度，并要求其建立审慎稳健的风控制度。

　　3）多管齐下强化金融消费者保护。互联网金融产品在为传统金融难以覆盖的"长尾"人群创造更多投资机会的同时，也把风险承受能力较差的人群和风险较高的项目连接在一起。受专业知识限制，金融消费者处于信息劣势，消费者权益面临严重的受侵害风险。美国、英国等国的监管机构都非常关注互联网金融交易中的消费者权益保障问题。首先，美国、英国借助其完善的信用制度，对投资人进行资产认证和阶梯式风险管理，按照投资人资产的高低对其投资额度做出相应限制，既让更多的社会闲散资金进入小微企业，又避免给投资者的资产安全带来过大风险。其次，美国、英国监管当局要求互联网金融机构加强信息披露，充分履行风险告知义务，使金融消费者明确知晓产品的风险和收益。如美国要求 P2P 平台详尽披露收益权凭证所对应贷款的具体条款和借款人信息；英国也要求参与双方严格履行信息披露制度。此外，美国、英国监管当局非常重视对金融消费者的风险教育，引导金融消费者掌握金融知识、提升金融风险意识。再次，在消费者隐私保护方面，美国、英国监管当局要求互联网金融机构揭示对消费者的隐私保护规则，并制定了违规的惩罚性措施。比如，对于第三方支付业务中的消费者隐私和数据安全问题，美国对不同类型的第三方支付机构实行差异化监管，在州层面也有相应的监管要求，目前已有 34 个州颁布法律要求第三方支付机构定期公开披露数据泄露情况。最后，美国、英国监管当局为互联网金融消费者建立了较为完善的维权渠道。如美国在国际金融危机后新设立消费者金融保护局(CFPB),专门负责消费者金融保护相关法律的制定、监督和执法,同时接受消费者投诉;英国、澳大利亚等专门成立金融申诉专员服务公司,建立第三方争议解决机制。

(2)立法、监管机制及沉淀资金管理。在美国,第三方支付被视为一种货币转移业务,其本质仍是传统支付服务的延伸,无须获银行业务许可证;而欧盟要求电子支付服务商须是银行,而非银行机构须取得与银行机构有关的营业执照才能从事第三方支付业务。美国和欧盟都设专门账户存放沉淀资金,并限制第三方支付机构将其挪作他用(张芬、吴江,2013)。美国《爱国者法案》规定,第三方网上支付平台作为货币服务企业,需在美国财政部金融犯罪执行网络注册,及时汇报可疑交易,保存所有交易记录(王占军,2013)。

1)美国:将第三方支付业务纳入货币转移业务监管。美国对第三方支付实行的是功能性监管,监管侧重于交易的过程而不是从事第三方网络支付的机构。

一是立法层面。美国没有专门针对第三方网络支付业务的法律法规,仅使用现有法规或增补法律条文予以约束。第三方支付被视为一种货币转移业务,其本质仍是传统支付服务的延伸,无须获得银行业务许可证。

二是监管机制层面。美国采用州和联邦分管的监管体制,联邦存款保险公司(FDIC)负责监管第三方支付机构,但其明确规定各州相关监管部门可以在不违背本州上位法的基础之上,对第三方网络支付平台的相关事项做出切合本州实际的规定。

三是沉淀资金管理层面。美国法律明确将第三方支付平台上沉淀资金定义为负债。FDIC规定第三方支付平台须将沉淀资金存放于FDIC在商业银行开立的无息账户中,沉淀资金产生的利息用于支付保险费。FDIC通过提供存款延伸保险实现对沉淀资金的监管。

2)欧盟:将第三方支付机构纳入金融类企业监管。欧盟对第三方支付的监管为机构监管,对第三方支付机构给出明确的界定。

一是立法层面。欧盟要求电子支付服务商必须是银行,而非银行机构必须取得与银行机构有关的营业执照(完全银行业执照、有限银行业执照或电子货币机构执照)才能从事第三方支付业务。这也从法律上确定了第三方支付平台的法律地位,即金融类企业。

二是沉淀资金管理层面。欧盟规定第三方支付平台均需在中央银行设立一个专门的账户,沉淀资金必须存放在这一账户之中,这些资金受到严格监管,限制第三方支付机构将其挪作他用。

(3)网络信贷管理。美国(张芬、吴江,2013)将其纳入证券业监管,门槛方面SEC要求互联网企业的注册成本较高且十分注重信息披露;欧盟虽未出台专门法典约束,但对网络信贷规定了比其他信贷形式更严格的披露要求,以维护消费者权益;日本主要是通过《贷金业法》《出资法》和《利息限制法》,对非银行民间金融公司资金借贷进行管理;英国将其纳入消费者信贷管理范畴,并通过行业自律引领发展,无最低资本金规模方面的门槛限制,但法律规定严格的信息披露制度(陈林,2013)。

2011 年,英国三家最大的网络信贷机构成立了网络信贷融资协会,通过加强行业自律管理,弥补政府监管力度不足。此外,Zopa 及其他英国人人贷公司已发起了一种"准备基金",为在贷款出现问题时提供补救。为放款人减少风险,但并非很符合人人贷最初"peer to peer"的理念。总体看,各国对网络信贷的监管普遍缺乏硬性的法律约束。

(4)对众筹融资平台的监管。美国于 2012 年通过了创业企业融资法案(JOBS 法案),旨在使小型企业在满足美国证券法规要求时,更易吸引投资者并获得投资,该法案放开了众筹股权融资,在保护投资者利益方面做出详细规定;法国财政与经济工业部正在研究针对众筹行业的法律框架,预计在 2014 年正式颁布实施,将成为第一个拥有众筹行业监管法规的国家(温信祥、叶晓璐,2014)。

(5)互联网货币的监管。目前,国际上对于互联网货币的监管主要分为三种类型:

1)以美国为代表的功能型监管模式,将互联网货币视为非储蓄业务,按照"货币服务"功能进行监管。相关政策包括美国的《反洗钱法》《美国爱国者法》《互联网货币划拨法》《统一货币服务法》及 E 条例、各州遗弃财产法、各州消费者保护法、各州专业货币汇兑机构法等。监管原则通常包括三方面:一是尽可能与私人部门和公众合作;二是避免过早管制;三是在必要时随时采取行动。

2)以欧洲、日本为代表的主体型监管模式。相关政策包括欧盟的《互联网货币指引》和《支付服务指引》(其中将互联网货币机构作为支付服务商的一种类型,统一纳入支付服务的监管体系)、英国的《互联网货币发行机构监管规范》、德国的《银行法修订案》、日本的《预付式证票规制法》及其施行规则、保证金规则等。

3)以中国香港、台湾地区为代表的专题型监管模式,将互联网货币视为储蓄业务单独监管。香港地区有关政策包括《银行业条例》和香港金管局颁布的《多用途预付卡发行的申请指引》及附件;中国台湾地区有关政策包括台湾财政主管部门颁布的"银行发行现金预付卡许可及管理办法"①。

在众多互联网货币中,比特币与实体货币最接近且流通范围最广,但是各国

---

① 来源:http://www.ceh.com.cn/cjpd/2013/11/272153.shtml。

管理比特币的态度不同。芬兰央行视比特币为"数码商品"而非货币,德国将其当成私人货币,中国对其强行压制,限制银行使用虚拟货币。法国比特币交易平台取得了一般欧洲银行用来辨别身份的国际银行账号,由此跻身准银行之列。美国财政部于 2013 年 3 月发布《关于个人申请管理、交换和使用虚拟货币的规定》,将比特币等虚拟货币纳入反洗钱监管范围。

5.5.3 中国目前已有的监管框架

互联网金融作为一个新兴的行业,目前各项法律法规尚不完善,在政府监管方面存在一定的空白,互联网金融野蛮似的增长,不少企业游离于法律的灰色地带,这是我国互联金融行业的现状。宁连举、刘茜(2015)认为互联网金融是金融领域的新兴业态,除第三方支付模式外,其他产业模式的法律地位,监管主体均不明确。监管体系不完善将会导致行业无序发展、资源浪费甚至市场混乱。另外,互联网金融发展使得业务拓展不再受时空限制,任何产品与服务不再局限于属地,短时间内就可以向全国乃至全世界推出,这对我国目前以属地管理为主的金融监管方式提出了挑战(陈一稀、魏博文,2015)。

(1)金融互联网。网络银行、手机银行、网络证券公司、网络保险公司和网络金融交易平台,主要体现互联网对银行、证券公司、保险公司和交易所等的物理网店和人工服务的替代。大数据在征信、网贷(含传统银行及小贷公司)、证券投资、保险精算中的应用,主要是改进相关金融活动的信息处理环节。相对于传统金融中介和市场而言,这些互联网金融机构尽管信息更透明、交易成本更低、资源配置效率更好,但金融功能、风险特征变化不大,故针对传统金融中介和市场的监管框架和措施也都适用,但需加强对信息科技风险的监管。相关法律、法规和监管框架可在"一行三会"网站上查到。

(2)移动支付和第三方支付。我国已建立起一定的监管框架,包括反洗钱法、电子签名法和《关于规范商业银行预付卡管理的意见》等法律法规,以及央行的《非金融机构支付服务管理办法》《支付机构预付卡业务管理办法》《支付机构客户备付金存管办法》和《银行卡收单业务管理办法》等规章制度,可在中国支付清算协会网站上查到。

从 2005 年第三方支付首次被官方纳入支付清算组织,到现在,监管逐渐规范。但因我国仍处分业经营、分业监管状态,事后补救式的监管疲于奔命。

(3) P2P 监管。P2P 借贷从本质上讲,和民间借贷是相同的,风险较大,目前是参照民间借贷的法律进行判定。因缺少相对应准入门槛、行业标准及金融监管,P2P 借贷发生了许多问题。

(4)金融产品的网络销售。对金融产品的网络销售的监管重点是金融消费者保护,严控误导消费、夸大宣传、欺诈等问题。《证券投资基金销售管理办法》第三十五条有相应明文规定。银监会对理财和信托产品也有明文规定,绝对不能保证收益率,只能列明预期收益率,并要向投资者反复强调投资有风险、买者自负的道理。2014年1月,浙江省证监局开出了针对互联网理财产品的首张罚单,认定数米基金公司宣传资料中存在"最高可享8.8%年化收益"等不当用语,责令其限期改正(谢平 等,2014)。

5.5.4　完善风险管理制度

(1)在法律风险方面,完善针对互联网金融的法律法规

互联网金融的发展尚处于无法可依的状态,存在较大的发展盲目性,也给监管带来困难,因此,有必要将互联网金融纳入规范化发展的道路(贺强,2014)。进一步完善市场准入和退出法律,完善风险监管主体法律法规,完善金融业务法律法规,完善保护金融消费者权利的法律法规,完善打击互联网金融犯罪的法律法规。

(2)在信用风险方面,普及大数据分析并进行信用考核

电商企业利用大数据进行风控,比如阿里金融把阿里巴巴、淘宝、天猫、支付宝等平台积累的大量交易支付数据作为基础数据,再加上卖家自己提供的销售数据、银行流水、水电缴纳等辅助数据,所有信息汇总,输入网络行为评分模型,进行信用评级。

(3)在技术风险方面,完善互联网信息技术的建设

开发具有高科技自主知识产权的技术,增加软硬件设施的投入水平,完善金融业统一的信息技术标准,增强互联网金融系统内的协调性,加强各种风险的监测和预防,与国际上先进的互联网安全标准和规范相统一。

(4)在货币风险方面,完善货币风险管理

监管部门应针对互联网企业制定相应政策法规,建立相应的存款准备金制度,避免大规模集体套现带来流动性风险并限制虚拟货币发行和使用。探索建立互联网金融风险系统性传染缓冲机制,建立类似传统金融机构"同业拆借市场"或是建立流动性最后提供商制度,使出现流动性风险机构可得到一定救助,从而抑制了个别机构因借款人或交易对手违约引起的流动性风险向行业内快速传递及向传统金融领域的风险外溢(郝俊香,2014)。

5.5.5　互联网金融的功能监管、机构监管以及监管协调

功能监管主要是针对风险的监管,基础是风险识别、计量、防范、预警和处

置。在互联网金融中,风险指的仍是未来遭受损失的可能性,市场风险、信用风险、流动性风险、操作风险、声誉风险和法律合规风险等概念都适用,误导消费者、夸大宣传、欺诈等问题仍然存在。因此,对于互联网金融,审慎监管、行为监管、金融消费者保护等三种监管方式也都适用。此外,对于机构监管,互联网金融的机构监管的隐含前提是,可以对互联网金融机构进行分类,并且同类机构从事类似业务,产生类似风险,因此适用于类似监管。但部分互联网金融活动已经出现了混业特征。在这种情况下,就需要根据互联网金融机构具体的业务、风险,从功能监管角度制定监管措施,并加强监管协调。

(1)审慎监管

审慎监管的目标是控制互联网金融的外部性,保护公众利益。审慎监管的基本方法论是,在风险识别的基础上,通过引入一系列风险管理手段(一般体现为监管限额),控制互联网金融机构的风险承担行为以及负外部性(特别在事前),从而使外部性行为达到社会最优水平(谢平、邹传伟,2013)。

目前互联网金融外部性主要是信用风险外部性和流动性风险的外部性。针对这两类外部性,可借鉴银行监管中的相关做法,按照"内容重于形式"原则,采取相应监管措施。

1)监管信用风险的外部性

部分互联网金融机构从事了信用中介活动。比如,在P2P网络贷款中,一些P2P平台直接介入借贷链条,或者为借贷活动提供担保,总的效果都是承担了与借贷有关的信用风险。这类互联网金融机构就会产生信用风险的外部性,它们如果破产,不仅会使相关债权人、交易对手的利益受损,也会使具有类似业务或风险的互联网金融机构的债权人、交易对手怀疑自己机构的清偿能力,进而产生信息上的传染效应。

对信用风险的外部性,可以参考银行业的监管方法。在巴塞尔协议Ⅱ和巴塞尔协议Ⅲ下,银行为保障在信用风险的冲击下仍具有持续经营能力,需要计提资产损失准备金和资本(其中资产损失准备金用来覆盖预期损失,资本用来覆盖非预期损失),体现为不良资产拨备覆盖率、资本充足率等监管指标,具体监管标准依据风险计量来确定。比如,8%的资本充足率,相当于保障在99.9%的情况下,银行的资产损失不会超过资本。

在P2P网络贷款中,部分平台划拨部分收入到风险储备池,用于保障投资者的本金。风险储备池在功能和经济内涵上与银行资产损失准备金、资本相当。如果允许P2P平台通过风险储备池来提供本金保障,那么风险储备池的充足标准,也应该依据风险计量来确定。

2)监管针对流动性风险的外部性

部分互联网金融机构进行了流动性或期限转换。比如,信用中介活动经常伴随着流动性或期限转换。这类互联网金融机构就会产生流动性风险的外部性,它们如果遭受流动性危机,首先会影响债权人、交易对手的流动性。比如,如果货币市场基金集中、大量提取协议存款,会直接对存款银行造成流动性冲击。其次会使具有类似业务或风险的互联网金融机构的债权人、交易对手怀疑自己机构的流动性状况,也会产生信息上的传染效果。此外,金融机构在遭受流动性危机时,通常会通过出售资产来回收现金,以满足流动性需求。短时间内大规模出售资产会使资产价格下跌。在公允价值会计制度下持有类似资产的其他金融机构也会受损,在极端情况下,甚至会出现"资产价格下跌→引发抛售→资产价格进一步下跌"的恶性循环。

对流动性风险的外部性监管,也可以参考银行业的做法。巴塞尔协议Ⅲ引入了两个流动性监管指标——流动性覆盖比率和净稳定融资比率。其中,流动性覆盖比率已经开始实施,要求银行在资产方留有充足的优质流动性资产储备,以应付根据流动性压力测试估计的未来30天内净现金流出量。

按照类似监管逻辑,对"第三方支付+货币市场基金"合作产品,应通过压力测试估算投资者在大型购物季、货币市场大幅波动等情景下的赎回金额,并据此对货币市场基金头寸分布进行限制,确保有足够比例的高流动性头寸(当然,这会牺牲一定的收益性)。

(2)行为监管

行为监管,包括对互联网金融基础设施、互联网金融机构以及相关参与者行为的监管,主要目的是使互联网金融交易更安全、公平和有效。在一定的意义上,行为监管是对互联网金融的运营优化,主要内容如下:

1)对互联网金融机构的股东、管理者的监管。一方面,在准入审查时,排除不审慎、能力不足、不诚实或有不良记录的股东和管理者;另一方面,在持续经营阶段,严格控制股东、管理者与互联网金融机构之间的关联交易,防止他们通过资产占用等方式损害互联网金融机构或者客户的合法权益。

2)对互联网金融有关资金及证券的托管、交易和清算系统的监管。一方面,提高互联网金融交易效率,控制操作风险;另一方面,平台型互联网金融机构的资金与客户资金之间要有效隔离,防范挪用客户资金、卷款"跑路"等风险。

3)要求互联网金融机构有健全的组织结构、内控制度和风险管理措施,并有符合要求的营业场所、IT基础设施和安全保障措施。

(3)金融消费者保护

金融消费者保护,即保障金融消费者在互联网金融交易中的权益。金融消费者保护与行为监管有紧密联系,有学者认为金融消费者保护属于行为监管。我们之所以将金融消费者保护单列出来,是因为金融消费者保护主要针对互联网金融服务的"长尾"人群,而行为监管主要针对互联网金融机构。

金融消费者保护的背景是消费者主权理论及信息不对称下互联网金融机构对消费者权益的侵害。其必要性在于互联网金融机构与金融消费者两方利益非完全一致,互联网金融机构健康发展(这主要是审慎监管和行为监管的目标)不足以完全保障金融消费者权益。

现实中,由于专业知识的限制,金融消费者对金融产品的成本、风险、收益的了解根本不能与互联网金融机构相提并论,处于知识劣势,也不可能支付这方面的学习成本。其后果是,互联网金融机构掌握金融产品内部信息和定价的主导权,会有意识地利用金融消费者的信息劣势开展业务。此外,互联网金融机构对金融消费者有"锁定效应",欺诈行为一般不能被市场竞争消除(也就是金融消费者发现欺诈行为后,也不会另选机构)。

针对金融消费者保护,可以进行自律监管。但如果金融消费者没有很好的低成本维权渠道,或者互联网金融机构过于强势,而自律监管机构又缺乏有效措施,欺诈行为一般很难得到制止和处罚,甚至无法被披露出来。在这种情况下,自律监管面临失效,政府监管机构就作为金融消费者的代理人实施强制监管,主要措施有三类:第一,要求互联网金融机构加强信息披露,产品条款要简单明了、信息透明,使金融消费者明白其中风险和收益的关系;第二,要开通金融消费者维权的渠道,包括赔偿机制和诉讼机制;第三,利用金融消费者的投诉及时发现监管漏洞。

有必要说明的是,功能监管要体现一致性原则。互联网金融机构如果实现了类似于传统金融的功能,就应该接受与传统金融相同的监管;不同的互联网金融机构如果从事了相同的业务,产生了相同的风险,就应该受到相同的监管。否则,就容易造成监管套利,既不利于市场公平竞争,也会产生风险盲区。

(4)互联网金融的机构监管

根据各种互联网金融机构在支付、信息处理、资源配置上的差异,可将现有互联网金融机构划分成五种主要类型:一是金融互联网化,包括网络银行、手机银行、网络证券公司、网络金融交易平台、金融产品的网络销售;二是移动支付与第三方支付;三是基于大数据的网络贷款(以阿里小贷为代表);四是 P2P 网络贷款;五是众筹融资(谢平 等,2014)。

1)对金融互联网化、基于大数据的网络贷款的监管

网络银行、手机银行、网络证券公司、网络保险公司和网络金融交易平台等主要体现互联网对银行、证券公司、保险公司和交易所等物理网点和人工服务的

替代。基于大数据的网络贷款,不管是以银行为载体,还是以小贷公司为载体,主要是改进贷款评估中的信息处理环节。与传统金融中介和市场相比,这些互联网金融机构在金融功能和风险特征上没有本质差异,所以针对传统金融中介和市场的监管框架和措施,互联网金融都适用,但需要加强对信息科技风险的监管。其次,对金融产品的网络销售,监管重点是金融消费者保护。

2)对移动支付与第三方支付的监管

首先,对移动支付和第三方支付,我国已经建立起一定的监管框架,包括《反洗钱法》《电子签名法》和《关于规范商业预付卡管理的意见》等法律法规,以及中国人民银行的《非金融机构支付服务管理办法》《支付机构预付卡业务管理办法》《支付机构客户备付金存管办法》和《银行卡收单业务管理办法》等规章制度。

其次,对以余额宝为代表的"第三方支付+货币市场基金"合作产品,鉴于可能的流动性风险(见前文),应参考美国在本轮国际金融危机后对货币市场基金的监管措施:一是要求这类产品如实向投资者揭示风险,避免投资者形成货币市场基金永不亏损的错误预期,《证券投资基金销售管理办法》对此有明文规定;二是要求这类产品如实披露头寸分布信息(包括证券品种、发行人、交易对手、金额、期限、评级等维度,不一定是每个头寸详细信息)和资金申购、赎回信息;三是要求这类产品满足平均期限、评级和投资集中度等方面的限制条件,确保有充足的流动性储备来应付压力情景下投资者的大额赎回。

3)对 P2P 网络贷款的监管

如果 P2P 网络贷款走纯粹平台模式(既不承担与贷款有关的信用风险,也不进行流动性或期限转换),而且投资者风险足够分散,对 P2P 平台本身不需要引入审慎监管。这方面的代表是美国。以 Lending Club 和 Prosper 为代表的美国 P2P 网络贷款具有以下特点:一是投资人和借款人之间不存在直接债权债务关系,投资人购买的是 P2P 平台按美国证券法注册发行的票据(或收益权凭证),而给借款人的贷款则先由第三方银行提供,再转让给 P2P 平台;二是票据和贷款之间存在镜像关系,借款人每个月对贷款本息偿付多少,P2P 平台就向持有对应票据的投资人支付多少;三是如果借款人对贷款违约,对应票据的持有人不会收到 P2P 平台的支付(即 P2P 平台不对投资人提供担保),但这不构成 P2P 平台自身违约;四是个人征信信息发达,P2P 平台不用开展大量线下尽职调查。在上述情形下,美国 SEC 是 P2P 网络贷款的主要监管者,而且 SEC 监管的重点是信息披露,而非 P2P 平台的运营情况。P2P 平台必须在发行说明书中不断更新每一笔票据的信息,包括对应贷款的条款、借款人的匿名信息等。

我国 P2P 网络贷款与美国同业有显著差异:一是个人征信系统不完善,线上信息不足以满足信用评估需求(饶越,2014),P2P 平台普遍开展线下尽职调查;二是老百姓习惯"刚性兑付",无担保很难吸引投资者,P2P平台普遍划拨部分收入到风险储备池,用于保障投资者本金;三是部分 P2P 平台采用"专业放贷人＋债权转让"模式,目标是更好地联结借款者资金需求和投资者理财需求,主动、批量开展业务,而非被动等待各自匹配,但易演变成"资金池";四是大量开展线下推广活动,金融消费者保护亟待加强。 总的来说,我国 P2P 网络贷款更接近互联网上的民间借贷。目前,我国 P2P 网络贷款无论在机构数量上,还是在促成的贷款金额上,都超过了其他国家,整个行业鱼龙混杂,风险事件频发。我们认为,要以"放开准入,活动留痕,事后追责"理念,加强对 P2P 网络贷款的监管。

第一,准入监管。要对 P2P 平台的经营条件、股东、董监事和管理层设定基本的准入标准。要建立"谁批设机构,谁负责风险处置"的机制。

第二,运营监管。P2P 平台仅从事金融信息服务,在投资者和借款者间建立直接对应借贷关系,不能直接参与借贷活动。P2P 平台若通过风险储备池等方式承担贷款信用风险,须符合与银行资产损失准备金、资本相当的审慎标准(见前文)。P2P 平台必须隔离自有资金与客户资金,了解自己的客户,建立合格投资者制度,不能有虚假宣传或误导陈述。

第三,信息监管。P2P 平台必须完整、真实地保存客户和借贷交易信息,以备事后追责,并且不能利用客户信息从事超出法律许可或未经客户授权的活动。P2P 平台要充分披露信息(包括 P2P 平台的经营信息)和揭示风险,保障客户的知情权和选择权。P2P 平台的股东或员工在自家平台上融资,也要如实披露,防止利益冲突和关联交易。

4)对众筹融资的监管

目前,我国因为证券法对投资人数的限制,众筹融资更接近"预售＋团购",不能服务中小企业的股权融资,但也不会产生很大金融风险。将来,我国如果允许众筹融资以股权形式给予投资者回报,就需要将众筹融资纳入证券监管。

美国 JOBS 法案值得借鉴。其主要包括三方面限制。一是对发行人的限制。如要在 SEC 备案,向投资者和众筹融资平台披露规定信息,且每年通过众筹融资平台募资的总额不超过 100 万美元。二是对众筹融资平台的限制。如必须在 SEC 登记为经纪商或"融资门户",必须在自律监管组织注册;在融资预定目标未能完成时,不得将所筹资金给予发行人(即融资阀值机制)。三是对投资者的限制(即投资者适当性监管)。如果个人投资者年收入或净资产少于 10 万美元,则投资限额为 2000 美元或者年收入或净资产 5％中的高者;如果个人投资者年收入或净资产中某项达到或超过 10 万美元,则投资限额为该年收入或净资产的 10％。

（5）互联网金融的监管协调

目前我国采用银行、证券、保险"分业经营，分业监管"框架，同时金融监管权高度集中在中央政府。但部分互联网金融活动已出现混业特征。如在金融产品的网络销售中，银行理财产品、证券投资产品、基金、保险产品、信托产品完全可以通过同一个网络平台销售。又如，以余额宝为代表的"第三方支付＋货币市场基金"合作产品就同时涉足支付业和证券业，在一定的意义上还涉及广义货币创造。另外，互联网金融机构大量涌现，规模小而分散，业务模式层出不穷，统一的中央金融监管可能鞭长莫及。所以，互联网金融机构的牌照发放、日常监管和风险处置责任，在不同政府部门（主要是"一行三会"和工信部）之间如何分担，在中央与地方政府之间如何分担，是非常复杂的问题。

2013 年 8 月，国务院为进一步加强金融监管协调，保障金融业稳健运行，同意建立由中国人民银行牵头的金融监管协调部际联席会议制度，职责之一就是"交叉性金融产品、跨市场金融创新的协调"。这实际上为互联网金融的监管协调搭建了制度框架。

5.5.6 互联网金融监管思路

目前，在对互联网金融的监管上，我国原则上维持现今的分业经营、分业监管的金融监管体制。对于网络银行、网络理财、第三方支付等，我国监管已经基本到位，并且拒绝承认虚拟货币；而尚未到位的、争议较大的主要是对 P2P 网贷和众筹的监管。迄今为止，针对 P2P、众筹等在内的监管政策尚未出台（陈韬，2014）。

无论是从理论上讲，还是从世界金融发展的实践看，金融活动都必须受到高于其他工商业活动的监管。因此，规范互联网金融，促进其稳健发展，方能有效控制其风险。美国监管机构对网上银行模式监管政策是：萌芽期采用现行银行监管法律法规，提速期明确主要监管机构并要求其他监管机构联动协同监管，稳定期则出台针对性强的法律文件或对传统法律法规进行修订，专门制定并强化消费者权益保护。对第三方支付业务的监管模式是：萌芽期套用现行法律法规进行监管并明确第三方支付机构的法律身份，提速期设置准入门槛和规范业务许可范围。对 P2P 等信用模式监管政策是：萌芽期运用现行法律法规进行有效监管，提速期明确 P2P 等的法律身份，并指定主要监管机构负责、其他机构协调监管以及发布具体的监管限制，稳定期则是强化对消费者权益保护和监管（杨翻、彭迪云，2014）。

因我国对互联网金融监管采用差异化监管方式，田光宁（2014）提出具体差异化监管方式：作为基础设施第三方支付企业，归口在央行监管范围内。银联是央行主导设置的企业，其他第三方企业从人民银行获得支付牌照，央行应对其监管;电商企业与互联网企业做金融业务,必须成立独立从事金融业务的法人机构,如小贷公司,条件成熟的可设立网络银行或民营银行,监管部门只对其金融业务依法监管;对于条件不成熟的企业,如要开展互联网金融服务,建议其与银行机构合作,由银行负责对其监管;以投资公司、咨询公司、第三方理财公司名义开展网络借贷、理财销售等业务的,也必须与银行、证券、信托、保险等正规金融机构签署合作协议,由正规金融各机构负责对其进行合规性约束。

钟会根(2014)提出实施及时全面有效监管策略:一是依法维护金融稳定法定职责,明确中央银行的牵头和主导地位,加大相关知识普及和消费权益维护力度;二是形成监管合力,实施业务全覆盖、过程全监控监管模式,防止消费者信息被盗用或误用,确保互联网金融产品风险得到充分披露,禁止乱集资、吸收公众存款、诈骗、洗钱等非法金融活动。

鉴于互联网金融服务主体和运营风险差异,宜对不同主体实施有针对性的分类监管。

(1)商业银行。商业银行开展的互联网金融业务是传统业务向互联网的延伸,对其监管已形成较成熟体系,其高风险点主要来自网络建设和运营等方面。故对其监管主要是在原有监管体系基础上,强化"触网"业务相关规定和制度建设,要求银行提高网络技术水平,提升互联网金融运营能力,降低业务操作风险,扩大和深入挖掘现有数据,在规范运营前提下提升盈利能力,增强电商和网贷平台的纵向竞争力。同时监管部门也要提升监管技术能力,加大风险防控广度和深度,丰富监管手段,在稳健原则下,充实现有监管体系。

(2)电商机构。电商机构利用成熟互联网运营技术及客户大数据积累、挖掘与分析优势,将金融业务嫁接于互联网,其风险主要来自金融业务相关方面。电商机构是成立小额贷款公司自主授信,或是利用互联网优势与银行合作开展信贷业务,都处于相对完善的监管体系中,其风险点主要来自传统金融业务与互联网是否能无缝对接。鉴于电商机构互联网优势,在提供互联网金融服务时会过度依赖网络数据。但网络虚拟属性并不能完全保证数据准确性和全面性,而传统线下信息调查、采集和征信评估等又非电商强项。故对其应强化金融关联业务监管。针对借贷业务,对拥有小贷公司牌照的机构,应基于原有监管体系扩充对利用互联网开展借贷活动的监管,使其规范运行;对具有第三方支付牌照的电商应重点关注因互联网金融业务扩张带来的支付规模扩大风险;对没有金融监管部门颁发业务牌照的电商应重点强化其与银、证、保合作对接中的风险监管,建立相应的银电合作规范和准入门槛,防止电商机构借助金融资源野蛮发展,对原有金融体系带来巨大的风险隐患。

(3)网络贷款平台开展的P2P融资模式。这是当前监管的真空地带,它不同于前两种主体提供的金融服务,这种"不见面、不审查、无抵押"的快速贷款模式在提高资金使用效率的同时,也让贷款风险高居不下。同时,很多机构游走于灰色地带,对整个互联网金融行业持续健康发展带来巨大风险。因此,对网络贷款平台这种民间创新方式的监管,应重点考虑将其从"三不管"引入到监管体系,从建立和完善相关法律法规、明确监管机构、监管内容、监管手段,建立行业规范、设立监管和自律机制等方面进行全方位风险防控,防止此类机构无序发展引发经济金融和社会风险(中国人民银行开封市中心支行课题组,2013)。

对互联网金融的监管总体上应体现开放、包容和适应性,同时坚持鼓励和规范并重、培育和防险并举,维护良好的竞争秩序、促进公平竞争,构建包括市场自律、司法干预和外部监管在内的三位一体的安全网,维护金融体系稳健运行(龚明华,2014)。

网络开放和虚拟性使传统资本充足率标准及现场监管等难以对互联网金融实施有效监管。故应对创新所衍生出的各类金融业务实施功能性监管,即关注金融产品业务模式及所实现的基本功能,并以此为依据确定相应监管机构和规则;同时强调实施跨产品、机构和市场监管,而非仅限各行业内部的金融风险。管理层应将精力放在如何完善功能监管体制以实现对金融创新产品的有效监管上,为我国金融服务创新发展创造一个适度宽松环境[①]。

(4)互联网货币

目前国家尚未制定互联网货币统一监管的法律法规。

1)明确互联网货币的监管主体。在多种互联网货币形式并存时,需央行、工商、公安、税务、信息等部门密切配合,需明确监管主体,形成监管合力,提高监管效率和效果。

2)明确电子货币发行的主体资格。非银行机构出于追求高额利润的考虑,大量公开或隐蔽发行互联网货币,存在巨大的风险隐患,应在未来的互联网货币监管政策中明确互联网货币发行的主体资格,从源头上做好互联网货币管理。

3)统一消费者权益的保护模式。互联网货币作为法定货币的替代品,但在实际使用中存在限制,可能会增加消费者不必要的使用成本,也难以全面有效保护消费者的合法权益。因此,需要设定相对统一的消费者权益保护模式,规定消费者权益保护的具体要求。

4)明确互联网货币风险监管规范。目前社会上非银行电子货币发行机构很多,电子货币种类亦多,若长期处于法规之外,易产生风险隐患,不利于电子货币的持续发展,也会对国家正常的金融秩序、经济发展、社会稳定带来一定冲击。

---

① 来源:http://www.ceh.com.cn/cjpd/2013/11/272153.shtml。

因此,要明确规定电子货币的可回赎性,严格限制互联网货币机构的投资活动,提高互联网货币机构的风险管理要求。

(5)机构设置方面

1)健全互联网金融风险监管体系。对各类依托网络技术新型金融服务,成立"国家网络金融风险管理委员会",按功能性监管模式,负责推动各类相关管理办法与实施细则的制定与执行;委员会成员单位和其他相关监管部门间应实现信息资源共享,定期通报各自监管情况,促进联动监管,提高监管准确性和时效性。

2)要加强国际网络金融监管合作。积极同有关国际组织、国家金融监管当局建立网络金融监管合作制度,掌握国际最新技术,加强对借用网络平台进行非法避税、洗钱及其他犯罪活动全方位监管,形成对我国乃至全球网络金融健康运行的有力保障;同时对可能出现的国际司法管辖权冲突等,及时与相关国际组织、国家的金融监管当局进行协调。

(6)规章制度建设方面

1)建立互联网金融市场准入制度。可考虑将机构的技术实力作为市场准入条件之一;制定分类标准,对互联网金融各种业务的开展加以限制和许可,实行类别管理;实施灵活有效的市场准入监管,除对资本充足率、流动性等进行检查外,还要对其交易系统的安全性、电子记录的准确和完整性等进行检查。

2)构建安全体系。要求互联网金融机构重点保障网上交易安全,从技术、法律上保证交易过程实现身份真实、信息私密和完整及不可否认性;各机构应建立容灾备份机制,避免业务数据丢失。

3)加大客户保护力度。各机构应强化金融消费者保护意识,完善金融消费者投诉处理机制,积极配合消费者协会做好金融消费者投诉的调查、调解工作。

(7)完善征信体系建设

自2004年至2006年,人民银行组织金融机构建成全国集中统一的企业和个人征信系统。如今的征信系统,已经建设成为世界规模最大、收录人数最多、收集信息全面、覆盖范围和使用广泛的信用信息基础数据库,基本上为国内每一个有信用活动的企业和个人都建立了信用档案。征信系统全面收集企业和个人的信息,其中以银行信贷信息为核心,还包括社保、公积金、环保、欠税、民事裁决与执行等公共信息,接入了商业银行、农村信用社、信托公司、财务公司、汽车金融公司、小额贷款公司等各类放贷机构。征信系统的信息查询端口遍布全国各地的金融机构网点,信用信息服务网络覆盖全国。

需依互联网金融企业的数据信息与央行的征信系统实现对接,在判断借款人的信用水平、还款能力时将会降低不少成本。一是通过信息的对接,一旦借款人违约将会有更多的机构了解到他的信息,这样可以提高借款人的违约成本,从而降低违约率;二是互联网金融公司的借款人多为缺少抵押品的小微企业和个人,这些群体在央行缺乏信用记录,所以在行业内建立一套信用记录体系就有很大的必要。通过将具有不良信用记录和违约的借款人信息放到行业内的信息记录系统,可以使同行业的企业更快速高效地审核借款人信息。

1)实现客户信用信息管理。全面落实央行关于个人征信系统管理的各项规定和要求,保障消费者个人征信系统正常运行和个人信用信息安全。

2)及时更新个人信用信息。确保个人信用信息报送的准确、完整性,实现全国可联网信用查询;规范查询行为,降低交易对象的选择成本,为社会提供全面、快捷的信用服务。

3)完善客户还款提醒服务机制。健全处理客户异议申请的工作流程,畅通处理渠道,提高处理效率;健全负面信息披露制度和守信激励制度,提高公共服务和市场监管水平,形成对失信行为的联合惩戒机制(胡吉祥、吴颖萌,2013)。

(8)构建互联网金融安全体系

1)改进互联网金融运行环境。加大对计算机物理安全措施的投入,增强计算机系统的防攻击、防病毒能力,保证互联网金融正常运行所依赖的硬件环境能安全正常地运转;实现互联网金融门户网站的安全访问,应用身份验证和分级授权等登录方式,限制非法用户登录互联网金融门户网站。

2)加强数据管理。将互联网金融纳入现代金融体系发展规划,制订统一的技术标准规范,增强互联网金融系统内协调性,提高风险监测水平;利用数字证书为互联网金融业务交易主体提供安全基础保障,防范交易过程中不法行为。

3)开发具有自主知识产权的信息技术。大力开发互联网加密、密钥管理及数字签名技术,提高计算机系统关键技术水平和设备的安全防御能力,降低我国互联网金融发展面临的技术选择风险,保护国家金融安全(杨群华,2013)。

(9)人才培养方面

金融院校与研究机构要把握互联网金融发展趋势,加大金融知识的普及力度;同时,有计划地从国际市场上引进专业人才,并加强对现有监管人员的培训,努力建设一支既懂信息技术又熟悉互联网金融运作和风险管理的高素质复合型人才队伍,促进我国互联网金融的健康发展(蔡思隽,2013)。

(10)对P2P、余额宝等监管的建议

1)P2P行业的监管。目前我国P2P网络贷款无论在机构数量上还是在促成贷款金额上,都超其他国家。P2P网络贷款在"中国化"过程中产生很多特有模式、运营机制和风险隐患。对此行业鱼龙混杂局面,监管者表示担忧。2013年12月4日,时任央行副行长的刘士余在支付清算协会互联网金融专业委员会成立大会上指出,互联网金融的发展不能触碰"非法集资"和"非法吸收公众存款"这两条红线,尤其是 P2P 平台不可办资金池。谢平等(2014)认为对 P2P 网络贷款要引入以下监管措施,核心理念是"放开准入、活动留痕、事后追责"。

①准入监管。一是建立基本准入标准。P2P 平台的董事、监事和高管要具备一定的金融知识和从业经验,要通过一定的背景审查(如具有良好的职业道德,无不良记录)。P2P 平台要具备基本经营条件。如在 IT 基础设施方面,要有条件管理和存放客户资料和交易记录,要有能力建立风险管理体系。二是建立"谁批设机构,谁负责风险处置"机制(这也是国务院办公厅 2013 年《关于加强影子银行监管有关问题的通知》的精神之一)。

②运营监管。一是 P2P 平台仅限于从事金融信息服务业务,为投资者和借款者建立直接对应的借贷关系,但 P2P 平台本身不能直接参与借贷活动,不得因技术手段改进而超范围经营。二是若 P2P 平台通过风险储备池等方式承担了贷款的信用风险,就须遵循与银行资产损失准备金、资本相当的监管标准,确保风险储备池有足够的风险吸收能力。其核心目标是使 P2P 平台的业务规模与风险承受能力相适应,保障持续经营能力。三是 P2P 平台须严格隔离自有资金与客户资金,客户资金由第三方账户管理(如与央行核准的第三方支付机构合作),P2P 平台不得以任何方式挪用客户资金。四是 P2P 平台要了解自己的客户,采取有效手段对客户身份进行识别和认证,防止不法分子进行交易欺诈、融资诈骗、违规套现等活动。五是 P2P 平台要建立合格投资者制度,确保投资者有足够的金融知识、风险识别和承受能力。六是 P2P 平台不得进行虚假宣传、误导陈述。

③信息监管(监管重点)。一是 P2P 平台须完整保存客户资料(含申请和信用评估资料)、借贷两端客户匹配信息及客户借贷、还款等交易信息,以备事后追责。二是 P2P 平台不得虚构债权或篡改借贷信息,P2P 平台股东或工作人员若在自己平台上融资,要如实披露信息,防止利益冲突和关联交易。三是 P2P 平台要充分履行风险告知义务,确保投资者和借款者明确自身权利和义务(包括借贷金额、期限、利率、服务费率、还款方式等),保障客户知情权、选择权。四是 P2P 平台要如实披露经营信息,包括公司治理情况(如"三会一层"构成)、平台运营模式(如信用评估方式、借贷双方匹配机制、客户资金管理制度、是否提供担保等)、业务数据(如交易额、累计用户数、平均单笔借贷金额、投资者收益情况、不良贷款指标等),供客户参考。五是 P2P 平台要保障客户信息安全,防止客户信息灭失、损毁和泄露,不利用客户信息从事超出法律许可范围和未经客户授权的活动。

2)对余额宝类产品的监管。对以余额宝为代表的"第三方支付+货币市场基金"合作产品(简称"产品"),鉴于可能的流动性风险,可参考美国在这轮金融危机发生后对货币市场基金的监管措施,要求"产品"如实向投资者揭示风险,避免投资者形成"产品"永不亏损的错误预期;在不损害商业秘密前提下,如实披露头寸分布信息(包括证券品种、发行人、交易对手、期限、评级等维度)和资金申购、赎回信息;满足平均期限、评级和投资集中度等方面的限制,确保有充足的流动性储备来应付压力情境下投资者的大量赎回。

5.6　互联网金融地方政策研究

当前互联网金融的热潮也引来地方政府的关注,在新的金融生态环境下,各地政府已开始谋求新一轮产业布局,加速推进互联网金融产业发展。到2015年初为止,包括北京、深圳、上海、浙江在内的地方政府先后出台了互联网金融政策(如表5.5所示),积极抢占新一轮产业发展高地。而2015年2月出台的《浙江省促进互联网金融持续健康发展暂行办法》则是第一部关于互联网金融的地方性法规。综观已出台的政策,在政策扶持、机制建设、服务支撑、风险防控等方面都做了详细的规划和部署。总体来看,已出台的政策大同小异,但各有侧重,具体表现为以下几大特征。

5.6.1　产业布局上"点""面"各有侧重

在产业布局上,有些城市注重"点"上的部署,如北京和天津,北京选取了石景山区和海淀区进行试点区建设,天津选取了天津开发区进行集聚发展。别的城市则注重"面"上的部署,即在全市范围内进行总体的产业布局和规划,与此同时,个别城市也强调"点"上的重点建设和扶持,如上海市积极支持有条件的区县、园区结合自身产业定位,建设有特色的互联网金融产业基地(园区),并对优秀互联网金融产业基地(园区),市、区县两级政府可给予一定支持。

表 5.5　各地互联网金融政策名称及颁布时间

地区	颁布时间	出台政策/意见征求稿
北京	2013年8月	《石景山区支持互联网金融产业发展办法(试行)》
	2013年10月	《海淀区关于促进互联网金融创新发展的意见》
	2013年12月	《关于支持中关村互联网金融产业发展的若干措施》
天津	2014年2月	《天津开发区推进互联网金融产业发展行动方案(2014—2016)》
深圳	2014年3月	《深圳市关于支持促进互联网金融创新发展的指导意见》
南京	2014年3月	《秦淮区关于促进互联网金融集聚发展的扶持政策》
	2014年7月	《关于加快互联网金融产业发展的实施办法》

续表

地区	颁布时间	出台政策/意见征求稿
广州	2014 年 6 月	《广州市支持互联网金融创新发展试行办法》(征求意见稿)
	2014 年 7 月	《关于促进广州民间金融街互联网金融创新发展的若干意见》
贵阳	2014 年 7 月	《关于支持贵阳市互联网金融产业发展的若干政策措施(试行)》
武汉	2014 年 8 月	《武汉市政府关于支持互联网金融产业发展实施意见》(征求意见稿)
上海	2014 年 8 月	《关于促进上海市互联网金融产业健康发展的若干意见》
	2014 年 9 月	《长宁区关于促进互联网金融产业发展的实施意见》
青岛	2014 年 10 月	《鼓励发展新型业态和商业模式若干政策措施》
成都	2014 年 11 月	《成都高新区推进"三次创业"加快金融业发展的若干意见》
浙江省	2014 年 11 月	《杭州市关于推进互联网金融创新发展的指导意见》
	2015 年 2 月	《浙江省促进互联网金融持续健康发展暂行办法》

资料来源:http://finance.china.com.cn/money/efinance/gcj/20150203/2943217.shtml。

5.6.2　政策扶持上重视资金支持

各地在政策扶持上都突出了资金支持作用,但在支持力度上程度不一。有注重专项资金扶持的,如天津方面就成立额度为 1 亿元的专项资金,北京石景山区的专项资金为 1 年 1 亿元,南京从 2014 年开始三年内每年安排总额不低于1000 万元的专项资金。也有注重奖励补贴的,内容包括落户奖励、金融创新奖励、购(租)房补贴、财税优惠等,如广州、深圳、上海、贵阳等,广州的奖励计划更为详细,其最大亮点在于围绕广州互联网金融企业的设立、租赁办公用房、业务创新、提供融资服务以及人才引入方面等方面具体给出了一系列的奖励补贴,其中,落户奖励最具吸引力。

5.6.3　机制保障上强调政府引导

为健全互联网金融产业健康发展的工作机制,各地政府按照"政府引导"的思路,成立了由市委、市政府主要领导牵头,市金融办负责,其他各部分共同协作的领导工作小组。如上海市建立了互联网金融产业发展联席会议,天津开发区成立了互联网金融产业推动工作组,南京市成立了互联网金融发展工作领导小组,贵阳市也成立了科技金融与互联网金融领导小组。尽管各小组名称各异,但基本职责一致,都是围绕研究制定规划、协调解决问题、落实政策、检查督促等方面展开。

5.6.4　服务支撑上注重整合社会资源

为进一步优化服务,营造良好的互联网金融服务支撑体系,各地积极整合社会资源共同推进。在平台支撑方面,搭建各类平台,促进交流合作。如上海市积极打造具有国际、国内影响力的互联网金融论坛,南京市通过南京联合产权(科技)交易所网络门户建立了互联网金融综合服务平台,天津开发区与国家超算滨海中心合作构建了金融云平台等。在产业支撑方面,注重产业研究创新,如上海鼓励互联网金融企业、持牌金融机构、高等院校等开展互联网金融产业理论、标准、技术和产品等方面的研究,北京海淀区提出加强社会组织创新,鼓励设立互联网金融研究机构。在融资支撑方面,积极引入社会资本注入,如上海市支持社会资本发起设立互联网金融产业投资基金,武汉市拿出财政资金作为引导资金,吸引社会资金注入。

5.6.5　风险防范上自律与他律并重

为强化风险防控,引导互联网金融产业规范发展,各地在风险防控措施上既强调他律也要求自律。在他律方面,主要是加强监管力度,如上海、深圳、贵阳等地提出打击互联网金融违法违规行为,加大对互联网金融的监督管理。在自律方面,通过建立行业自律组织(如行业协会、联盟、信用体系等)加强行业自我约束,如北京、天津、深圳等地支持建立互联网金融产业联盟,上海、南京等地支持互联网金融领域信用体系建设。另外,加强教育宣传也是行业自律的有效手段,如上海、深圳提出要加强互联网金融投资者风险教育。

总之,互联网金融还处在快速发展的轨道上,不同于国家层面的政策,地方层面关于互联网金融的政策主要以产业扶持为主,其主要目的在于推动当地互联网金融产业稳定、健康发展。

5.7　互联网金融发展趋势

5.7.1　从投入产出和技术角度分析

从现有的实践看互联网金融的突破有四个方面:一是互联网金融显著降低

成本,二是互联网金融带来极致的客户体验,三是大数据计算,四是移动互联网。前两个从投入产出角度看,保证商业可持续性;后两个从技术浪潮角度看,保证技术可行性(温信祥、叶晓璐,2014)。但是从市场发展规律来看,未来互联网金融不可能无限扩张;从成本上看,互联网金融不会长期低成本扩张;从市场占有率的发展趋势来看,互联网金融只能占据部分金融市场;从目标客户群体和产品的特点来看,在客户群体方面,由于互联网金融产品具有易于理解、使用简单等特点,对于特定的客户群体具有较强的价值和竞争力,但在特定客户之外,产品的竞争力将受到影响。所以,互联网金融未来发展必然可观,但它不可能完全颠覆传统金融运行模式,也不可能占据全部金融市场(黄旭,2013)。

5.7.2 未来互联网的发展方向

如今互联网金融还只是停留在结构化数据和非结构化数据的阶段,仅仅是由线下到线上的整合,缺乏用户体验。而物联网是互联网的延伸与扩展,且物联网发展的核心是用户体验,它包括互联网以及互联网上的所有资源,兼容互联网所有的应用,并且物联网中所有的元素都是根据用户需求实现物品的个性化和私有化的。借助于物联网在用户体验上的优势,由现在互联网金融以平台为主的模式向物联网金融转变或许是互联网金融的下一个发展阶段。物联网金融实质上是对现在互联网金融的"去线下化",建立一个纯线上模式的金融体系。

潘宝锋(2015)认为未来的互联网金融大数据需要运用到的是"物联网"思维,只有打通线下、线上的各类数据,将寻常的财务数据与各种企业、个人的行为数据相结合,才有可能引发革命性的金融改革。物联网大数据更是解放人力资源的捷径,当所有的企业行为、个人行为都能数据化,那就不再需要人力去进行大量的线下侦查、审核工作,单个债项的风控成本将大大降低,小企业就更容易获得融资。

5.8 总结与展望

5.8.1 高层重视

互联网金融是当今我国经济热点问题,2012年下半年以来,模式各异、种类多样的互联网金融在中国呈"井喷"式发展,中国互联网金融发展的速度和规模远超各方预期,李克强总理在2014年《政府工作报告》中首次提出,促进互联网金融健康发展,完善金融监管协调机制,充分显示了对互联网金融这一新生金融产品的重视。

5.8.2　深度冲击了传统金融业

近几年来,中国互联网金融的迅速发展对传统金融业态和金融运行机制产生了冲击。

(1)加速了金融脱媒。互联网金融在一定程度上加速了金融脱媒的进程,存款,特别是个人存款的流失加剧了商业银行的竞争压力。

(2)推动金融改革。互联网金融在产业和制度层面推动了中国金融改革和发展的步伐。

第一,提升金融效率。从金融产业层面来看,互联网金融加剧了金融行业的竞争与资源整合,推动了金融创新的迅速发展,促使传统金融机构、特别是贯享垄断利益的国有控股商业银行更加重视金融服务的内涵和客户体验,如升级支付服务网络,提供更加多样、细致的金融产品以及更加便捷、高效的服务等等,即促使其向"为实体经济融资和提供优质金融服务"这一金融本质的回归,提升金融效率。在互联网金融模式下,尽管金融的本质并未发生变化,但金融产业链条被拉长,金融产业内部的分工更加精细,金融产品的设计更加多元化,金融服务也更加差异化。

第二,推动利率市场化。从制度层面来看,互联网金融的发展能在客观上推动中国的利率市场化进程,促使此前在金融抑制环境下形成的扭曲的利率水平向均衡的市场利率水平回归,提升金融服务的内涵,强化金融服务的普惠性,倒逼金融体制、特别是金融分业监管体制的改革。从这个意义上说,互联网金融是加速中国金融改革进程的催化剂。

总而言之,一方面,制度性因素和技术性因素共同催生并推动了互联网金融的出现和迅速发展;另一方面,互联网金融的发展不仅进一步加快了技术进步和金融创新的步伐,而且还在相当程度上推动了制度革新。在双方相互作用和影响的过程中,金融业态不断推陈出新,金融运行机制日益多样化,金融市场得以不断扩展和深化;当然,风险控制和金融监管也愈发具有挑战性。

5.8.3　互联网金融的发展面临重要瓶颈

P2P网贷平台风险频现,股权众筹缺乏法律的支持,电商金融创新不断触及传统金融监管的红线,不少第三方支付公司只有牌照没有业务,互联网理财市场被指推高资金成本,等等。

5.8.4 从深入理解和研究中国金融改革的独特视角研究互联网金融

与发达国家相比,中国互联网金融发展的制度环境更加复杂,中国的商业银行此前并未像现在这样经历金融脱媒的冲击,因此缺乏创新意识和市场应变能力,所以不应低估互联网金融的发展对中国金融机构、金融市场以及传统金融业态的冲击。

随着信息技术的迅猛发展,互联网与传统金融的相互渗透大大加快。由此催生出众多的互联网金融创新业务,使传统金融机构与互联网企业之间,以及金融、保险、证券、电商、第三方支付等各个子行业之间的界限越来越模糊,混业经营将成为互联网金融的常态。

展望未来,中国互联网金融的发展仍然存在相当大的变数。尚有众多的理论与现实问题有待国内学术界进行深入的研究和探索。合理借鉴国外的经验以解决中国的问题则应该是一个不变的宗旨和主题。

与迅速发展的互联网金融实践相比,互联网金融的理论研究则进展缓慢,各方对互联网金融的内涵、本质、风险以及对传统金融业态和竞争格局的冲击等诸多问题的分歧远多于共识,国内学术界对互联网金融的研究还不够深入。互联网金融发展缺乏理论指引,造成制度建设滞后,缺乏有效的规制约束,在此背景下,从 P2P 公司上市视阈下对互联网金融理论、实践与政策展开富有特色的深入研究,显得非常重要。

标准仓单案例及未来理论和实践可能的创新之处

6.1 标准仓单案例

浙江涌金控股集团正着手包括 P2P 平台在内的三个既相关独立(每个平台都是独立法人,单独上市),又有联系的平台上市的前期工作。其中不仅拟上市的 P2P 平台与目前已上市或正在上市的 P2P 平台有显著不同,并且三个独立的平台互相配合,既能体现出互联网金融的普惠性,又能较有效解决中小企业的融资难问题,且能较有效控制风险。将对互联网金融实践和理论的创新提供一个较完善的研究案例,很可能孕育出引领全球互联网金融的话语权!

三个平台的运作机理、相互关系简述如下:

设生产桌子的某中小企业 A,其有生产桌子所需要的原材料如木头值 300 万元人民币。现需要 50 万元人民币作为流动资产,桌子的生产周期为一个月。即若能融资到 50 万元人民币,则一个月后就能归还 50 万元人民币及相应的利息 0.42 万元(1 个月约需付:0.42 万=50 万×10%/12,按年 10%综合利率考虑),并获得相应的利润。

平台一:管理中小企业动产的公司。

管理中小企业动产的公司是浙江涌金控股集团,该公司正准备上市。设中小企业 A 从浙江涌金控股集团拿到 50 万元人民币的标准仓单 B(浙江涌金控股集团在解决中小企业融资难中所创新出来的动产抵质押的标准仓单),并将值 300 万元人民币的木头全权委托浙江涌金控股集团监管(说明:1.用互联网手段,实现远程 24 小时实时监控等措施;2.实际上,不影响 A 从木头仓库中领走木头用于生产桌子。因为只要浙江涌金控股集团能控制住仓库中的木头价值不要低于 100 万元即可,标准仓单的面值一般低于 50 万元,保证 200%的风险控制水平)。

平台二:拟上市的 P2P 平台。

平台二的特点:一是风险可控。原先中小企业将动产抵质押后,是从商业银行融资,设融资成本 10%(1% 给浙江涌金控股集团,另 9% 是商业银行的利率及相关费率。说明:在沪深两市已发行的中小企业私募债券中,由于信息不对称,欲发行的中小企业私募债券通常经过第三方担保、不动产抵质押担保和动产抵质押担保等增信方式提高信用,平均融资成本为 12%)。现在中小企业 A 是从浙江涌金控股集团拿到标准仓单后在 P2P 平台上进行融资,出资方是投资人 C(个人、企业、甚至商业银行,此处涉及商业银行如何进入资本市场的相应法律、法规和政策的创新,亦是本课题需要研究的,即子课题三:P2P 公司上市对货币市场的影响研究)。因标准仓单的现货(如生产桌子的木头等)值 300 万元,标准仓单的面值一般低于 50 万元,保证 200% 的风险控制水平(按照浙江涌金控股集团控制住 100 万元木头计)。因为每一张标准仓单下面均有实实在在的动产与其匹配,故投资人的风险可控。在投资人 C 购买标准仓单 B 的一个月后,收回成本 50 万元并可赚取 0.42 万元利息。二是流动性较强。手握标准仓单的投资人 C 既可持有仓单,也可在平台三转让,换回所投款项。

平台三:拟上市的标准仓单交易平台。在市场经济条件下,A 所持有的木头及所生产的桌子的价格会有起伏,若 A 能注重创新,则市场将看好其桌子的未来价格。故此平台又鼓励中小企业创新!

平台三的特点:一是市场自动形成标准仓单的公允价格。平台二的投资者将所购买的标准仓单在平台三上挂牌交易,成交价格由市场自动形成公允价格。二是提取现货或继续持有标准仓单。一个月后,若中小企业 A 所生产的产品如桌子的市场行情看涨,标准仓单 B 的持有者或者完成交易获取本金和利息,或者继续持有 B 以获取利息(可和 A 重新签订合同,补充、修改、完善相关责任和义务等,该合同可在网上续签),或者在平台三上卖出。当然,此二者的实现,需要设计相关的机制。这也是本课题正在研究的。若因各种原因,中小企业 A 运行不善,无法履行合同,则持有标准仓单者 C 可随时在平台一提取现货。三是平台三同时起到现货和期货的市场功能。若标准仓单持续在平台三交易,可达到期货市场的价格发现功能,市场自动形成公允价格;因标准仓单可随时提货,又是一现货市场。这一点与传统的期货市场不同,传统的期货市场一般都有滞后期,如一个月等,只在到期后,才交割实物。

该期货市场与传统期货市场的另一个不同点在于:在某一传统的期货市场中,所交易的品种是单一品种,如或者石油期货,或者棉花期货。一般而言,不可能在一个平台上交易量纲不同的期货品种;若想在一个平台上交易不同量纲的期货,实际上因为它们是互相独立的,只不过人为将其分割而放在同一个平台上交易而已！但此平台三由于交易的是标准仓单，自然允许交易不同量纲的动产（如木头以品名和重量、布匹以品名和尺寸在同一平台上交易等），大大节省了投资交易平台的成本。

　　上述几点不仅将创新现有的期货市场的定义、内涵与外延，而且将加深我国金融市场的深度、加快我国金融市场化进程。图 6.1 是三个独立平台之间的关系。

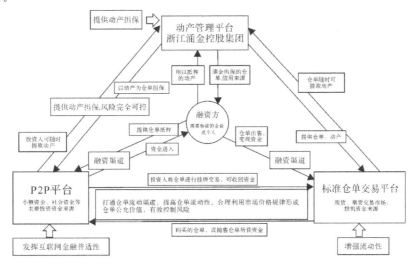

图 6.1　三个独立平台之间的关系

6.2　加快金融的市场化和国际化进程

　　因上述三个平台交易的是标准化金融产品——标准仓单，若交易顺利，将达到如下目的：

6.2.1　加快利率的市场化进程

　　基于标准仓单高密度的交易，将在某地、某一时期，在一个重要的侧面，反映我国互联网金融市场的普惠金融解决中小微企业融资难过程中，资金的基本供求状况和价格水平（利率）信息，将加快利率市场化的进程。

6.2.2　助推人民币国际化

　　若将此平台向国际市场开放，并用人民币定价，将有力地推动、加快人民币国际化进程。

这是因为：欲使人民币最终成为国际货币，我国的国际收支账户必须满足：经常账户逆差，资本与金融账户（简称资本账户）顺差。这里的经常账户逆差是指：用人民币进口国外商品，使人民币流出国境；资本账户顺差是指：人民币从国境外流回中国。从而形成人民币"出"和"进"的循环。而人民币的"进"有多种形式，此处是人民币"进"的一种形式。为什么国境外的人民币要进来？因为利率较高（探讨我国与此相关的法律、法规和政策，也是本课题需要研究的）。

人民币的国际化承载着多少中国人的梦？为了此梦想的实现，我们已在双边货币互换、人民币离岸市场、边境贸易等方面推动人民币国际化。若能成功构建上述机制，将在助推人民币国际化的同时，健康有序地开放我国的资本账户。

6.2.3 扩大我国金融市场的深度

这些标准化的金融产品—标准仓单也可以构成更为复杂的金融产品（如期权、期权期货等）和交易的基本组块，提升我国金融市场的深度。

如何将这些标准化的金融产品—标准仓单指数化、去掉量纲，构成更为复杂的金融产品（如期权、期权期货等）？请参见笔者的论文：Hejie ZHANG，Yi TAO. Constructing Modified-ULC-based RMB Index and Its Derivative Products [J]. Journal of Cambridge Study，Vol. 6 No. 2-3 June-Sep 2011：46—59.

发展标准化的金融产品是一个国家中的某个城市成为国际金融中心的基本职能，也是其作为金融标准与规则制定者的必然需求，是我国占据全球互联网金融第一方阵、推动人民币国际化、掌握互联网金融话语权的重要实践！

6.2.4 中美比较视角下的互联网金融可持续发展的法律、法规和政策路径研究探析

需要指出的是全球首家 P2P 企业美国 Lending Club 成功上市，刺激了我国 P2P 企业的上市热情。陆金所、红岭创投等 P2P 平台纷纷传出欲上市的消息。从监管角度看，美国是将 P2P 借贷平台定性为债券交易商，由 SEC（美国证券交易委员会）监管，故 Lending Club 上市同样由 SEC 监管。

故此项研究是难点的原因：一是无先例可借鉴。在 1999 年引领全球金融业混业经营的 Lending Club 在美国上市、拓宽资本市场投融资疆界、压缩商业银行存贷款的传统疆域时，并未出台调适互联网金融新情况的相应的法律、法规和政策，在世界上无先例可借鉴；二是我国金融业至今仍是分业经营、分业监管。

在我国虽然明确 P2P 机构由银监会监管,银监会也成立了普惠金融部,但因我国规定 P2P 网络借贷平台只需根据《公司登记管理条例》在工商管理部门注册,根据《互联网站管理工作细则》的规定在通信管理部门备案,其设立条件与其他有限责任公司或股份有限公司并无不同。由于将 P2P 机构定性为信息中介,P2P 行业在我国变身出多种模式,内部分类复杂,很难套用一种简单的监管体系,使银监会对 P2P 行业的监管细则迟迟未能出台。这将造成实际上的零门槛、无监管现象,致使在 2014 年出问题的 P2P 网贷平台达 275 家,平均每 6 家平台中有 1 家出问题。2015 年 P2P 网贷平台 1/3 均出问题。2015 年,是 P2P 网贷行业高速发展的一年,也是祸不单行的一年。据网贷之家统计,截至 1 月 20 日,全国累计平台有 3769 家,其中有问题网贷平台达到 1316 家,占比 1/3 还要多。2015 年新增平台不少,达到 1020 家,而新增的问题平台却也达到 600 多家①。

6.2.5　重视互联网金融的法制建设

首先,互联网金融法制建设要重视制度补位和制度创新。

其次,互联网金融发展必需的金融消费者权益保护、社会征信体系构建、信息网络安全维护、金融隐私权保护等基础性法律规范有待制订或完善。

第三,已有的部分互联网金融监管规则,多为宣示性条款,特别是未规定民事法律责任或虽有规定但民事责任畸轻,显然不利于对互联网金融的监管。

第四,加强互联网金融行业自律,规范互联网金融业务模式。

6.2.6　重点探讨互联网金融的监管问题

(1)互联网金融监管的特征

1)分阶段监管;2)注重金融消费者保护;3)强调对系统性风险的监控,包括宏观审慎监管框架的运用。

可以尝试的是,对 P2P 网络借贷包括股权众筹的监管,实行注册制。美国 SEC 要求 P2P 有 400 万美元的注册资金,这虽然有效防范了一些低资质参与者加入,但也导致大量小型 P2P 平台倒闭,形成了美国 P2P 行业目前几乎被两家公司垄断的市场格局。高门槛的注册制可能不太符合我国 P2P 行业的实情。英国式的"自由发展、适当规范"又如何呢? 英国金融行为监管局(FCA)发布了《关于网络众筹和通过其他方式发行不易变现证券的监管规则》(简称《监管规

---

① 来源:http://www.wdzj.com/zhuanlan/guancha/17-1570-1.html。

则》),把需要纳入监管的众筹分为两类:网络借贷型众筹和股权投资型众筹,并制定了不同的监管标准,从事以上两类业务的公司需要取得 FCA 的授权。《监管规则》根据静态最低资本和动态最低资本的最高者确定最低资本金。其中,静态最低资本在 2017 年 4 月 1 日前为 2 万英镑,在 2017 年 4 月 1 日后为 5 万英镑;动态最低资本基于平台的借贷总资金采用阶梯形计算法来确定。

P2P 行业监管效仿美英市场的注册制需设定适度门槛,注册详尽。申请者须到全国性金融监管部门注册,不是简单地在地方工商部门登记,也不是过于严格的发放牌照式的核准制监管。注册制虽然不对申请公司实行实质审查和价值判断,但并非不审核,仍然需要企业将各种资料完整、真实、准确地向主管部门申报并申请注册,对注册企业是有门槛要求和准入标准的。

(2)信息披露是注册制的灵魂和核心

及时公开的信息披露,能让网络借贷平台透明化,可及时预防问题平台的产生,也能促使 P2P 网贷平台走向规范。

(3)监管思路

首先,立足于功能监管。优势一:与目前中国金融业的分业经营、分业监管现状不矛盾;优势二:从功能监管入手,符合全球金融业混合经营、综合监管的趋势。

其次,不放弃机构监管。机构监管隐含的前提是,同类机构从事类似业务、产生类似风险,因此可使用类似的监管。

第三,趋势是综合监管。互联网金融实际上所进行的是混业经营活动。在这种情况下,就需依互联网金融机构具体的业务、风险,从功能监管制定监管措施,同时加强监管协调,为最后过渡到综合监管奠定基础。

第四,互联网金融监管的特征。其具体包括:分阶段监管;注重金融消费者保护;强调对系统性风险的监控,包括宏观审慎监管框架的运用。

第三篇

人民币国际化的法律问题研究探析

选题简介

7.1 研究背景及意义

7.1.1 研究背景

经济全球化是当今时代的潮流,与经济全球化紧密相伴的是货币国际化问题。一国的强大竞争力不仅在于强大的国民财富和国防力量,而且还需要较高的货币金融地位,而货币国际化正是对此的有力支持。随着中国经济实力的增强和对外贸易的快速发展,贸易大国的地位逐渐被确立。

从国际法层面上来说,经过一系列历史演变,形成了目前以国际货币基金组织(IMF)为支柱运行的国际货币法律制度——牙买加体系,而世界贸易组织(WTO)对国际货币法律制度的影响主要体现在世贸组织协定的基本原则以及其服务贸易总协定中的金融服务法律制度中,其基本原则和成员国做出的法律承诺必然会影响到相应成员国的经常项目和资本项目,进而影响到该国以国际收支状况和汇率走势变化为表征的金融政策与立法,而近年来不断深化的区域合作也为人民币走出国门提供了良好的途径并产生了积极的效果,人民币国际化也离不开国内金融监管、外汇管理机制等法制的支持和保障。

由金融危机、次贷危机的反面教训和巨大风险表明,加强人民币国际化的系统的立法规制,具有必要性、重要性和紧迫性。

7.1.2 研究意义

现有的研究从金融、贸易、经济、政治等角度对人民币国际化进行了分析研究,但从法律特别是在国际和国内立法相结合的视角,进行金融制度设计和立法制度供给的交叉学科分析的研究成果鲜见,在很大程度上制约着人民币国际化的政策制定与立法进程。

　　本选题对在法制保障下加速人民币国际化,并防范控制潜在的风险具有重大的理论和现实意义。

8

学术史梳理和文献综述

文献综述从货币国际化、人民币国际化的相关国际法法律制度（IMF、WTO、区域货币法律制度）和国内法律制度等方面进行梳理。

8.1　货币国际化

8.1.1　货币国际化的含义及条件

（1）货币国际化的含义

货币国际化是一个动态的过程，是指一国货币在本国政策允许的前提下，跨越国界在世界范围内流通、交易和兑换，并成为国际社会普遍接受和认可的计价、结算及储备的国际货币的过程（范祚军、唐文琳，2012）。

在 IMF 协定第 30 条（第 f 款）中，国际货币被定义为：①"国际往来支付中被广泛使用的"；②"在主要外汇市场上被广泛使用的"货币。

判断一国货币是否为国际货币，一般有以下几个标准：①该国货币在国际交易支付中所占的比重；②该国货币是否发挥国际清算货币的作用；③该国货币在国际投资中所占的比重；④该国货币是否发挥国际储备资产的职能；⑤该国货币在国际借贷活动中所占的比重；⑥该国货币是否具有国际干预货币的作用；⑦该国货币是否在世界范围内发挥价值尺度的机能。按照 IMF 的标准，2003 年年底，180 多个 IMF 成员中，可兑换货币有 150 种，其中自由兑换货币一般认为有数十种；而国际货币则更少。对于哪些货币是国际货币，理论界尚未达成共识，但至少有两个定量指标可以用于判别是否为国际货币：一是 IMF 文献所列出的各国外汇储备中该货币占 1% 以上的，1999 年以后有美元、欧元、日元和英镑；第二是主要外汇交易货币占全球交易额 4% 以上,即美元(45.2%)、欧元(18.8%)、日元(11.4%)、英镑(6.6%)(海默,2004)。

(2)国际货币的本质

国际货币的本质是一国的货币可自由兑换且在国际交往中作为媒介被普遍认可(樊蕾,2011)。

(3)货币国际化的条件

货币国际化是货币领域中重要且复杂的过程,它不仅对货币发行国对政局的控制力度有一定的要求,还需要相应的经济实力,且在国际贸易市场上占有较大的份额,同时对汇率、金融市场等也有相应的要求。因此,只有少数几种货币能够实行国际货币的职能。

货币国际化的条件主要有以下几点:一是国家政治强大且稳定,一国强大的政治地位是对国内外居民持有该国货币的重要保障,经济稳定是政治稳定的基础,有效政治执行力对于一国经济发展和货币国际化起到有力地推动作用;二是货币币值稳定,币值稳定能使货币持有者对该货币产生预期信心,同时也是该国货币公信力的保证,货币发行国稳定和连续的货币政策是一国货币稳定的基础,稳定的国家政策有利于宏观经济的协调和国家间的合作;三是金融市场的成熟度,成熟的金融市场能使货币充分发挥其功能,完善的金融体制更是货币国际化强有力的制度保障。高效、高质量的金融市场能提供成本低廉、流动性强的金融工具,同时还可扩大货币的使用范围;四是国家的经济实力,国家的经济实力与国际贸易地位和金融市场的成熟程度密切相关,因此一个国家的经济实力会极大地影响该国货币在国际市场上的使用;五是国际贸易地位,一国货币在国际贸易份额的比重越高,其承担国际货币的职能的可能性就越高,一国货币国际化必须经过本国货币走向国际,货币对外输出阶段很大程度是经由国际贸易完成的;六是历史惯性,一国的货币如果在国际货币中已占据一定的地位,就会在国际货币体系形成一种惯性,其他货币就会对其产生一定的依赖性,因此,挑战现有的国际货币并取而代之是一个复杂且困难的过程(罗婷婷,2012)。

8.1.2　人民币国际化的动因、发展现状及影响

(1)人民币国际化的含义

人民币国际化是指人民币能够跨越国界,在境外流通,成为国际上普遍认可的计价、结算、储备货币及市场干预工具的经济过程(殷成宝,2009)。

人民币国际化的三个要求:人民币在境外的流通程度达到了一定水准;在以人民币计价的金融市场不断完善的基础上,国内外的各级金融机构把这类以人民币计价的金融产品作为其主要投资对象之一;在国际贸易中以人民币结算的

交易达到一定比重(李稻葵、刘霖林,2008)。

(2)人民币国际化的动因

中国的经济实力不断增强,这为推动人民币国际化奠定了基础;人民币在周边国家和地区流通的急剧增加,必然会推动人民币国际化的进程;中国对外经济发展战略的调整,将增加境外对人民币的需求,是人民币获得更多国际金融市场份额的契机(王思程,2008;王元龙,2009)。

人民币国际化所需的条件正随着中国经济的发展而不断成熟,具体体现在:中国经济实力快速增长,已成为世界第二大经济体;人民币币值稳定,在2007年年底金融危机形势严峻的态势下,在抵御金融危机、促进亚洲乃至全球经济的复苏方面做出了巨大的贡献;人民币已开始在国际化道路上探索;我国金融体系不断完善,金融市场逐步走向成熟(罗婷婷,2012)。

人民币国际化是我国经济崛起的重要条件,当前的中国仍面临许多问题,如贫富差距过大、可持续发展战略问题等,这些问题的解决需依靠进一步的经济发展,需要人民币国际化战略作为其强大的推动力(刘永恒、李淼,2013)。

人民币国际化的实质与目标,就是在全球经济一体化的过程中,基于中国本身的综合国力和软实力,将人民币作为国际货币进行流通,并通过监管保障其支付能力和影响地位。

(3)人民币国际化的现状

改革开放以来,我国经济实力大幅提升,对外贸易快速增长,已成为世界第一大出口国。人民币在我国与相邻国家、地区间作为交易媒介已发展成熟。在与越南、缅甸等国的贸易中,人民币被作为硬通货使用。在老挝,人民币甚至可完全替代本币进行流通。在朝鲜,许多商品与服务都以人民币结算,同时人民币也是当地的硬通货之一。中俄两国《关于边境地区银行间贸易结算协议》的实施,使得在俄罗斯的边境线上,人民币被广泛地用于贸易结算(李瑾、刘朝圆,2013)。

2007年年底的全球金融危机,暴露了国际货币体系的弊端,国际货币汇率的剧烈波动极大地影响了我国的对外贸易,给出口企业带来了巨大的打击。在这一背景下,中国政府首次以官方名义提出"人民币国际化"。2008年7月10日,国务院批准央行设立汇率司,"根据人民币国际化的进程发展人民币离岸市场"是其主要职能之一,从而人民币国际化进入了实质性的发展阶段。当前人民币国际化的发展主要表现在离岸人民币市场的发展、跨境直接投资人民币结算和跨境贸易人民币结算等方面(张淑怡,2012)。

从我国政府出台的政策看,人民币国际化尚处于结算的初级阶段(李瑾、刘朝圆,2013)。如2009年公布的《跨境贸易人民币结算试点管理办法》,批准了上海、珠海、广州、东莞和深圳五个城市作为国内跨境贸易人民币结算试点,境外试点范围包括我国香港地区、澳门地区和东盟十国。2010 年 6 月,国家进一步将试点的范围扩至 20 个省、自治区、直辖市,境外试点则由我国港澳地区、东盟扩至全球。试点的业务也由原来的货物贸易结算拓展到贸易和其他经常项目的结算。2011 年 8 月 24 日,中国人民银行发布《关于扩大跨境贸易人民币结算地区的通知》,宣布将跨境人民币结算地区范围扩大至全国,并将吉林省、黑龙江省、西藏自治区、新疆维吾尔自治区的企业开展出口货物贸易人民币结算的境外地域范围,从毗邻国家扩展到境外所有国家和地区(向雅萍,2013)。2012 年 7 月深圳前海实行人民币跨境双向贷款。2012 年跨境人民币结算完全放开。2013 年 2 月,台湾地区全面启动跨境人民币结算业务;2013 年 2 月 6 日,中行台北分行正式开始受理跨境人民币汇款及兑换平盘等相关清算业务。至此,两岸企业和个人实现人民币直通。

(4)人民币国际化的影响

1)积极影响。一是能使我国获得巨大的铸币税,能在外汇储备不大量流失的情况下保持甚至扩大国际收支逆差额。二是能促进我国金融业的发展,扩大我国金融部门的服务、贷款、投资等方面的收入。三是能推动经纪业的发展,使我国的经纪业有稳定的国际记账单位与可接受的国际金融中介来支撑。四是有利于我国海外直接投资的扩大,提高我国的投资地位,从而推动跨国公司业务的发展。五是有利于提升我国的外部影响力和在世界贸易中的地位。实现人民币国际化,可以使中国拥有国际货币的发行和调节权,进而人民币能够在国际货币体系中有更多的"话语权"。与此同时,使用人民币的国家和地区会在一定程度上形成对中国的依赖,从而中国的经济政策变化会对这些国家产生一定程度的影响(崔光庆、惠峰,1997;吴荣龙,2010;曾文革、樊蕾,2011)。六是防范和降低我国的汇率风险。人民币国际化后,人民币在国际金融市场上被广泛地接受,我国企业、投资者、居民在国际经济交易中能够使用人民币计价和结算,从而在对外投资与贸易中所面临的汇率波动风险与货币交易成本就会随之降低,这种双重收益能极大地促进我国对外经济的发展(王思程,2008)。

2)消极影响。一是增加货币政策的调整难度。人民币国际化后,境内外资金实现自由流通,致使我国货币政策的部分效果被资金自由进出所抵消,只能部分作用于国内经济。二是汇率波动加大。人民币国际化的进程会使资本项目逐步开放,从而资本可以在我国境内外自由流动。一旦国内外市场均衡机制发生改变,会出现资本大规模流入或流出的情况,将加剧人民币汇率的波动,从而对我国的经济安全造成强烈的冲击。三是货币替代风险。货币替代是经济发展过程中,强势货币驱逐劣势货币的现象。在完全实现国际化后人民币将要面临货币替代风险,发生货币替代时,会导致货币持有者对该货币的信心急剧降低,大量资金外逃从而使货币发行国正常的金融经济秩序被扰乱(宋凡,2012)。四是增加我国金融监管的难度。一方面,对境外人民币现金需求和流通的监测会更加困难,从而大大增加央行对人民币现金管理的压力;另一方面,非法资金流动会伴随着人民币跨境流动而出现,增加反洗钱反假币的难度,同时还会影响国内金融市场的稳定(王思程,2008)。只有全面考虑各种因素,妥善解决不利影响与风险,才能使人民币国际化早日实现。

8.2　人民币国际化的相关国际法法律制度

人民币国际化的法律渊源,是一个具有横跨国际法与国内法的复杂领域,可将其构成进行如下划分:第一,在国际金融基础法律制度中,国际金融多边公约是其主要表现形式,这些尽管并不直接对人民币国际化给出特定调整,但是却对于各个国家或地区或经济体的货币流通进行法律调整;第二,国际金融区域法律制度,即在一定的经济贸易地区性组织中,就人民币国际化在多边、双边谈判基础上确立的具体在特定的空间效力范围适用的金融货币协议、条约或协定;第三,作为主权国家,中国对人民币国际化运用进行的立法规定。

目前,我国已经是 IMF 和 WTO 的成员,遵守 IMF 和 WTO 的宗旨和签订的条约是中国作为成员方的国际法义务,这一义务深刻地影响到了我国有关贸易、金融、货币等国内法体系。因此,研究人民币国际化必然要对 IMF 和 WTO 相关法律制度进行了解和分析,使国内法的立法步伐跟上国际法律制度的要求。

区域内的多、双边条约是一国国内法重要的法律渊源。人民币在国际化的道路上刚刚起步,其发挥国际货币职能更多地体现在和周边国家的贸易交往和金融合作中。中国和周边国家及部分区域在相互交往中所产生的巨大的经济效益不断推动着货币合作法律机制的建立,货币合作法律机制的不断完善反过来又推动着贸易便利化和自由化,进而促进了区域内货币制度的不断完善和经济交往的良性循环。

正是在全球化和区域化不断加深的大背景下,我国货币金融政策不断开放,这个趋势愈加明显地体现在国内货币金融立法中。国内的与货币金融相关的规范性文件为人民币走向国际化提供了基本的法律保障和良好的制度环境。

8.2.1　IMF 关于国际货币法律制度的构建与分析

IMF 及其《国际货币基金协定》(简称《基金协定》)是国际货币体系的基石,其货币法律制度的规定是货币国际化法律框架构建的灯塔,人民币的国际化进程和国际经济的发展要求应统一于《基金协定》的法律标准。国际货币法律制度是指各国政府为适应国际贸易和国际支付的要求建立的与货币在国际范围内发挥的国际货币职能相适应的原则、措施和组织形式。

(1)货币自由汇兑

货币自由兑换是货币国际化的前提。《基金协定》第 8 条第 2 节规定了会员应避免限制经常性支付的义务。但在国内法与《基金协定》相关规定冲突时,国内法无效。国家间的外汇管理合作,皆应符合协定规定。第 3 节规定了会员不得操纵汇率。第四节规定了会员对其他会员所持有的本国货币结存的购回义务,这种义务以申请为前提,且申请国有说明义务。因此,会员对外商投资企业外方及非居民个人将投资所获利润、红利及利息兑换成外汇或者进行转移都不应当进行限制。

会员可以采用《基金协定》第 14 条的过渡性安排,保留一些汇兑限制。但会员应随时调整外汇政策,促进支付便利。这充分说明了 IMF 不期望会员采用第 14 条汇兑安排的态度。

(2)汇率制度安排

牙买加体系是一个以浮动汇率占主导地位的国际汇率制度。这是因为主要经济发达国家都实行浮动汇率制,这些国家占世界经济的总量 2/3,他们的经济脉搏影响着世界的经济脉搏,全球以实行浮动汇率制的货币进行贸易的达到贸易总量的 4/5。而实行钉住汇率制的国家大都与某个主要发达国家的货币或者几个主要发达国家组成的一篮子货币挂钩,实行钉住汇率的国家会随着他们所钉住的货币一起浮动,受到主要国家经济波动的影响。

《基金协定》赋予了会员在汇率政策和汇率种类上极大的自由权的同时,规定各会员货币政策也应当符合 IMF 的宗旨。会员应承担与基金磋商的义务,以避免汇率操纵或取得对其他国家的不公平竞争优势或妨碍国际收支的调整。IMF 首先力图保证汇率的相对稳定,以保证世界经济持续稳定增长;其次,避免货币大国通过利用外汇转嫁经济危机;再次,维持稳定的国际汇率秩序,避免竞争性外汇贬值。

(3)国际收支平衡制度

IMF 关于规范国际收支平衡的规定主要表现在普通提款权、备用安排和借款总安排制度几个方面。IMF 把提供普通资金贷款作为主要职能之一,通过普通提款权制度平衡国际收支,进一步与促进国际货币合作、促进汇率的稳定、促进国际贸易平衡发展以及协助会员国建立多边支付体系等宗旨相适应。IMF通过普通提款权的设置对会员国提供贷款,会员国贷款时行使提款权或特别提款权购买外汇,还款时用外汇或特别提款权购回本国货币。《基金协定》第30条(b)规定了备用安排制度。"备用安排"是指基金的一种决定,保证会员国可按此决定的条件在规定期限内从普通资金账户中购买到规定数额的货币。备用安排制度因其保障性和灵活性的特点为成员国改进本国投资环境提供了理想的措施。借款总安排则是基金组织与贷款国的长期安排,为成员国长期借款和成员国出售本国货币提供法律依据。

(4)国际货币储备制度

国际储备是指一国在对外收支发生逆差时,金融当局可直接利用或有保证地通过其他资产兑换,以弥补国际收支逆差和保持汇率稳定的一切普遍接受的资产。国际储备主要包括黄金储备、外汇储备、在基金组织的储备头寸和特别提款权余额。这里主要对特别提款权进行说明。

特别提款权是以IMF为中心,利用国际金融合作的方式,共同创立的新的国际储备资产、新的记账单位(杨松,2002)。《基金协定》第19条第1节确定了特别提款权的适用范围。特别提款权的业务和交易目的围绕国际收支与国际储备展开,体现在《基金协定》第19条第2、3节中。特别提款权体现了以下法律特征:首先它是可兑换的自由货币,是单纯依靠基金组织信用而流通的信用货币资产,为弥补国际储备资产不足而存在;其次,兑换率由基金特别多数票批准确定;再次,其发行数量由基金理事会决定。特别提款权创立伊始,只是作为国际货币储备资产的补充,随着美元主导地位的衰落,主权货币的缺陷日益暴露,特别提款权作为超主权货币成为国际货币的呼声越来越高。

(5)IMF改革与人民币国际化

牙买加体系关于制度安排的灵活性和适应性比布雷顿森林体系有了较大改进,但牙买加体系并不是自发进行的体制改革,而是在布雷顿森林体系已经无法维持的情势下对已崩溃的平价制度的放弃和对浮动汇率机制的承认。它给予了各国自己决定履行义务和承担责任的自由度,没有指定强制性的制裁机制。这样既无本位货币又无适度增长的约束,使得具有国际货币主导地位的美元无节制地印钞,以应对对外支付和满足国内消费,而不需承担相关责任,其他国家通过贸易持有大量美元并用于购买金融资产,形成了以实物易资本的循环。金融危机使得各国经济蒙受巨大损失,要求IMF改革的呼声越来越高。当前货币体制暴露出来的不合理性和矛盾为IMF改革提供了契机。针对IMF改革的声音主要集中在投票权改革、IMF治理机制改革、增加资本基础、国际收支协调、防范金融危机等方面。

在 IMF 改革中,我们应该有战略眼光,看到改革对人民币国际化产生的作用,以争取更多的话语权,防范因此产生的金融风险。

1)IMF 关于"自由使用货币"的规定。货币自由兑换是货币国际化的先决条件,并不意味着该货币已经实现国际化。货币自由兑换仅仅是一国货币成为国际货币、行使国际货币职能的首要步骤,《基金协定》并没有对什么是国际货币给出定义,而是使用了"自由使用货币"这一概念,这一标准太过笼统,且只是对"可自由使用的货币"进行定义,而不是对国际货币的定义。一般认为,对于该货币是否属于"可自由使用"的货币体现在该货币在国际支付中的比重、在国际投资中的比重、是否在国际经济交往中发挥着价值尺度的作用、占国际储备货币的比例等因素上。

2)IMF 份额增加与人民币国际化。在 IMF,份额是成员国在全球经济中所占地位的一种体现,作为 IMF 最主要的资金来源,它决定了成员国在 IMF 中投票权的比例,决定了会员国可获 IMF 贷款的最高额度,决定了会员国获得特别提款权的数量。2010 年在首尔召开的 G20 首脑峰会上,各国达成了对 IMF 份额改革的方案,这一方案将中国在 IMF 的份额从 3.72% 提高到 6.39%,投票权从 3.65% 提高到 6.07%。中国在 IMF 所占份额上升到第三位。本次 IMF 份额改革是 IMF 改革的重要举措,是针对新兴经济体以及发展中国家经济实力的增强做出的反应,符合经济发展趋势和公平这一国际法原则的要求。这次份额改革赋予了新兴经济体尤其是中国更多的话语权,使他们在国际金融领域开始发挥与其相适应的作用。IMF 份额改革对中国的影响巨大,作为最大的发展中国家,中国在 IMF 中的份额被严重低估,这次份额改革是对中国经济发展的承认,也是对中国大国地位的承认。份额和投票权的大幅提升既为中国带来了发展机遇,也意味着中国将在国际金融舞台中承担更多责任和义务。首先,份额改革增强了中国的国际影响力,中国应当以此为契机,进一步推动 IMF 改革,积极参与到其改革进程中去,争取更多的权益和话语权;应当利用这一机遇加快自身的发展,扩大中国在国际上的影响力;应当逐步进行由贸易国向金融国的转变,与发达国家展开竞争和合作。其次,份额改革使中国需要承担更多的国际责任,未来如何在 IMF 实现权责匹配,表现出全球治理能力,如何与美国、欧盟、日本等主要国家和地区进行协调和合作,如何进一步推动 IMF 改革,都是份额调整后中国在 IMF 所要面临和妥善解决的问题。

8.2.2 WTO 相关金融立法与人民币国际化

WTO 对国际货币制度的影响主要体现在世贸组织协定的基本原则及其服

务贸易总协定中的金融服务法律制度中。任何一个加入WTO的成员方须向国际社会做出承诺:较大限度放宽市场准入标准、大幅度降低本方关税水平,这是WTO的基本要求。履行此义务必然会影响到相应成员方的经常项目和资本项目,进而影响到该成员以国际收支状况和汇率走势变化为表征的货币政策与立法。

（1）对国际收支的影响

商品进出口、非贸易收支和资本流入流出是影响国际收支平衡的三个因素。对商品进出口来说,加入WTO的成员方可获得无条件的最惠国待遇,有利于扩大出口;关税下降,进口贸易上升;GATS(服务贸易总协定)使成员方在服务贸易领域将逐步取消对外国企业的限制,随着关税下降,非关税壁垒的减少或取消,进口贸易将会上升;外商市场份额的增加,其利润汇出将逐步增大,非贸易收支形势不容乐观,服务贸易外汇支出绝对增长,有可能导致经常项目逆差。WTO国民待遇原则的实施,对资本项目会产生影响,大中型跨国公司的长期资本跨国流动将进一步增加,资本流入的成员方外债规模也会扩大,而短期资本可能在诸多因素如利率下降的影响下出现净流出。

（2）对资本项目外汇管理的影响

资本项目的自由化,是一个国家市场经济发展成熟乃至繁荣的必要阶段,目前,主要的发达经济国家都采取了公开项目资本的举措。资本的自由流动促进了货币储备的全球分配,扩大了发达国家与发展中国家的融资贸易和投资,促进了多边贸易体制的发展。WTO《金融服务协议》的达成,对各成员方资本市场的开放提出了明确的法律要求(杨松,2002)。一方面,成员方可完全进入一国银行零售业,这使得成员方本国货币坚持在资本项目下不可自由兑换变得不现实;另一方面,即使发展中成员方可以引用各种例外条款推迟资本项目自由兑换的过程,在全方位开放银行零售业后,监管资本项目资金流动的成本会大大提高,监管难度增大。因此,在WTO法律框架要求下,成员方货币实现资本自由兑换必将成为现实。

（3）对国际汇率制度的影响

对于美元、欧元、日元等国际货币来说,国际货币之间可自由兑换主要是凭借各国之间经济实力和开放程度实现的。国际货币与非国际货币的兑换,由于国际货币具备国际储备的功能,与非国际货币之间存在的汇率风险非常小。而作为非国际货币国家,货币兑换如果实现完全自由化,则汇率风险就比较大。对这两类国家而言,目前的国际金融活动和货币金融体制基本上是控制与被控制的问题。他们参与货币汇兑和金融开放的风险是不同的,非国际货币国家经济易受国际货币国家的影响和控制,因此在对待货币汇兑和金融开放问题上,不应当采取一刀切的态度,而是应当以保证货币稳定和本国物价稳定为首要目标,保持资本项目和经常项目的顺差,持有适度的外汇储备,以克服汇率风险,防止国际货币国家转嫁金融危机,保持汇率稳定。

(4)WTO与人民币国际化

WTO对人民币国际化的影响主要体现在对资本项目可兑换的影响和对人民币汇率制度的管辖争议上。在对资本项目可兑换的问题上,IMF 和 WTO 并不强制其成员方实行资本项目可兑换,目前绝大部分 WTO 的发展中国家或地区成员的资本项目仍是不完全开放的。我国在入世谈判中也没有做出人民币资本项目可兑换的承诺。但是,推进人民币资本项目可兑换乃至最终实现人民币完全可兑换是我国的长远目标,入世客观上也会加快这一进程。随着入世后我国贸易自由化的不断推进尤其是服务业的开放,银行业、证券业、保险业等金融行业的开放,国际资本流动快速增加,会对资本项目开放有着更为迫切的需求。我国在履行入世承诺后,多数实体经济领域的开放也会促使资本管制逐渐放开,尤其是外资银行业务范围的扩大、经营规模的扩张将会给中国的资本项目外汇管理带来很大压力。事实上,入世以来,随着入世承诺的履行,我国资本项目开放的环境正在加速发生变化,资本流入大量增加、资本项目持续顺差并超过经常项目成为国际收支顺差的主要组成部分,外汇储备规模已居世界第一,且上升势头依然未减,银行业、金融业不断开放等等。这些变化将推动我国资本项目的进一步开放。从目前我国外汇管理当局不断出台的鼓励资本流出措施来看,我国资本项目开放有加速的趋势。在人民币汇率制度的问题上,自入世以来,人民币汇率问题就成为中美经贸关系乃至国际社会的热点问题。2005 年中国汇改之后该问题热度稍有平息,2007 年下半年以来,要求人民币升值的国际压力明显增大。金融危机后,美国对人民币汇率多有指责,尤其是美国利用在 IMF 中的货币主导权地位推动 IMF 执行董事会于 2007 年 6 月通过《对成员方双边政策监督的决定》,从而在国际范围内形成对人民币汇率施压的态势,从而使人民币汇率问题在国际范围内形成了来自经济、政治、法律各个层面的压力。关于对人民币汇率形成机制的指责在法律层面主要存在两个主线:一是指责中国"操纵"人民币汇率,违反了《基金协定》有关规定;二是指责中国通过维持低估的人民币汇价为中国产品提供了 WTO 所禁止的补贴,从而违反了《补贴与反补贴措施协定》。

国内相关学者认为其他 WTO 成员方可以依据 GATT1994 第 15 条第 4 款的规定在 WTO 框架下起诉人民币汇率机制。GATT1994 第 15 条第 4 款规定"缔约方不得通过外汇行动而使本协定的意图无效,也不得通过贸易行动而使《基金协定》各项条款的意图无效"。针对此条款,对人民币汇率的起诉可以有两条主张。一是人民币汇率机制是通过外汇措施使得 WTO 有关条款无效,从而使人民币汇率形成机制是通过贸易措施使得《基金协定》有关条款的意图无效。通过该条款可以看出,该条规定非常原则和抽象。根据 GATT 下对第 15 条第 4 款的附加解释,"使……无效"旨在表明,任何侵犯本协定的任何条款文字的外汇行动,如在实际中不存在明显偏离该条款的意图,则不应当被视为违反该条款。据此,在援引第 15 条第 4 款进行主张时,应当具体指出 GATT 哪个条款的意图被违反了。这样一来,诉讼的难度就增加了。

WTO 的宗旨是促进贸易自由化,认为因中国的汇率给美国造成了巨大的贸易逆差,从而违反了 WTO 的意图的说法是站不住脚的。即使这种贸易逆差是与人民币汇率形成机制有关,但我们似乎无法将一个国家的贸易逆差与违反贸易自由化原则直接画上等号。相反,不承认贸易逆差客观原因的这种思路,倒很可能体现了与 WTO 原则相违背的重商主义倾向(贺小勇、管荣,2010)。因此,人民币汇率制度和 WTO 协定的原则无效之间是否有因果关系是很难证明的。

对于是否能将汇率制度认为是贸易措施,进而认为这种贸易措施违反了 IMF 协定的意图,从业务上看,主管国际贸易事务的 WTO 与主管国际货币事务的 IMF 发生关系的基础,在于外汇措施与贸易措施具有交叉重叠的效果,即贸易的目的可以通过外汇的手段来达到,而外汇的目的也可以通过贸易的手段来达到。但 GATT 国际收支平衡例外,而涉及的外汇措施的问题,还是在有关外汇措施是否与 IMF 条款一致的问题上,GATT 第 15 条仅涉及 IMF 与 WTO 在国际支付和转移方面的分工与合作,而不涉及汇率问题(韩龙,2007)。

8.2.3 区域货币法律制度

人民币国际化由于诸多条件限制并没有在世界范围内广泛开展起来,但从人民币在周边国家的流通状况来看,人民币在东亚地区已成为重要的货币之一。亚洲金融危机后,东亚国家吸取教训,开始进行制度化的货币合作。因此,人民币国际化的区域合作形式基本在东亚地区展开,与其他国家的货币合作相对来说比较松散,缺乏制度性。因此,在研究人民币积极参与区域合作的法律制度上,我们把关注重点放在东亚货币合作上,探寻东亚货币合作和人民币国际化在东亚地区的未来发展。

(1)东盟"10+3"合作框架下的货币互换机制

1997 年,在马来西亚首都吉隆坡,东盟和中日韩三国领导人举行非正式会议,以东亚金融危机、东亚的发展前景和进一步深化地区内合作为议题,标志着东盟"10+3"机制的建立。东亚区域合作进入实质性和制度化的合作阶段。1999 年 11 月 28 日,《东亚合作联合声明》的发表体现了东亚国家在各个领域实现合作的决心。此后,"10＋3"机制作为一种制度性的合作形式走向常态化,逐步在领导人会议、部长级会议和高管会议三个层次上开展起来,建立"东亚自由贸易区""东亚共同体"成为东盟"10＋3"机制的长远目标。随着这一机制下合作的广泛开展,东亚国家的合作渗透到安全、经济、文化等领域,东亚区域化合作进入了新阶段。

1)《清迈协议》的建立。2000年,"10＋3"机制下财政部长会议中各国签署了《清迈协议》(简称"CMI")作为区域性的货币互换协议,该协议以建立"亚洲储备基金"为目标,旨在保持东亚国家和地区的货币金融稳定。协议认为,东亚国家和地区应首先建立一个充分协调区域经济和金融监控以及资金支持的相互援助体系(郑旭,2011),以进一步深化区域合作和加强政策对话,保持区域经济增长。

CMI关于货币金融合作的主要内容包括:以东盟"10＋3"机制为载体,进一步加强有关资本流动的信息、数据交换;不断扩大和东盟国家货币互换安排,建立东盟十国与中日韩之间的货币互换和债券交易网络;各国将提取部分外汇储备用于区域内金融合作,以使东亚区域内的货币金融市场保持稳定;完善东亚各国货币间直接外汇市场,建立相互间的货币结算体系,以扩大东亚货币交易。

2)东盟互换安排(ASA)的拓展与双边互换和回购协议(BSA)的形成。继CMI后,东盟互换安排进一步得到扩展,建立了双边互换和回购协议以对国际收支发生困难的成员国提供资金流动性支持。东盟互换协议的基础是东盟在1977年签订的货币互换协议,到2000年,这一协议已经扩展到所有东盟内成员国,这一互换安排以本币为抵押,对方提供美元、欧元或日元之一,BSA是一种提供短期流动性支持的设施,期限90天,以美元和参与国实现货币互换的形式进行。2005年,在"10＋3"财政部长会议上,各国就进一步加强CMI的有效性措施达成一致,扩大了已有的货币互换协议、降低了互换安排受IMF项下贷款条件限制的比例,在货币互换网络中采纳集体决策机制以促进多边化进程。东盟"10＋3"机制下的货币互换安排机制是对目前IMF项下国际融资的区域内自救行为,贷款金额的90％与IMF项下贷款条件基本相同,支付额度都要在货币互换国家的集体磋商下进行。中、日、韩三国在2001年机制下财政部长会议开始商讨参与BSA,在CMI框架下,截至2007年,东盟"10＋3"各国达成了16项双边货币互换协议、总金额共计830亿美元,东亚区域内的货币互换和回购协议网络基本形成。

3)清迈倡议多边化协议。2007年,在东京召开的"10＋3"财政部长会议上,提出了成立"共同外汇储备基金"的构想,旨在将双边货币互换协议转变成多边化机制,并在2008年的会议上对这一基金的规模达成一致,就启动机制、借款条件等达成一致。2010 年 3 月 25 日,清迈倡议多边化协议正式生效。这一协议从倡议到生效历时 7 年。

清迈倡议多边化协议建立了一个总规模 1200 亿美元的外汇储备库,以在成员国发生流动性困境时,用美元与本币进行互换,以补充其流动性。依此协议,中日韩和东盟十国出资额各占 32%、32%、16%、20%。这样,以解决区域内短期流动性困难和国际收支为核心的清迈倡议多边化协议实际上担当了区域内最终贷款人的角色,对缓解区域内货币危机具有很大的作用。从长远来看,中国以其强大的外汇储备向相对较弱的国家提供援助,有利于扩大影响,加快人民币国际化的进程。

(2)人民币跨境贸易结算试点的开展

我国于 2009 年 7 月 1 日颁布了《跨境贸易人民币结算试点管理办法》,对跨境贸易人民币结算试点的业务范围、运作方式、试点企业的选择、清算渠道的选择等问题做了具体规定,开始在上海、广州、深圳、珠海、东莞开展跨境贸易人民币结算试点,此后试点范围不断扩大。2011 年,我国跨境贸易人民币结算扩大到全国范围。跨境贸易人民币结算业务结算量保持较快增长速度,2012 年银行累计办理跨境贸易人民币结算业务 2.94 万亿元,同比增长 41%(关恒,2013)。

(3)香港与内地 CEPA 实践

2003 年 6 月,《内地与香港关于建立更紧密经贸关系的安排》(简称 CEPA)在香港签署。2003 年 10 月,《内地与澳门关于建立更紧密经贸关系的安排》在澳门签署。2004 年、2005 年和 2006 年又分别签署了《补充协议》、《补充协议二》和《补充协议三》。CEPA 是"一国两制"原则的成功实践,是内地与港澳制度性合作的新路径,是内地与港澳经贸交流与合作的重要里程碑,是我国内地与香港、澳门单独关税区之间签署的自由贸易协议,也是内地第一个全面实施的自由贸易协议。CEPA 将中国内地与香港的经贸关系联系得更为紧密,并逐步加大了金融领域的合作与融合,从而为未来两地启动实质性的货币合作奠定了基础(耿峰,2007)。

(4)东亚货币合作法律机制的障碍与中国的选择

1)东亚货币合作遇到的障碍。东亚合作是东亚国家和地区的利益所在,也是东亚国家和地区积极推进区域内合作和一体化进程的原因所在。然而,东亚货币合作仍存在诸多的不利因素。从区域内部分析,东亚各国和地区间存在着政治互信度较低、经济发展差异性较大、历史遗留问题仍然存在等因素,制约着区域多边化机制的发展。从国家力量博弈来看,东亚区域内中日两个国家存在领导权的博弈,美国对东亚地区虎视眈眈,通过建立美韩自由贸易区等方式排挤中国,极力阻止东亚地区一体化进程等。

2)中国的战略选择。中国经济实力的不断增强使其国际地位得到了明显提升,但鉴于我国经济发展不均衡、金融和资本市场仍不成熟、金融监管尚未达到国际标准,人民币尚未实现自由可兑换等条件的制约,中国在东亚货币合作中始终保持比较低调和谨慎的态度。一方面积极推动东亚货币合作,以避免被排挤在区域之外;另一方面从本国经济安全和金融稳定出发,在与东亚国家展开货币合作的过程中,始终坚持将本国经济稳步发展和人民币的稳定作为原则,比较务实地对待区域合作的时间表和合作形式。

8.2.4 人民币区域一体化的法律问题

人民币区域化是人民币国际化的准备阶段,是人民币在周边地区率先实现人民币国际化,在周边地区被广泛用于贸易结算、计价,被周边地区居民广泛用于支付、流通和储藏,被周边地区国家的中央银行广泛作为投资工具和外汇储备资产(吴荣龙,2010)。

(1)人民币区域一体化的相关法律制度

WTO框架下中国-东盟自由贸易区建设将促进人民币区域一体化。GATT允许缔约各国通过自愿协定发展经济一体化组织,其规定明确写在第 24 条中。GATT 第 24 条也是 WTO 允许区域贸易协定最重要的法律基础。东盟自由贸易区于 2002 年 1 月启动,2002 年 11 月签署了《中国与东盟全面经济合作框架协议》,决定于 2010 年建成中国-东盟自由贸易区。同时,区域经济的联盟将促进货币的统一,同时,货币的统一也会促进区域经济的一体化(耿峰,2007)。

(2)人民币区域一体化的法律问题

内地与香港、澳门虽然实现了政治的统一,但货币并未统一。而港澳基本法的规定,使内地目前无法实现货币的强制统一。港澳地区是特别行政区,在国防、外交上以外拥有很大的自主权。《中华人民共和国香港特别行政区基本法》第 110 条规定,香港特别行政区政府自行制定货币金融政策,第 111 条规定,港元为香港特别行政区法定货币,继续流通。澳门也有类似的法律。因此,内地不能过多干涉其货币政策的自治,只能是一个协商合作的过程(耿峰,2007)。

就市场发展水平而言,内地与香港存在很大的不平衡。香港市场发展得较为成熟,而内地属于转型时期,在各方面都缺乏规范与完善。若建立货币联盟后,共同市场受到外来冲击,香港可能自身就可恢复,而内地需行政干预来恢复市场平衡,会形成两地银行无法执行共同的货币政策。另外根据欧洲货币一体化经验,如果香港与内地要建立货币联盟,财政预算和财政政策可以保持各自独立,但至少应做到财政政策协调一致,财政赤字水平接近。而当前的实际情况是,内地与香港实行完全不同甚至有时是背道而驰的财政政策(耿峰,2007)。

另外,亚洲各国法律与政治的复杂性也阻碍了区内货币合作。目前人民币要想实现国际化,以人民币为模板设计"亚元",以中国某个城市作为金融中心,以中国人民银行的货币政策作为主导协调整个"亚元区"的货币政策时,在区内遇到的最大对手是日本。日本综合国力较强,日本不会欢迎人民币成为亚洲的主宰。另外,人均 GDP 远高于中国的韩国,也不乐见人民币区内的特殊地位。

(3)人民币区域一体化的法律建议

1)参照《稳定与增长公约》。当前内地与香港实行完全不同,甚至是背道而驰的财政政策。但这种情况并不是不能调和,可以参考 2005 年欧盟对于《稳定与增长公约》的改革,允许对出现经济滑坡和其他特殊情况的国家给予特殊对待。内地与香港财政政策协调是一个渐进的过程,需要随着整个宏观经济的发展而完善(耿峰,2007)。

2)通过扩大货币互换协议、双边本币结算协议或其他区域化协议促进人民币区域化。积极参与清迈倡议多边化协议的执行,扩大与东亚国家的货币互换额度,完善清算系统,争取将人民币首先发展成为东亚地区的计价和结算货币(向雅萍,2013)。

3)积极签署双边投资协定,为人民币海外直接投资提供法律保障。加强与人民币海外投资的重点国家和地区的合作,通过签订条约,允许中国企业以人民币在当地进行直接投资,并保障中国企业进行海外投资的合法权益(向雅萍,2013)。

8.3　人民币国际化的相关国内法律制度

保持货币政策的独立性是保证货币稳定和货币政策符合国家发展实际的必要手段。作为发展中国家,我国货币法律制度既从本国实际出发,以保护国家利益为核心,又力图融入世界经济体系,不断扩大开放口径。随着我国不断融入全球经济发展,这些开放性举措也体现在不断完善的相关法律制度中。因此,我国货币法律制度呈现出稳妥谨慎的与国际货币法律制度接轨的特点。

8.3.1　人民币可自由兑换法律制度

(1)经常项目下人民币可兑换

1996 年,我国放弃《基金协定》第 14 条的过渡安排,接受第 8 条相关条款,实现了人民币经常项目下的完全可兑换,并在国内立法中予以明确规定。并且为了配合加入 WTO 的迫切需要,我国废止和修改了大量的相关法规,并制定出台了《中华人民共和国外汇管理条例》(以下简称《外汇管理条例》)、《银行外汇业务管理规定》《境内居民因私兑换外汇办法》《结汇、售汇及付汇管理规定》《境内外汇账户管理规定》等一系列外汇管理政策法规(曾文革、陈璐,2008),使我国的外汇管理法规更加科学化、规范化。与原《外汇管理条例》相比,现行的《外汇管理条例》(2008年修订)大大简化了经常项目外汇收支管理的内容和程序,在第12条中规定对经常性国际支付和转移不再予以限制,使经常项目外汇收支进一步便利化;第13、14条规定取消了经常项目外汇收入强制结汇要求。

《外汇管理条例》是我国目前外汇管理最高层次的行政法规,是统领其他外汇法规、规章和规范性文件的法规。专门规范某些业务的法规、规章和规范性法律文件必须符合《外汇管理条例》的基本原则。现阶段,我国已初步形成了以《外汇管理条例》为核心,外汇管理行政法规、规章为主体,金融方面的司法解释为补充的法律框架。除了《外汇管理条例》外,我国现行有效的外汇行政法规有:《境内机构境外直接投资管理规定》《跨境人民币结算试点管理办法》以及实施细则、《个人外汇管理法》《境内机构境外直接投资外汇管理规定》《结汇、售汇及付汇管理规定》《出口收汇核销管理办法》《国际收支统计申报办法》《境内机构对外担保管理办法》《外债统计监测规定》和《境外投资外汇管理办法》等。到目前为止,除了上述外汇法规外,我国已制定了150多个与《外汇管理条例》和其他外汇法规相配套的规章和规范性文件(李秀芳、刘娟,2012;白玛雍珍,2013)。

(2)资本项目下人民币可兑换

在资本项目可兑换的问题上,主要内容是资本项目开放。资本项目的开放会引发资本项目下货币兑换的需求,从而要求资本项目下货币的可兑换。货币在一定程度上的可兑换性是该货币成为国际货币的必要前提,但并不是说只有货币完全可兑换后才可开始一国货币国际化过程。人民币国际化的过程也不必等到资本项目实现完全可兑换之后方可进行。恰恰相反,推进人民币的国际化可为资本项目可兑换创造条件,人民币资本项目可兑换和人民币国际化进程可合二为一(钟伟,2002)。亚洲金融危机后,我国加快推进了资本项目下人民币可兑换进程,自1999年起逐步放松了对资本项目的管理。加入WTO后,我国加速了放松资本项目管制的步伐,颁布了《金融资产管理公司吸收外资参与资产重组与处置的暂行规定》《关于上市公司涉及外商投资有关问题的若干意见》《关于外国投资者并购境内企业的规定》《关于外资参股基金管理公司有关外汇管理问题的通知》《合格境外机构投资者境内证券投资管理办法》等一系列法规。按照IMF的定义,资本项目分为7大类40项,中国的资本项目完全可兑换的有5项,基本可兑换的8项,部分可兑换的17项,完全不可兑换的10项。也就是说,我国75%以上的资本项目处于部分可兑换的状态(李超,2005)。截至目前,按照IMF划分的7大类共40项资本项目交易中,我国实施严格管制的主要是跨境金融衍生工具交易等,其他项目已实现一定程度的可兑换,人民币资本项目可兑换程度明显提高。

(3)离岸金融市场

在人民币国际化进程中,离岸金融市场是不可或缺的部分。因此,WTO、IOSCO(International Organization of Securities Commissions,简称 IOSCO,国际证监会组织,是国际各证券暨期货管理机构所组成的国际合作组织,总部设在西班牙马德里市)和巴塞尔协议等国际法律法规都有关于离岸金融市场的法律法规。其中,WTO 主要对市场准入和经营问题进行规制。GATS 第 16 条规定人民币离岸金融市场需要通过承诺表确定市场准入的最低标准和金融开放的最低限度;而涉及人民币离岸金融经营制度则主要是 GATS 第 17 条中的国民待遇、最惠国待遇、法律与政策的透明度等。IOSCO 和巴塞尔协议则多是从一定专业领域对离岸金融监管进行规制。巴塞尔协议主要从银行层面进行监管,例如资本充足率;而 IOSCO 则主要从证券层面进行监管,例如,《证券监管和原则》《外国发行人跨国发行与首次上市披露准则》《关于上市公司持续披露和重大事项报告的准则》《证券投资基金管理人的监管原则》《关于磋商、合作与信息交流多变谅解备忘录》(张涛,2010)。

人民币离岸金融市场除了受到上述国际法律法规的约束,还受到国内法律法规的约束。

我国早在 1989 年就开始允许部分银行开展离岸金融业务。但仅仅是作为试点,并非着眼于建设离岸金融市场。即这一时期中国离岸金融业务的开展并没有依托一个或多个有形的离岸金融中心。与其他国家不同,中国离岸金融业务的开展并未与离岸金融中心的建设同步进行。在管理模式方面,我国的离岸金融业务一直采取"两头在外,内外分离"的经营模式。各行设立离岸银行业务部,专门从事离岸金融业务,离岸业务的对象则被严格限定在"非居民"范围内;离岸金融业务与在岸业务实行分账管理、独立核算、行内并表;离岸账户与在岸账户严格分离,离岸账户资金自求平衡,禁止在岸业务资金头寸与离岸账户资金头寸互补,不得购汇用于弥补离岸资金的不足。在 1999 年中国人民银行暂停离岸资产业务之前,根据 1997 年颁布的《离岸银行业务管理办法》以及实施细则,允许离岸账户与在岸账户之间资金头寸 10% 的相互抵补额度;2002 年中国人民银行全面恢复和批准四家银行的离岸业务至今,禁止离岸账户与在岸账户之间抵补,离岸银行账户和在岸银行账户实行严格分离(吴荣龙,2010)。

而我国离岸人民币债券市场则从 2007 年开始在香港建立。2008 年 12 月,国务院办公厅发布了《关于当前金融促进经济发展的若干意见》,允许在内地有较多业务的香港企业或金融机构在香港发行人民币债券,但由于金融危机的影响,人民币离岸债券市场并没有大的发展。2010年2月,香港金融管理局发布《香港人民币业务的监管原则及操作安排的诠释》,几乎世界上任何一家公司都可以发行离岸人民币债券,除非发行主体需将所募集的资金及债券收益从香港转至内地。随着监管的逐渐放松和人民币国际化程度的纵深发展,人民币离岸债券市场取得了长足进展(吴荣龙,2010;向雅萍,2013)。

8.3.2 与人民币计价结算相关的法律制度

在2003年以前,我国外汇管制比较严格,与人民币计价结算相关的法律法规多为限制性或禁止性规定。如《外汇管理条例》(1997年修订)第14条规定的非法套汇行为。2003年起,外汇管制开始逐步放松,外汇局颁布的《关于境内机构对外贸易中以人民币作为计价货币有关问题的通知》中允许人民币作为有关进出口合同的计价货币。随后颁布的《边境贸易外汇管理办法》中规定边贸企业或个人与境外贸易机构进行边境贸易时,可用人民币、毗邻国家货币、可自由兑换货币计价结算,也可用易货方式结算。这一规定允许在边境贸易领域将人民币作为计价货币和结算货币,进一步放开了对人民币计价结算方面的管制。为保持中国与周边国家和地区的贸易正常发展,2008年12月,中国提出在国内特定地区与周边特定国家和地区开始试行以人民币为贸易结算货币。

2009年4月8日,国务院常务会议决定在上海、广州、深圳、珠海、东莞4个城市开展跨境贸易人民币结算业务试点。2009年7月2日,央行、财政部、商务部、海关总署、国家税务总局、银监会发布并出台了《跨境贸易人民币结算试点管理办法》。该管理办法旨在促进贸易便利化,对跨境贸易人民币结算的结算方式、监管模式、出口货物退税办法等进行了详细规定,这一细则的出台具有里程碑意义,是中国在促进国际贸易中人民币载体货币(vehicle currency)功能发挥的制度支持(李婧,2011)。2011年8月跨境贸易试点扩大至全国,至此跨境贸易人民币结算不受地域限制,并逐步扩展至部分资本项目(巴曙松、谌鹏,2012)。

8.3.3 外汇储备法律制度

外汇储备可用于巩固货币汇率,因此保持适当和充足的外汇储备是抵御投机资本冲击的防线之一。外汇储备也能平衡国际收支。在经常项目逆差时,可通过资本项目的顺差和外汇储备来弥补。不过,资本项目的顺差是以大量资本流入为前提的,如果资本流入以借款为主,并且借款期限和结构不合理,也会出现一系列问题。除此之外,外汇储备还能在资本项目出现逆差时起到弥补的作用。

《中国人民银行法》第 4 条笼统规定了中国人民银行"持有、管理、经营国家外汇储备、黄金储备"的职责。但是对于如何具体经营和管理外汇储备并无具体规定。国务院授权国家外汇管理局管理外汇储备,以"安全、流动和增值"作为管理的基本原则,但并未将这一原则纳入立法。

合理的外汇储备是人民币国际化的条件之一,国际储备数量充足,是国际社会对人民币保持信心、增加持有的基本保证。但外汇储备过多意味着外汇占款投放的增加,同时,过多的外汇储备还会增加防范储备资产汇率风险的成本。周小川(2011)坦言,目前我国的外汇储备已超过了合理水平,外汇积累过多会导致市场流动性过多,增加了央行对冲工作的压力。

8.3.4 人民币汇率制度

从经济体制改革角度看,人民币要国际化,意味着中国要在方方面面加快改革,比如说在市场机制真正发挥作用方面,也就是汇率和利率的市场化要推进(罗婷婷,2012)。现行人民币汇率法律制度主要以 1993 年国务院发布的《关于进一步改革外汇管理体制的通知》和 1994 年中国人民银行发布的《关于进一步改革外汇管理体制的公告》为基石,配合其他一些相关规定形成的。这两份文件构成了人民币汇率机制开始市场化改革的基础性文件。而人民币汇率形成机制第一次以行政法规的形式出现是在 1997 年修正的《外汇管理条例》的第 33 条:"人民币汇率实行以市场供求为基础的、单一的、有管理的浮动汇率制度。"《结汇、收汇及付汇管理规定》第 35 条规定:"外汇指定银行应当根据中国人民银行每日公布的人民币汇率中间价和规定的买卖差价幅度,确定对客户的外汇买卖价格,办理结汇和收汇业务。"这一规定在操作层面上落实了"人民币汇率实行以市场供求为基础"的基本制度。1994—1996 年间,伴随着国际收支的顺差和央行的适度干预,人民币呈现稳步上升势头,对美元的比价从 1 美元兑 8.7 元上升到 8.3 元,体现了"有管理的浮动汇率制"特征。但在 1997 年到 2005 年间,央行加强了对外汇市场的干预,人民币对美元汇率处于十分稳定的状态,从而事实上与当初设计的"有管理的浮动汇率制度"产生了某种偏离,也导致 IMF 在 1999 年调整其汇率制度分类方法时将人民币汇率制度加入到"事实上钉住美元"行列。

入世后,我国经常项目和资本项目顺差持续扩大,贸易摩擦进一步加剧。同时我们逐步认识到,由于美元持续超发,持有大量美元的风险性不断增加,持有大量外汇储备加大了风险。2005 年 7 月 1 日,中国人民银行发布了《关于完善人民币汇率形成机制的公告》,建立健全以市场供求为基础的、参考一篮子货币进行调节、有管理的浮动汇率制度。与之相配套的还有其他一系列改革措施,特别是 2008 年 8 月 6 日国务院颁布的修订后的《外汇管理条例》更是从行政法规的层面确定了这次汇改成果。这次改革强调了市场供求在汇率中的决定性作用,在法律层面表现在:一是进一步改革外汇账户限额管理乃至取消强制性结汇制度;二是进一步改革资本项目管理,总的趋势是放松资本项目下人民币可兑换的限制。这两方面的法律措施实际上是理顺汇率机制形成过程中的供求关系,体现汇率在市场中形成的基础地位。

8.3.5 人民币自由兑换的法律问题

人民币国际化的一个重要条件是实现完全的自由兑换,但目前我国人民币兑换仅限于经常项目的兑换,对于资本项目尚未实现自由兑换,这使得人民币使用范围受到较大的限制。而在人民币国际化的问题上推进人民币的自由兑换是关键点之一,因此,要积极且慎重地对待人民币自由兑换问题(白玛雍珍,2013)。

(1)人民币自由兑换的相关法律制度

1)《基金协定》关于货币自由兑换的规定。《基金协定》是现代国际货币金融制度的中心,是当前国际货币领域的核心法律制度,它的立法覆盖国际货币制度的各个方面,是调整国际货币关系的重要的国际性条约。

根据《基金协定》的定义,货币自由兑换是指一国或地区接受《基金协定》第 8 条的义务。一国或地区货币实现《基金协定》下的货币自由兑换,即接受《基金协定》第 8 条中的第二、三、四节义务,其主要内容是:1)第 8 条第 2 节,未经 IMF 批准,不得限制经常性国际贸易的转移和支付;2)第 8 条第 3 节,未经 IMF 批准,不得采取多重汇率制或歧视性货币安排;3)第 8 条第 4 节,兑付其他国家或地区在经常性国际交易中积存的或为支付经常性交易所需的本国货币(陈璐,2007)。

而《基金协定》对于资本项目的规定在其第 6 条,在不妨碍经常项目正常交易的前提下,成员可以并且应当对其资本项目进行必要的管制。由此可见,《基金协定》下的货币自由兑换只要求货币实现经常项目自由兑换,而对于资本项目的自由兑换,IMF 允许成员管制资本项目,具体限制由成员根据其国情自行决定。但从 20 世纪 80 年代中期起,IMF 开始调整立场,积极推动各国资本账户自由化(陈璐,2007)。

2) WTO 关于人民币经常项目与资本项目的规定。我国作为 WTO 成员方,不但要受到《基金协定》的约束,还要受 WTO 相关法律规则的约束。WTO 对我国"经常性支付和转移"的规定主要表现在我国加入 WTO 议定书、中国加入 WTO 工作组报告书以及我国所做的有关货物贸易和服务贸易的减让和承诺等。根据服务贸易总协定的规定,我国在承诺开放的金融服务中不得限制与之相关的经常交易的支付和转移。在工作组报告中,我国承诺:我国已经接受基金协定第 8 条义务,除非基金协定另有规定,我国将不通过法律、法规或其他措施,包括合同条款来限制我国关税领土内任何个人或企业对经常性国际交易的外汇取得。但若为国际收支平衡的需要而采取措施时,这些措施必须与1994年GATT和国际收支谅解一致,并且这些措施的适用并非用于保护特定的行业、产业或产品,除非根据国际收支谅解第四条对必需品进行保护(吴荣龙,2010)。

服务贸易总协定是第一个包含投资规则的多边框架,也是第一个有关资本项目的多边规则。服务贸易总协定第1条第2款就取消资本交易限制做了规定:"本协定的任何规定不得影响国际货币基金组织成员在基金协定框架下的权利和义务,包括使用符合基金协定外汇措施,前提是该成员对任何资本交易,除非按第12条规定或应国际货币基金组织的要求,不得实施与有关该交易的具体承诺不一致的限制。"资本项目自由兑换要求取消资本交易的限制。因此,一国或地区加入WTO就意味着应当在资本项目自由兑换方面放松外汇管制(吴荣龙,2010)。

(2)我国关于人民币自由兑换的相关法律

1)关于人民币自由兑换的法律框架。我国当前关于人民币自由兑换的法律框架主要分为三个层次(陈璐,2007):

第一层次是全国人大及其常务委员会制订的金融法律,主要包括《人民银行法》《商业银行法》《票据法》《证券法》和《全国人大常委会关于惩治破坏金融秩序犯罪的决定》,以及《刑法》中有关金融犯罪的规定。

第二层次是国务院发布的金融行政法规,如《境外投资外汇管理办法》《外汇管理条例》《非法金融机构和非法金融业务活动取缔办法》《金融机构违法行为处罚办法》以及《外资银行管理条例》等。

第三层次是中国人民银行、国家外汇管理局、商务部等制定的金融规章。如《外债统计监测暂行规定》《结汇、售汇及付汇管理规定》《外汇指定银行办理结汇、售汇业务管理暂行办法》《境内外资银行外债管理办法》《境内机构经常项目外汇账户管理实施细则》《境外投资联合年检暂行办法》等。

而QFII制度的实施,拉开了我国资本项目全面开放的序幕。QFII制度实行以后,原先管制较为严格的"非居民在国内证券市场证券交易"项目有了松动,符合条件的国外机构投资者可以通过QFII机制在国内证券市场进行投资。这项政策的实行不仅能引进国外的资金,还有国外先进的投资理念和资本管理经验,这些都能促进我国资本项目的开放(丁倩,2004)。

整体上看,我国现行关于人民币自由兑换的法律已显雏形。以第一层次的金融基本法为人民币自由兑换的制度基础,其他层次的外汇管理行政法规、金融法规作为补充。同时,近几年我国加强资本项目管理,对逃汇、骗汇等行为进行严厉打击,保证了我国外汇管理朝着法制化、规范化的方向发展(陈璐,2007)。

2)人民币自由兑换的法律问题。我国人民币实行自由兑换在外汇管理法律

方面存在的主要问题(陈璐,2007):

一是《外汇管理条例》作为我国外汇管理的基本法,其立法层次仍处于较低水平,制约了我国的外汇体制改革。就金融法律这一层面,我国的外汇法与货币法处于缺位状态。

二是我国外汇管理相关法律的立法层次参差不齐,且形式复杂。大多数外汇管理政策以通知、意见或办法的形式出现,致使文件繁多、章法无据,容易造成问题滞留、执法低效的问题。

三是肯定式的立法模式阻碍了我国资本项目开放的进程。我国外汇管理法规通常采用的是肯定式立法,对于法律中规定的项目列为可做的,而未规定的则被禁止。而从实现货币可自由兑换、外汇管制较松的国家来看,他们通常采用否定式立法,仅将需要管制的项目列入规定中,使放开项目的交易自由进行。

四是外汇管理立法的目的已不能适应现阶段的政策目标。随着我国经济高速发展,人民币正逐步实现自由兑换,资本账户开放的趋势逐渐加强。针对这一状况,现阶段外汇管理的立法目的应进行相应的调整,以保持经常项目下人民币可自由兑换的持续性,从而保障人民币在国际货币市场的稳定性。

五是我国现行外汇管理法规对资本项目的管理仍存在严格控制,已不能适应我国经济发展的要求。

3)人民币自由兑换的法律建议

一是完善资本项目管理。我国资本项目管制的立法完善应体现两方面的精神:一是不断取消不利于人民币国际化的外汇管制;二是完善我国现有资本项目管理,提高抵御风险的能力。主要完善以下四点:取消外商来华直接投资的外汇管制;逐步放开对境外投资的限制;完善外债管理和对外担保制度;完善证券投资的外汇管理(吴荣龙,2010)。

二是完善外汇管理法律制度。当前的外汇管理法规的立法目应在已有的外汇管理成果的基础上,结合国际贸易及外汇市场规律和我国的经济形势,确立公平、效率和公正的价值理念,稳定外汇经济秩序,维护金融安全,保持人民币在国际货币市场的稳定性,为实现人民币国际化创造完善的法律条件。在明确外汇管理立法目之后,需进一步完善《外汇管理条例》及相关法规。修订现行法律法规中不适应当前经济发展之处,使之能切实保障当前的经济稳步向前发展(曾文革、樊蕾,2011)。

三是钉住 SDR 货币篮子。钉住 SDR 的汇率制度与中国当前的传统的、不透明地钉住一篮子货币的汇率制度,以及国际上较为通行的钉住美元的汇率制度相比,具有更强的优越性。钉住 SDR 的汇率制度本质上也属于钉住一篮子货币,但与人民币现行的汇率制度相比,有两大优势:首先是 SDR 的币种相对较少，计量单位统一的优势更大，与资本市场的关联更有效率；其次是 SDR 的四种货币的权重是公开透明的，每五年调整一次，相对稳定，一般的一篮子货币汇率中的权重是不公开的(陶立早，2011)。

四是完善外汇监管机制。确立对资金流入、流出进行均衡监管原则；引入市场控制和间接控制的理念，通过市场手段达到控制目的；使用非现场监管方法提高监管水平，建立跨境交易事前、事中、事后全流程监管；逐步将部分具体业务的审查监管交给外汇指定银行和中介，并将所有外汇监管主体进行统一规划和整合(向雅萍，2013)。

(3)人民币国际化金融监管的法律问题

1)人民币国际化金融监管的相关法律制度。我国实行银行业、证券业、信托业和保险业分业经营、分业监管的原则。中国银监会的成立意味着货币政策和金融监管的分离。2003 年 12 月我国通过了《中华人民共和国银行业监督管理法》并修改了《中国人民银行法》和《商业银行法》。银监会的监管对象不仅包括我国境内设立的商业银行、农村信用合作社等金融机构和政策性银行，还包括信托投资公司、财务公司等金融机构。此外，银监会对批准在境外设立的金融机构以及前两类金融机构在境外的业务活动实施监督管理(樊蕾，2011)。

从防范和化解系统性金融风险角度，《中国人民银行法》赋予了中国人民银行维护金融稳定的职能，明确了中国人民银行为维护金融稳定可采取的各种法律手段。此外，考虑到维护金融稳定还涉及银行、证券及保险等专业监管部门以及国家财政部门，要求在更高层次进行相关政策措施的协调，建立防范金融风险的长效机制，《中国人民银行法》还规定"国务院建立金融监督管理协调机制，具体办法由国务院规定"。(曾文革、樊蕾，2011)

另外，我国在国际收支统计方面的法律制度主要是中国人民银行颁发的《国际收支统计申报办法》，法规层面只有《外汇管理条例》第 6 条原则规定"国家实行国际收支统计申报制度"，其他的是外汇局颁布的规范性文件，主要有《国际收支统计申报办法实施细则》《国际收支统计间接申报核查制度》《通过金融机构进行国际收支统计申报业务操作规程》等(张家华，2011)。

2)人民币国际化金融监管的法律问题。我国实行分业经营、分业监管，存在着金融监管的多头局面，涉及银监会、证监会和保监会协调不完善的问题，以及将来是否需要合并监管机构或其职能的问题(樊蕾，2011)。这种责任的分离也意味着机构之间的冲突，相互信息的阻隔和审议时间的拖延，当需要迅速解决问题、果断做出决策时，可能会面临久拖不决的情况(白玛雍珍，2013)。

我国在关于国际收支统计申报的法律制度方面也存在许多问题。一是法律的阶位过低，不能形成足够的权威性。除了《国际收支统计申报办法》是属于规章,其他都是规范性文件。二是存在时滞性,不能适应当前形势的变化。随着新的国际收支方式不断涌现,现行的国际收支法规存在时间的滞后性,不能满足当前的要求。三是指标设计的不够完善。当前的一些指标难以全面反映国际收支情况,其准确性和全面性不足,进而其权威性也不足。(张家华,2011)

3)人民币国际化金融监管的法律建议。一是建立金融监管协调机制。金融监管协调机制是指在中央银行、各监管机构之间建立的,支持、配合和沟通协调机制。我国应尽快制定与金融监管协调相应的法律法规,对金融机构之间协调机制的制度直接做出规定、安排,明确各监管机构在金融监管协调机制中的职责、地位,赋予其相应的权利和义务;同时建立完善银监会、保监会、证监会之间的协调机制,完善监管协调法律程序;另外还需增进各监管机构间的信息沟通,加强合作,消除监管冲突。(曾文革、陈璐,2008)

二是加强国际合作与交流。随着我国改革开放的深入,在外国金融机构进入我国开业的同时,我国的对外投资也将扩张,因此在金融监管、防范金融危机方面,我国也需加强国际合作与交流,如我国参加巴塞尔委员会组织的对《银行业有效监管核心原则》讨论会,参加《银行业有效监管核心原则》修改的全过程等,都是加强国际金融监管合作交流的表现(曾文革、樊蕾,2011)。

三是清理完善金融法律法规。借鉴国际惯例,建立健全与 IMF 相适应的金融制度,完善《中国人民银行法》《商业银行法》和《银行业监督管理法》等。在加强外资金融监管方面,对市场准入、资本标准、信息披露、违法处理等方面做出详细的规定。(樊蕾,2011)

四是将人民币跨境流通纳入法律制度。在进行商业银行的改革中,要将人民币跨境流通纳入其中,作为一项基本的法律制度。这样银行体系的建立不仅可将人民币跨境流通和兑换从"地摊银行"等机制中纳入商业银行等合规的金融监测体系,而且为人民币的流出和回流提供了便捷安全、可监测的渠道。(白玛雍珍,2013)

五是完善国际收支统计体系。完善国际收支统计体系,做到:加强研究,完善国际收支统计申报指标,确立国际收支统计指标的基础性和代表性;建立流量与存量统计相结合的国际收支体系;设定科学的申报门槛,有效降低成本;完善国际收支统计核查制度,严格法律责任,充分保证国际收支的准确性、全面性(张家华,2011)。

总之,人民币国际化是一个漫长的过程,这个过程涉及政治、经济、法律等方方面面的问题。从现有的研究来看,人民币国际化在法律方面还处于起步阶段,各方面的法律法规尚不完善,监管机制也需进行相应的改革。在人民币国际化的进程中,这些法律问题会形成一定的阻碍和约束。因此我国在人民币国际化法律方面还需投入相应的力度,以保证有相对健全的法律为人民币国际化铺平道路。

9

研究思路探析

9.1 本课题需重点研究的内容和相应的风险

9.1.1 本课题需重点研究的内容

在对已有相关代表性成果及观点做出科学、客观、切实分析评价的基础上，结合 TPP(Trans-Pacific Partnership Agreement，跨太平洋伙伴协议)等，本课题认为以下几点需要重点研究：外资管理体制、外汇管理制度、资本与金融账户开放、海关管理体制等。如在管理法规方面，探索实现负面清单管理；在行政监管上，实现由审批模式向报备模式转变(注：负面清单加上准入前国民待遇，是目前国际投资领域的最高标准)。

9.1.2 相应的风险

相应的风险有：资本与金融账户开放的风险、利率市场化风险、人民币汇率市场化风险、投资管理体制改革风险、人民币跨境流动风险、外汇管理风险、服务业扩大开放风险、审批权限放开风险等。

这是因为 2005 年新加坡、新西兰、智利和文莱发起建立 TPP，由于美国 2008 年的高调加入，并试图通过 TPP 在 2020 年建立一个环太平洋的统一大市场后，迫使全世界对其高度关注。TPP 不仅要求成员国相互全部免除关税，甚至还要全面开放包括农业和金融服务业在内的几乎所有经济领域，实现资本、人员更为自由的流动。随着美国迫使日本和越南加入 TPP 谈判，TPP 对亚太国家产生了巨大的吸引力(韩国也于 2011 年 10 月与美国签订了自由贸易协议)。为了摆脱我国加入 WTO 时完全被动地适应以美国为首的发达国家所制定的游戏规则,我国应主动加入、参与游戏规则的制定。[①]

9.2 主、子课题及案例分析

9.2.1 主课题及其五个子课题

本课题拟围绕主课题——人民币国际化的法律问题研究,从 5 个子课题进行进一步深入探讨:

一是有关国际货币法律制度和人民币国际化的相互关系问题,分两个子课题对此进行研究。子课题一:IMF 法律制度和人民币国际化的相互影响。本子课题的突破:在以往主要研究人民币国际化被动适应 IMF 法律制度的基础上,加入随着中国在世界上经济地位的提高,在 IMF 投票权的提高,能主动修改 IMF 的原有法律,帮助人民币国际化。子课题二:WTO 法律制度和人民币国际化的相互影响。本子课题的突破:在以往主要研究人民币国际化被动适应 WTO 法律制度的基础上,加入随着中国在世界上经济地位的提高,能主动修改 WTO 的原有法律,帮助人民币国际化。

二是在人民币国际化中的区域货币法律制度研究中,可通过子课题三和子课题四进行研究。子课题三:TPP 对国际货币法律的影响和人民币国际化的关系。该子课题是本研究的较大创新。2013 年 6 月 7 日到 8 日,奥巴马在美国加州安纳伯格庄园"阳光之乡"与习近平主席会面时已邀请中国参加 TPP 谈判。遗憾的是,由于某种原因,中国并未参与 TPP 制定规则的谈判。在课题的研究过程中,TPP 对国际货币法律的影响将直接作用在人民币国际化的进程中,而上海自贸区的建设,将使中国主动接轨 TPP。相对于子课题二,在研究过程中,本子课题的重要性将逐渐显现,甚至可能超过子课题二。

案例分析 TPP 的方向将引领上海自贸区的改革

上海自贸区肩负着我国在新时期积极推进体制机制创新、加快转变经济增长方式、全面提高开放型经济水平的重要使命,是国家战略需要。上海自贸区改革中,坚持先行先试,以开放促改革、促发展,率先建立符合国际化和法制化要求的投资和贸易规则体系,成为我国面向世界、深耕亚太、服务全国、进一步融入经济全球化的重要载体。围绕本课题,需要动态地研究如何通过完善国内法律、法规和政策促进人民币国际化,如在 2020 年前,全面开放金融服务业,开放资本与金融账户,实现货币自由兑换、资本自由流动、监管高效便捷、法制环境规范,努

---

① 特朗普上台后不久,宣布退出 TPP,随后日本出面跟除美国外原 TPP 参与方签署了"日版"TPP。

力形成促进投资和创新的政策体系,着力培养国际化和法制化的营商环境,力争建设成为具有国际水准的投资贸易便利的试验区。对国内相关法律、法规和政策动态地提出修改、调整、补充和完善的建议,并以此为突破口,向浙江省、长三角和全国扩充,补充案例研究。

子课题四:人民币国际化和双边、多边 FTA(Free Trade Agreement,自由贸易协定)之间的法律关系的调整和重构。为了打破发达国家对中国经济的围堵,中国正和一些国家和地区商谈并建立双边和多边 FTA(Economic Cooperation Framework Agreement,《海峡两岸经济合作框架协议》),如货币互换、建立外汇救助基金等,如何调整其中的相关法律,是健全双边和多边 FTA、加速人民币国际化的重要一环。

通过深化两岸的 ECFA(Economic Cooperation Framework Agreement,《海峡两岸经济合作框架协议》),完善相关法律制度,在台湾建立人民币离岸市场,助推人民币国际化。[1]

案例分析　中亚丝绸之路经济带

欧亚地区已建立起多个区域合作组织,欧亚经济共同体和上海合作组织成员国、观察员国地跨欧亚、南亚、西亚,通过加强上海合作组织同欧亚经济共同体合作,有助于促进人民币国际化。

为加强欧亚各国经贸联系,可采用创新的合作模式,共同修改、调整、重构双边、多边的法律制度,通过共同建设"丝绸之路经济带",以点带面,从线到片,在逐渐形成区域大合作的过程中,促进人民币的区域国际化水平。可从政策沟通、道路联通、贸易畅通、人民币境外流通,以及民心相通等方面入手,打通坐拥 30 亿人口的"丝绸之路经济带"。

"丝绸之路经济带"不仅促进上合组织内部国家经济的发展,还可将经济合作惠及周边的南亚和西亚,进而使得全球经济都能够受益,加速人民币国际化。

三是对子课题五:完善国内法律、法规和政策促进人民币国际化进行研究。研究思路:

首先,经济现状简析。我国现在是国际收支双顺差。考虑到中国目前的汇率制度是固定汇率制度,即一篮子货币固定的汇率制度。由于经常项目顺差,使国内配套的人民币过多,这是造成国内通货膨胀的主要原因。

其次,人民币国际化的最终目标。通过人民币购买境外货物和服务,实现经常项目逆差;同时,通过境外将其所积累的人民币对我国进行投资、购买中国政

---

① 注:在台湾地区建立人民币离岸市场是章和杰在大陆最早提出,参见章和杰,陶怡.后 ECFA 时期建立两岸货币清算机制探讨[J].台湾研究,2011(4):22－25,360.

府的债务和我国提供的服务等,回流中国,实现资本和金融项目的顺差,从而实现中国的国际收支平衡。

再次,改革路径。近期,资本账户主要是单边开放,资本"出"易、"进"难,通过用人民币支付进口商品、服务,保持经常账户逆差流向境外,减轻国内"外汇占款"的通胀压力;中期,保持资本账户顺差,通过逐渐加速境外人民币回流,投资、购买中国政府债券等支持我国经济建设。远期,资本账户双向开放,人民币出、入境构成大循环并成为国际货币。

围绕着上述改革路径,人民币国际化的国内相关法律、法规和政策的研究思路大致如下:

经常项目逆差的研究包括人民币兑换、跨境计价结算的法律制度研究;资本与金融项目的顺差研究包括:人民币汇率机制与外汇储备管理法律制度研究,人民币衍生产品的法律制度研究,与人民币国际化相关的国内金融监管法律制度研究等。

案例分析　完善外汇管理法律体系

自 2001 年入世以来,我国不断大量清理与 WTO 规则和标准不相适应的法律、行政法规、各项规章以及其他规范性文件,其中包括大量的外汇管理法规。随着人民币国际化进程不断加快,金融管制逐步放开,我国外汇管理立法体系的梳理和完善迫在眉睫。

按照我国加入 WTO 和 IMF 所应遵守的国际法原则和义务,结合我国外汇管制的改革目标,对现存的外汇管制相关规范性法律文件进行基本梳理:在立法体系上,应继续完善《外汇管理条例》为主的外汇管理法规体系。《外汇管理条例》应当明确外汇管理的基本原则和管理政策,使立法不断适应我国经济发展的需要。废止部分颁布年代久远、不适应经济形势的法律法规,做好相互冲突和不衔接的法律法规的修订工作。对我国外汇管理法律制度发展进程中常见的"规定""办法""实施细则""指引""通知"等多样化的规范性文件的名称进行规范和统一,避免法律效力的混淆和争议,为法律法规的实施提供明确的依据。

在条件成熟时,应当由国家立法机关制定一部总括性的《外汇管理法》,作为外汇管理的基本法,提升外汇管理整体的法律地位,确定我国外汇管理的中长期目标和外汇改革的原则,以体现立法的稳定性。综合性地确定经常项目、资本项目、外汇市场、国际收支申报与统计、外汇查处等各部门监管的原则及目标,使其成为对下属门类制定的具体原则。在此基础上,各部门应尽快出台配套规则,使外汇管理法规在实施过程中对其他环节配套规范进行指导,形成完善和协调的外汇法律体系。

从立法内容上来看,应当扩大外汇监管的范围,将新型的金融业务如 QFII、

QDII、保险业外汇业务、金融衍生工具、金融机构经营 B 股业务等纳入监管范围,加大反洗钱国际合作。改变立法中严格的审批制度,建立日常监测为主,特殊情况及项目下严格管制的监管方式。在不断扩大开放程度的同时采取科学全面的监管体系,既促进实行人民币的自由可兑换,又要保证金融安全。

案例分析　实行对资本项目的有效监管

我国目前外汇和金融市场还不够成熟,放开资本项目下的管制应当采取谨慎的态度,成熟一项,开放一项。首先,应当谨慎对待短期资本流动,防止投机资本的流入扰乱金融市场秩序,在对短期资本流动进行立法时,应当以国际先进经验为参考,采取对短期资本流动适度收税的方法加以限制。其次,应建立对资本项目真实性的审查制度,区分流入资本的性质,建立多元化和通畅的资本引入渠道,发挥资本的积极作用。再次,加大对违规行为的打击力度。国家金融安全是经济发展的防线,一旦触动则会引发经济动荡和金融危机,尤其是大规模的投机行为,应当增加法律成本,予以严惩。在资本项目管理立法上的成功,是人民币国际化的必然要求。

案例分析　改革汇率制度,加强外汇储备的规范化管理

从法律视角来看,外汇储备的法律问题主要是指如何将外汇储备管理规范化的问题。在我国的国际储备中,由于黄金储备极低,约占 1.6％,使所持有的 3.5 万亿美元在美国量化宽松政策的侵蚀下,损失惨重。优化外汇储备结构,保证黄金储备,确定适当的外汇储备结构,选择合理的保值措施显得尤为必要。

改革思路:扩大人民币汇率的浮动区间,健全外汇储备法律体系。

我国外汇储备管理的运作不规范,主要原因是外汇储备法律体系的不健全。在未来立法中,应当将"安全、流动和增值"的外汇储备管理原则纳入立法;从外汇储备管理的重要性和迫切性来说,外汇储备管理政策的转变为我国制定专门的外汇储备管理法规留下了契机和空间。

案例分析　关于维护人民币汇率主权的法律问题

在国际法框架下,汇率主权经历了从让渡到回归、又从回归到再约束的演变过程,美国通过主导国际货币金融体制框架,利用规则制定权和强大的话语权使其国内的货币金融战披上了国际惯例或多边规则的合法外衣,并利用中国责任论要求我们对这些不公平规则予以遵守。对此,我们应对国际货币金融规则予以警惕,既要与国际法体制接轨,又要做到不盲从。

在人民币汇率问题上,基于中美贸易的相互依赖性和人民币汇率形成机制具有国际法上的合法性,美国的态度和主张并不具有强硬的资本。我们可以合理合法地维护人民币汇率主权:一方面应坚定地维护人民币汇率主权的法律原则,使人民币汇率改革保持独立性,不受制于任何其他国家或国际组织;另一方面,应稳步推进人民币汇率形成机制改革,缓解人民币单向持续升值的态势,增强人民币汇率形成机制的灵活性,防止国际游资等投资资金借机大量涌入所导致的升值压力。

上述研究思路、视角和路径,具备科学合理性和可操作性。

该子课题的突出创新是:以杭州主动接轨上海自贸区作为实证案例,动态地研究如何通过完善国内法律、法规和政策促进人民币国际化,如在 2020 年前,全面开放金融服务业;开放资本与金融账户,实现货币自由兑换、资本自由流动的国内相关法律、法规和政策的修改、调整、补充和完善。并以此为突破口,向浙江省、长三角和全国扩充、补充案例研究。以此在我国完善法律体系的进程中,依托和配合金融体制改革与人民币国际化导向,具体针对《人民银行法》《货币法》《非银行金融机构监管法》等的制度设计与立法结构进行研究,提出对策选项。

子课题二与子课题三的联系和区别:2001 年中国加入 WTO,全面纳入全球分工体系,从而开创了中国十多年的黄金发展期,奠定了"世界工厂"的地位。中国遵守其规则大幅开放国内市场,在促进本国经济发展的同时,却遭遇对外贸易和投资的巨大阻力,不仅表现在美国、欧洲等发达国家通过各种并不符合 WTO 要求的国内法规等对中国设限,也表现在新兴市场国家和发展中国家。典型的例子就是华为和中兴进入美国市场所遭遇到的强势阻挡。随着 WTO 多哈回合谈判长期停滞不前,WTO 红利对我国进一步发展的带动作用日趋减弱,并且美国也发现在 WTO 框架下再"玩"下去将吃亏时,以美国为首的发达国家为摆脱金融危机、实现经济增长,正以 TPP 谈判为代表的东线、以 TTIP(跨大西洋贸易与投资伙伴关系协定,Transatlantic Trade and Investment Partnership)谈判为代表的西线和以 TISA(Trade in Services Agreemet,服务贸易协定)谈判及以美式投资协定为蓝本的 BIT2012(Bilateral Investment Treaty,双边投资协定)谈判为代表的"中枢",试图重构游戏规则,建立一种新的远高于现有 WTO 规则的国际贸易投资规则体系。

如果说 WTO 和人民币国际化之间的关系是过去和现在进行时的话,那么 TPP 和人民币国际化之间的关系就是将来时。海峡两岸以何种方式加入 TPP 谈判,是需要研究的,但大陆尽早加入 TPP 谈判,参与 TPP 游戏规则的制定,不仅能影响人民币国际化的区域法律的制定,而且能影响 WTO、IMF 的相应法律的修改;不仅能加快人民币国际化,而且能促进我国法律制度的完善,促进我国金融制度的改革。这是本选题相对于已有研究的独到学术价值、应用价值和社会意义。

9.2.2　案例分析

近年来,WTO 的多哈谈判连续受挫,各经济体为了绕开 WTO 多边协议的阻碍,推动贸易自由化,纷纷通过 FTA、PTA (Preferential Trade Agreement,特惠贸易协定,指参与国家或地位之间对某种特定产品给予优先或特惠的准入,实行该行为的国家体构成特惠贸易协定)等方式建立自由贸易区。TPP 是美国重返亚太、试图主导的自由贸易区。一时间,TPP 在亚太激起千层浪,大陆和台湾也免不了受到影响,开始考虑是否加入 TPP。我们在分析了大陆和台湾加入TPP 的利弊后,提出了大陆和台湾的应对方案,指出台湾在 ECFA 框架内与大陆共同加入 TPP 是对两岸合作最好的选择。

如章和杰在 2013 年 8 月 31 日－9 月 1 日的"第七届两岸发展研讨会——亚太战略格局与两岸关系发展"论坛上的部分发言:

TPP 是美国因为多哈回合谈判遇到困难后寻找的企图替代 WTO 的解决方法。中国没有必要跟着美国的游戏规则行事。如果一味跟随已有规则,就会像中国在 WTO 谈判上一样吃亏。但从另一个方面来说,TPP 可能是好东西,因为中国还有制定规则的可能。章和杰认为,两岸应该有大智慧,抛开政治上的东西,打破国际上既有的规则,争取双方利益最大化的同时加快两岸经济上的一体化。

章和杰以上主要观点被中评网以标题"杭州会谈:台湾加入 TPP? 两岸应有大智慧"挂在网上,受到两岸的较高关注,使理论能较紧密地联系实际。网址链接: http://www. zhgpl. com/doc/1027/1/0/8/102710895. html? coluid ＝1&kindid＝0&docid＝102710895。

在本课题的研究过程中,若大陆或两岸共同进入 TPP,则将大大加速人民币国际化进程,与之相关大陆内部的相关的金融法律、法规和政策将相应做出与国际接轨的重大调整。并在两岸经济一体化加速过程中,有助于在台湾建立人民币离岸市场。因为根据章和杰、陶怡(2011)的研究,除了政治考量外,在台湾建立人民币离岸市场要优于在香港建立人民币离岸市场。且台湾高层智库已表态要促进两岸在经济、金融等层面法律的趋同(在第七届两岸发展论坛开幕式上,台湾"中广集团"董事长张荣恭在大会上的发言)。

9.3　本课题研究的预期目标

随着中国经济的快速发展和经济实力的不断提高,人民币在国际上的地位不断提升,逐渐成为一种硬通货。但由于国内相关方面的法律制度仍不健全,国际和区域等原有的法律制度与人民币国际化相互之间不适应占主流,因此在人民币国际化进程中会出现许多国际法和国内法方面的问题,需要深入剖析,并随时提供具备科学合理性、可操作性的对策建议。

9.3.1　在学术思想理论方面的预期目标

丰富和发展人民币国际化与国内外货币制度相关的法律制度建设等方面的学术思想理论。

9.3.2　在学科建设发展方面的预期目标

不仅将大大提升理论经济学、应用经济学、国际法学、法学理论和经济法学等学科的建设发展,而且将孕育、发展出边缘学科——金融与法律(货币国际化与法律,是金融与法律学科中的核心方向之一,依文献搜索,还未发现此学科),可能引领国际潮流。

9.3.3　在资料文献发现利用等方面的预期目标

围绕着子课题一、二,将在 IMF 和 WTO 与人民币国际化的相互关系、相互影响方面取得的相关法律制度的资料文献发现并利用;围绕着子课题三——TPP 对国际货币法律的影响和人民币国际化的关系,将在资料文献的发现利用方面与国际接轨;围绕着子课题四的资料文献的发现,将在双边、多边 FTA 中主动调整、重构相关的法律制度,加速人民币国际化;围绕着子课题五的资料文献发现,将加速国内与人民币国际化相关的法律制度的完善。

9.3.4　在立法实践应用等方面的预期目标

通过对人民币国际化的现有法律环境分析,指出在国际经济金融法律制度、区域金融货币法律或协议制度,国内人民币流通立法三个方面对人民币的影响并评价分析,汲取有关国家、国际组织在货币国际化流通与监管的正反两方面的经验,立足我国推动和实现人民币国际化、并防范和遏制区域性、规模性、系统性人民币国际化风险的政策立场,提出配合我国有关国际协议的签署以及国际谈判的推动,所需要的国内立法的修改完善与创设的理论方案和对策措施。

9.4　重点难点和创新之处

9.4.1　本课题拟解决的关键性问题

包括资本与金融账户的全面开放的法律制度研究、人民币兑换、跨境计价结算的法律制度研究,人民币汇率机制与外汇储备管理法律制度研究,人民币衍生产品的法律制度研究,人民币利率市场化(人民币国际化离不开国内人民币的利率市场化改革的配套)与人民币国际化相关的国内金融监管法律制度研究,如对外资管理的负面表列、实施准入前国民待遇、负面清单管理模式等。

(1)构筑对外投资服务促进体系。改革境外投资管理方式,实行备案制为主的管理制度,切实提高人民币境外投资便利化程度。创新投资服务促进机制,加强境外投资事后管理和服务,形成多部门共享的信息监测平台,做好对外直接投资统计和年检工作。鼓励设立专业从事境外股权投资的项目公司,支持有条件的投资者设立境外投资股权投资母基金。

加快培育与人民币国际化有关的跨境电子商务服务功能,建立与之适应的海关监管、检验检疫、退税、跨境支付、物流等支撑系统。

面向国际的外汇管理改革,跨境融资便利化、自由化,深化外债管理方式改革,开展人民币跨境再保险业务,培育发展国际保险市场。

(2)深化行政管理体制改革。建立一站受理、综合审批和高效运作的服务模式。建立完善信息网络平台,实现不同部门的协同管理机制。提高行政透明度,完善体现投资者参与、符合国际规则的信息公开机制。完善投资者权益有效保障机制,实现各类投资的公平竞争,允许符合条件的外国投资者自由转移其投资收益,建立知识产权纠纷调解、援助等多元化解决机制。加快诚信体系建设,提高信用采信的联网度、安全性。

(3)提炼这些问题的理由和依据。最大的敌人是自己。人民币能否顺利实现国际化,国内的相关法律制度能否推动国内经济、金融改革,是推动还是阻碍人民币国际化,这是本课题拟解决的关键性问题。

9.4.2　重点问题

提炼这些问题的理由和依据:为了打破发达国家对中国经济的围堵,中国和一些国家和地区商谈并建立双边和多边 FTA,如市场开放、货币互换、建立外汇救助基金等,是加速人民币国际化的重点。在双边 FTA 谈判和实施过程中,改革不适应人民币国际化的国内相关法律制度,调整对方的相关法律制度,相对较易取得成果,因此是重点问题,而其同时涉及两国之间法律制度的修改和调整,故也是难点所在。

9.4.3　难点问题

提炼这些问题的理由和依据:当时因为 TPP 是进行时,有很多未知数,较难取得成果,因此也是难点问题。

9.4.4　创新之处

(1)将台湾的回归与走向世界相联系。两岸之间的 ECFA 是规范两岸之间经济合作活动的基本协议,在此框架下的深化(包括在子课题四中,ECFA 是 FTA 的变种)不仅将加速两岸经济一体化,有利于在台湾建立人民币离岸市场,加速两岸在经济和金融法律制度方面趋同,推动人民币国际化,有利于两岸的统一。而且有利于大陆打破美国的第一岛链的围堵,在实质上进入太平洋、走向世界,具有深远意义。

(2)提出 TPP 对国际货币法律的影响和人民币国际化的关系。从文献的追踪来看,还没有此观点的提出。当时可以预料的是,中国大陆与台湾以适当方式加入 TPP 谈判、中国大陆在谈判中如何赢得更多的主动权等,将在很大程度上影响着人民币国际化的进程。因为 TPP 对货币国际化的影响的法律制度正在构建中,中国大陆加入 TPP 谈判的过程,本身就要求大陆内部相应的法律制度与国际接轨,促进大陆经济的开放,加速与世界经济的一体化。在课题的研究过程中,TPP 对国际货币法律的影响将直接作用在人民币国际化的进程中,相对于子课题二,本子课题的重要性将逐渐显现,甚至可能超过子课题二。

(3)动态地提出 IMF、WTO 等相关法律制度与人民币国际化的相互影响,而非文献上的单向影响。

(4)在话语体系等方面的突破、创新或推进之处。在改革国内不适应人民币国际化的相关法律制度的同时,主动介入有关人民币国际化的区域、国际的法律制度建设,使其朝着有利于新兴市场国家货币国际化的方向发展,使人民币国际化在话语体系等方面有所突破和创新。

10

亟待改变对外援助币种以加快人民币国际化

人民币加入 SDR 篮子是人民币国际化的重要一步,但人民币国际化更重要的是在境外囤积相当数量的人民币,对外援助是输出本国货币的一种方式,而目前我国相当部分对外援助是直接使用美元,这只会有助于维持美元的国际货币地位,丝毫无助于人民币国际化。本章对此进行分析,并提出一些具体建议。

10.1 部分主权货币的国际化

10.1.1 20 世纪初美国"金元外交"政策奠定了拉美的美元化

1879 年之后,美国的经济实力迅速增长,为美元成为世界货币奠定了坚实的经济基础。1880 年美国的工业生产总值年平均增长速度是英国的 3 倍,1894年美国的 GDP 超过英国跃居全球首位。进入 20 世纪,美国以其提供了世界产品总量的 1/3 而成为世界第一生产大国,1913 年,美国的工业生产总值相当于英国、法国和德国三国工业生产总值之和。第一次世界大战前,英国工业生产总值在世界所占的比重降到了 14%,而此时美国所占的比重高达 38%。1912 年美国总统威廉·塔夫脱在国情咨文中提出了"金元外交"政策,他的对外政策是"以金元代替枪弹"而得名。"金元外交"是从 20 世纪初开始,美国在世界各地长期、广泛推行的外交政策。这一政策的实质是美国政府同美国垄断资本公开结合,通过附有奴役性条件的贷款和投资方式输出资本,以控制他国的政治、经济、外交,最后使这些国家实际上丧失民族独立、国家主权,从而成为美国的附庸国,也使美元率先实现区域化。

169

10.1.2 马歇尔计划加速了美元国际化

马歇尔计划又名欧洲复兴计划,是二战后美国基于欧洲各国在战后面临的经济困境而提出的,旨在复兴欧洲经济的计划。这一计划通过提供"美元信贷",实现欧洲重建。正是这些援助欧洲的美元成了推动美元国际化进程中的力量。1947 年 7 月,这一计划正式启动,时间持续 4 年。其间,西欧各国以参加经合组织的形式接受美国援助,援助范围涉及技术、设备、金融等各方面,总金额达到130 亿美元,这一比重占到美国当年国内生产总值的 5.4%,更占到了美国当年财政预算的 13%。通过这一计划,西欧国家经济基本恢复到了战前水平,并在之后经历了空前繁荣的经济高速增长期。而美国通过这一计划也出售了本国产品,促进了本国经济的增长。美元在这一计划中被成功推向欧洲,"欧洲美元"在这一时期对欧洲国家金融市场产生了深远影响,并且,美国通过此种方式控制了对商品市场和原材料市场的产品定价权。马歇尔计划结束时,欧洲多边支付体系下的自由贸易基本建立,美元流通于整个欧洲开放市场,布雷顿森林体系名副其实地成了美元本位体系,美元正式成为全球主导货币。

10.1.3 日本将战争赔款变成其资本输出

二战后,柬埔寨向日本索赔,日本以资本(日元)输出的方式提供赔偿,既通过柬埔寨采购日本国内产品拉动了日本国内的生产,又使日元率先在柬埔寨成为区域货币,为日本以后的对外扩张奠定了基础。

美元和日元国际化的历程表明,无论通过何种方式,主权货币输出是其国际化的关键环节。

10.2 我国对外援助多数仍直接使用美元

对外援助是本国货币输出的一种方式,但长期以来,我国对外援助多数仍直接使用美元。这只会有助于维持美元的国际货币地位,丝毫无助于人民币国际化。

10.3　我国对外援助应直接使用人民币

10.3.1　有利于减少国内库存

目前国内不少企业产能过剩,欧美等发达国家又对我国设置贸易壁垒。与其通过让渡国内市场来换取发达国家和地区减少对我贸易壁垒(如光伏产品出口欧盟国家等),不如在双边和多边 FTA(自由贸易地区)中,用人民币作为合作、输出资本的计价货币,以减少国内库存。

10.3.2　有利于技术创新

对于国内质量不过关的产品等,可以通过人民币专项科研补助基金输出,在双边和多边 FTA 的境外地区研发,加大技术创新,满足双边和多边 FTA 的相关要求。

10.3.3　有利于技术引进

对于国内暂时还无法生产的产品等,可以通过输出人民币定向引进发达国家和地区的技术等,在国内研发、生产,输出到双边和多边 FTA。

10.3.4　完善法律、法规和政策,助推人民币国际化

当前,国务院有关部门应抓紧出台鼓励对外援助使用人民币的政策,并督促地方出台有关政策;长期看,应制订鼓励对外援助使用人民币的法律、法规。

人民币国际化背景下两岸中小企业合作
促大陆经济转型 推进祖国统一研究探析

11

国内外相关研究的学术史梳理或综述

11.1　总体梳理

11.1.1　序言

　　"两岸梦"无疑是中华民族伟大复兴的"中国梦"的重要组成部分。"中国梦"与"两岸梦"互相关联、互为表里,"两岸梦"不能实现,"中国梦"难圆满;"中国梦"没有两岸共同参与,也是不完美的(2013-03-20,中新网)。近年来,随着两岸经贸往来,台湾与大陆有利益关系的民众越来越多,成为推动两岸统一的重要力量。党的十八大报告中明确指出,要持续推进两岸交流合作。深化经济合作,厚植共同利益。时任国台办副主任的孙亚夫认为:两岸相关问题研究有难有易,最早出成果的应该是两岸经济一体化议题。台湾是"中小企业王国",中小企业是两岸经济发展的中坚力量,加强两岸的经济合作,首先就是要加强两岸中小企业的合作。两岸中小企业要肩负起历史使命,积极合作,共同繁荣两岸经济,实现两岸经济一体化,促进和推动祖国和平统一。

　　国务院 2011 年 12 月印发的《工业转型升级规划(2011—2015 年)》指出,目前,中国大陆各类中小企业达 4400 万户,其中规模以上中小企业工业企业 45 万家,贡献了税收的 50%,GDP 的 60%,城镇就业岗位的 80%。此外,根据《2011年中小企业白皮书》资料显示,2010 年台湾地区中小企业家数有 124.8 万家,占全部企业家数的 97.68%,其销售值占全部企业比率为 29.55%,就业人数为819.1 万人,占全部就业人数 78.06%。不难看出,无论是大陆还是台湾,中小企业在社会经济发展和吸纳人员就业中占重要地位。然而中小企业在大陆和台湾的发展又有所区别,这主要表现在地域和产业差异上。大陆 61.84%的中小企业分布在东部地区,中、西部各占 22.14%和16.02%。在行业上主要集中于批发、零售业和制造业,共占全部产业的58.5%。台湾中小企业有46.65%集中在北部地区,中南部各占24.26%和25.90%。其中从事服务业和工业的中小企业各占比80.24%和18.75%(池仁勇、金陈飞,2011)。由此可见大陆大部分中小企业仍处于加工制造这些附加值较低的产业,而台湾大部分中小企业通过转型升级从事附加值较高的第三产业。除此之外,大陆中小企业发展还受到技术管理水平的约束,缺乏自主知识产权与核心竞争力,在融资方面也存在相当的压力。相比之下台湾中小企业在这些方面的发展要优于大陆,但由于其自身限制,在自然资源、人力资源和市场等方面还是有所依赖于大陆。

因此,通过比较两岸中小企业的发展优劣势,互相借鉴,彼此合作,不仅有助于大陆中小企业尽快实现产业转型升级,解决台湾中小企业在资源、市场等方面的限制,还能通过中小企业在经济上建立更多联系,逐渐衍生到文化、政治等方面的合作,有效推动两岸和平统一。

当前,人民币国际化是两岸中小企业合作面临的新机遇。随着两岸货币清算机制的正式建立,两岸间的贸易往来可用人民币或新台币来直接进行清算、结算,可降低汇率成本,避免汇率风险。台湾地区已具备人民币离岸中心建设的良好条件(章和杰、陶怡,2011),可在台湾建立人民币离岸中心,进一步推进人民币国际化进程。根据商务部公布的统计数据显示,2012年全年,两岸贸易总额1689.6亿美元,台湾地区贸易顺差954亿美元(2013-01-31,中国台湾网)。若两岸贸易以人民币结算,台湾将有充足的人民币积淀,台商以贸易顺差部分的人民币对外进行直接投资,将是推动人民币国际化的一条有效路径。

11.1.2 子课题一"人民币国际化背景下两岸中小企业合作"

子课题一就是以人民币国际化为切入点,配合研究两岸中小企业合作,加深两岸经贸、金融合作。以中小企业的合作整合两岸经济,使大陆和台湾成为互不可缺的经济共同体,进而推动政治方面的缓和,最终实现祖国统一的"两岸梦"。

11.1.3 子课题二"两岸中小企业合作比较研究——内外均衡视角"

子课题二是从大陆宏观经济内外均衡的视角切入,研究两岸中小企业如何有效合作,减轻大陆内外不均衡水平。相比于以往研究内外均衡的整个过程都是从宏观研究入手不同,本子课题仅是从宏观经济切入,但具体落实到中观、微观层面,将使所提对策建议更具可操作性。

11.1.4　子课题三"逐渐取消出口退税政策对两岸中小企业国际化的影响比较研究——大陆经济结构转型升级视角"

由于大陆中小企业国际化、转型升级迟迟未能实现,过程相较其他国家和地区偏慢,这和我国政府长期以来实施出口退税政策不无关系。在某种程度上,正是不当的出口退税政策维持了相当一些在市场经济中本该淘汰的落后企业。子课题三正是从此视角切入研究。

11.1.5　子课题四"两岸影子银行的历史、现状及趋势比较研究——解决大陆中小企业融资烦、难、贵视角"

中小企业融资烦、难、贵是世界性问题,但有些国家和地区解决得较好。我国台湾地区对此就做得不错,并且同时也较妥善解决了影子银行的不利影响。大陆之所以影子银行问题愈来愈突出,其中很重要的一个原因就是中小企业在正规金融中难以获得贷款,于是影子银行应运而生。子课题四就是为此而设。

11.1.6　子课题五"台湾民间金融合法化的历史、现状、趋势及对大陆的启示——推动温州金融改革,促进大陆民间金融合法化"

在研究台湾地区如何解决中小企业融资烦、难、贵问题时,我们发现台湾的民间金融在其中充当了很重要的角色,即民间金融合法化。浙江省最早提出民间金融合法化,但至今民间金融还未浮出水面。子课题五就是为此问题而展开研究。

由于子课题是从不同方面切入,故文献综述单独分列。但共性问题,统一放到序言中阐述。

11.2　文献综述

11.2.1　子课题一"人民币国际化背景下两岸中小企业合作"文献综述

改革开放以来,中国经济虽然高速增长,但仍存在许多问题,需要转型升级。而台湾地区在某些方面的发展状况较大陆相对完善一些,且两岸经济存在一定的互补性。随着海峡两岸的"大三通"以及 ECFA 的实施,两岸的企业合作逐步增加,这将有助于促进大陆的转型升级。而且,中国正在推动人民币国际化进程,随着人民币的国际化,将会给两岸之间的合作带来许多益处。因此,本书从促进大陆经济转型升级方面就两岸中小企业合作的情况以及人民币国际化对两岸合作的意义进行综述。

（1）中国经济转型的必要性。改革开放40年来，中国经济突飞猛进，但是结构长期不合理的矛盾日益突出，表现在内需与外需、投资与消费失衡；农业基础薄弱、工业大而不强、服务业发展滞后，部分行业产能过剩；城镇化、中西部地区发展滞后；资源消耗偏高，环境压力加大等。当前世界经济正处于结构大调整时期，无论发达国家还是新兴经济体都希望通过经济转型升级实现可持续发展，中国也要抓住这次机遇，完成自身的经济结构转型升级。

目前，中国经济正面临着内外夹击的双重压力。从外部看，美国、欧洲等国家提出制造业回归。美国以往靠发展虚拟经济、金融业和服务业，但在金融危机后，奥巴马提出了再工业化战略，还采取了很多措施，包括政策支持、资本回流等，这对中国制造业形成了竞争压力，中国若不尽快进行产业升级，很快就会被边缘化、被淘汰。目前中国低端制造业已经很难维持，因为中国的劳动力和原材料成本优势越来越低，越南等发展中国家也在发展制造业，对中国形成了一定竞争压力。高端制造业有发达国家堵截、低端制造业有发展中国家追击，在此环境下，中国必须转型升级才能找到出路。当前中国面临人口红利减少、要素成本上升、竞争力落后、产业基础薄弱等问题，若想实现经济可持续发展，就必须尽快转型升级（肖学军，2005）。

因此，中国经济需要做到以下几方面的转变：经济的增长从更注重数量向更注重质量方向的转变；经济结构从以制造业为主向以制造业、服务业和现代农业共同发展的方向转变；经济增长的动力从过去主要依靠投资和出口到依靠投资、出口和内需，且以内需为主的这样一个经济增长方式的转变。2015年，中国消费对经济增长的贡献率达到66.4%，比2014年提高了15.4个百分点，成功实现了经济增长由投资和外贸拉动为主向由内需为主的重大转型。

（2）我国台湾地区的经验。台湾地区在20世纪也曾经历过劳动密集型产业扩张阶段、重化工业进口替代时期、技术密集型产业快速发展和服务业迅猛扩张时期、产业平稳调整期等4个产业调整的过程。目前，台湾地区已基本形成以电子信息业为龙头带动技术密集型产业发展的格局，并将生产技术逐渐扩展到资本密集型和劳动密集型产业中，不断提高加工层次与制造水平。而工业的高级化和成功转型，又为服务业的扩展和提升创造了条件。

如果将大陆和台湾地区的产业结构进行对比（见表11.1），可清楚地发现，大陆的产业结构水平总体上仍低于台湾地区，大陆尚处于"二三一"的工业化中期阶段，即所谓重化工业阶段或国内替代阶段，工业仍是国民经济的主导；而台湾地区已处于"三二一"的工业化后期阶段，第三产业的主导地位明显。

但由于大陆产业结构发展的特殊性,使其存在着令人瞩目的多元特征。表现在:首先,资本有机构成低的农业与资本有机构成高的重化工业同时并存,且重化工业成为工业的主导,借此,才建立了门类齐全的工业体系,形成了农、轻、重兼备,自我完善、自我发展的庞大的国民经济体系,这是大陆产业结构的优势,也是发展国民经济的坚实基础。在这一基础上通过技术进步,带动资本存量和技术质量的提高,对促进经济进步和产业高度化意义重大。其次,工业内部简单劳动密集型加工生产与具有世界先进水平的机械化、自动化生产同时并存。虽然大陆存在着产业水平总体较低的问题,但重化工业的发展大大地缩小了两岸工业化的差距,决定了两岸在产业分工中各具优势,而优势的互补必然是两岸分工兼具垂直分工与水平分工的形态。

从两岸工业产业结构的内部构造来看,若以传统工业、基础工业即技术密集型工业来划分,台湾地区近年来无论在生产还是在出口的产品结构上都有显著改变:传统工业生产占制造业的比重逐年下降,技术密集型工业显著上升,制造业向大型化、集中化趋势发展,人力资源结构也有升级现象。经过 30 多年改革开放,大陆工业的产业层次显著提高,在一些区域已经形成了明显的产业集群,但多数产业偏向劳动密集型,结构水平相对偏低(庄荣良,2009)。

因此,若两岸中小企业有效合作,大陆可更好地借鉴台湾地区经验,从而促进大陆产业转型升级。

表 11.1　1993—2010 年大陆与台湾地区生产总值构成比重

年度	大陆 GDP /人民币 亿元	台湾 GDP /新台币 亿元	第一产业占比/%		第二产业占比/%		第三产业占比/%	
			大陆	台湾	大陆	台湾	大陆	台湾
1993	34561	59184	19.9	3.6	47.4	39.4	32.7	57.0
1994	46670	64636	20.2	3.5	47.9	37.7	31.9	58.8
1995	57495	70180	20.5	3.4	48.8	36.4	30.7	60.1
1996	66851	76781	20.4	3.2	49.5	35.7	30.1	61.1
1997	73143	83288	19.1	2.6	50.0	35.3	30.9	62.1
1998	76967	89390	18.6	2.5	49.3	34.6	32.1	62.9
1999	80579	96409	17.6	2.6	49.4	33.2	33.0	67.7
2000	88254	100320	16.4	2.0	50.2	29.1	33.4	68.9
2001	95728	98622	15.8	1.9	50.1	27.6	34.1	70.5
2002	103554	102933	15.4	1.7	51.1	28.3	33.5	70.0

续表

年度	大陆 GDP /人民币 亿元	台湾 GDP /新台币 亿元	第一产业占比/%		第二产业占比/%		第三产业占比/%	
			大陆	台湾	大陆	台湾	大陆	台湾
2003	116694	105196	14.8	1.7	52.9	28.0	32.3	70.4
2004	159878	110655	15.2	1.6	53.0	27.6	33.3	70.8
2005	182321	114547	12.6	1.7	47.5	27.1	39.9	71.3
2006	209407	118898	11.8	1.6	48.7	26.8	39.5	71.5
2007	249530	125889	11.3	1.5	48.6	27.5	40.1	71.1
2008	314045	126202	10.7	1.6	47.5	29.0	41.8	69.3
2009	340903	124772	10.3	1.8	46.3	28.9	43.4	69.0
2010	401202	136035	10.1	1.6	46.8	31.3	43.1	67.1

资料来源:历年中国统计年鉴。

(3)大陆中小企业发展状况。目前,大陆各类中小企业达4400万户,占企业总数的99%,其中规模以上中小企业工业企业只有45万家,而300人以下的小微企业则占了95.8%。大陆的中小企业贡献了全部税收的50%,国内生产总值的60%,城镇就业岗位的80%(肖学军,2005),而且它们提供了大陆65%的发明专利,75%以上的企业技术创新和80%以上的新产品开发(陈晞,2009)。因此,中小企业为国民经济做出了巨大贡献,为推动大陆经济快速发展、缓解就业压力发挥了很大作用。然而,近年来大陆中小企业在发展过程中却遇到了瓶颈。

(4)台湾中小企业发展状况。台湾地区中小企业十分发达,台湾现代经济,实际上就是中小企业经济。台湾"经建会"指出,在台湾经济发展中,中小企业一直占有举足轻重的地位。2010年,台湾中小企业124.8万家,占岛内企业总数之97.68%,贡献了全岛29.55%的销售值,雇用员工人数达到了819.1万人,占岛内企业总数之78.06%,显示了中小企业为提供大量就业人口之主要来源,并为台湾经济发展之重要根基(陈茜,2011)。从整体实力看,无论是在民营企业,还是在整体经济体系中,都居于重要地位。

与大陆中小企业一样,台湾地区中小企业在发展过程中也遇到了瓶颈。2010年,台湾总人口约为2316.2万人,岛内生产总值(GDP)约为136035亿元新台币[①]，人均月薪资为 44430 元新台币(陈宏,2010)。而 2010 年,大陆城镇单位就业人员平均工资为 36539 元人民币,平均月薪资为 3045 元人民币(陈宏,2010)。由此可见,台湾岛内生产力成本远高于大陆,不利于中小企业降低生产成本,同时,因岛内人口较少,本身的消费能力有限,狭小的市场在一定程度上限制了台湾地区中小企业的发展潜力,使它们不得不把眼光转向岛外,积极寻求更广阔的发展空间。

(5)两岸经济合作基础

第一,两岸经济上的互补性。大陆拥有规模巨大的市场,台湾人口较少,自身商品需求有限,大陆经济经历了 40 年的高速发展,居民的消费水平不断提高,为台湾中小企业提供了广阔的潜在市场。早期台湾自身产业结构调整将大量劳动密集型产业转移到大陆,利用大陆廉价的劳动力,进行外贸加工。台湾中小企业发展比较早,起步要比大陆早几十年,已经形成了较为成熟的管理模式和较为先进的技术,它们的介入在一定程度上带动了大陆中西部中小企业的发展。

第二,两岸政治上的缓和。"政冷经热"是两岸政治经贸关系中的特殊现象,但 2007 年下半年因美国次贷危机而引发的金融海啸让马英九当局迫切希望两岸加强合作,共同应对危机。两岸关系中发生了一些令人欣喜的转变,实现了历史性的转折,双方在"九二共识"的基础上恢复了中断 13 年的制度化协商,两岸实现了双向直接"三通",改善和发展两岸关系成为主旋律。金融危机在某种程度上成为推动马英九当局扩大开放两岸经贸政策与推动两岸经济合作的重要背景。而两岸签订的《海峡两岸经济合作架构协议》(ECFA)将降低商品进出口关税,有助于推动两岸经贸关系的发展。同时对台湾地区而言,能够避免在区域经济整合体系中被边缘化,促进台湾经贸投资国际化。通过两岸制度性的安排,陆续与大陆及其他国家和地区签署协议或协定,可助台湾地区融入全球经贸体系,并吸引跨国企业利用台湾作为进入东亚的经贸投资平台。而且依据台湾"中华经济研究院"的 GTAP 模型研究,两岸签署 ECFA 对台湾经济之影响,研究结果显示签署后对台湾地区 GDP、进出口、贸易条件、社会福利均呈现正成长,整体经济成长率将增加 1.65%～1.72%、总就业人数将增加 25.7 万～26.3 万(田文威、丁宇,2010)。

(6)"十二五"规划的出台也为两岸合作提供了很好的依据

第一,"十二五"力推经济结构战略性调整以加快转变经济发展方式。台湾地区经济在规划涉及的中小企业发展、农业科技创新和种苗培育、现代服务业发展、产业信息化、循环经济、海洋经济诸方面都具有发展优势和丰富的经验,通过

---

① 　来源:《2011 年中国统计年鉴》。

两岸在这些领域的对接合作,不但为台商资本提供投资机会,为台湾地区经济提供内需市场支撑,而且可以为大陆产业转型提供资本支持和技术支持以及经验借鉴,促进两岸实现双赢。

第二,"十二五"规划把科技进步和创新作为加快转变经济发展方式的重要支撑,为两岸科技研发力量整合提供了空间和动力。

第三,"十二五"规划坚持把建设资源节约型、环境友好型社会作为加快转变经济发展方式的重要着力点,循环经济、低碳经济是"十二五"规划期大陆经济发展的重心所在,而由于两岸的互补性,两岸产业合作存在广阔的空间(石正方,2010)。

第四,"十二五"规划倡导完善城市化布局和区域协调发展,主张"实施区域发展总体战略","完善城市化布局和形态","遵循城市发展客观规律,以大城市为依托,以中小城市为重点,逐步形成辐射作用大的城市群,促进大中小城市和小城镇协调发展"。因此,诸如海西、成渝经济区、武汉城市圈、长株潭城市群等重点区域受惠政策支持有望快速崛起,形成区域特色经济繁荣发展的局面(桑登平,2012)。

(7)两岸合作现状

1949 年至 1978 年的 30 年间,由于台海激烈的军事冲突和紧张的军事对峙,两岸经贸往来基本中断。自 1979 年全国人大常委会发布《告台湾同胞书》,并提出两岸实现通航、通邮,进行经贸交流的政策主张后,海峡两岸经济交往才开始逐步恢复。1987 年,数万大陆老兵在台北发起返乡探亲运动,迫使台湾当局批准台胞赴大陆探亲。至此,38 年的隔绝终于被打破。此后,两岸的经济合作逐渐形成规模。

自 1978 年以来,两岸的经贸关系发展主要经历了 1978—1986 年的试探性交流阶段、1987—1996 年的快速发展阶段、1997—2001 年的缓慢发展期和 2002 年至今的深化发展阶段等 4 个阶段,两岸的贸易情况见表 11.2(许一欣,2010)。两岸贸易总体呈上涨趋势,但大陆自台进口额的涨幅远远大于大陆对台出口额的涨幅,以至于台湾地区对大陆的贸易顺差逐年增大。1992 年以前,台湾地区对大陆的贸易顺差还控制在 50 亿美元以内,但在 1992 年之后,贸易顺差则突破了 100 亿美元。到 2008 年年底,台湾地区对大陆的贸易顺差已达到 774.6 亿美元,占两岸总贸易额的 60%。导致这种现状的最主要原因是台湾当局始终不肯放松对大陆的种种限制,以至于大陆迟迟无法到台湾进行投资,从而带动大陆对台湾地区的出口。但是,随着两岸政治关系的缓和,以及 ECFA 的签订,两岸的经贸关系发展会达到新的水平。

除了对两岸贸易情况的总体分析,还有许多学者对不同产业的两岸合作状况进行了研究。

　　李碧珍(2010)对海峡两岸物流金融合作进行了研究。他认为两岸物流金融合作是应对国际金融危机的战略需要,而物流金融是两岸物流业、银行业新的合作空间与利润增长点。目前,两岸中小企业均存在流动资金瓶颈、存货融资需求不断上升、技术缺乏等问题,迫切需要转型升级。而两岸经贸合作的不断扩大与深化为物流金融合作提供了广大的市场;两岸的物流金融业存在产业梯度互补、产业要素互补,能进行分工协作。因此,两岸物流金融服务层面的合作,不但可创新更多适合大陆台资企业需要的融资产品,且可为受到岛内市场规模限制及周边环境制约的台湾物流业、银行业谋求一条新的发展道路,同时也给大陆物流企业、金融机构入台投资带来更广阔的市场,有利于实现台湾地区和大陆的双赢(李碧珍,2010)。

表 11.2　　1978—2008 年两岸贸易情况

年度	贸易总额		大陆对台出口额		大陆自台进口额		贸易顺差/亿美元
	金额/亿美元	同比/%	金额/亿美元	同比/%	金额/亿美元	同比/%	
1978	0.5		0.5		0.0		0.5
1979	0.8	67.4	0.6	21.7	0.2	41900.0	0.4
1980	3.1	303.9	0.8	35.7	2.4	1019.1	−1.6
1981	4.6	47.6	0.8	−1.3	3.8	63.4	−3.0
1982	2.8	−39.4	0.8	12.0	1.9	−49.5	−1.1
1983	2.5	−10.8	0.9	7.1	1.6	−18.6	−0.7
1984	5.5	123.0	1.3	42.2	4.3	169.0	−3.0
1985	11.0	99.1	1.2	−9.4	9.9	131.8	−8.7
1986	9.6	−13.3	1.4	24.1	8.1	−17.7	−6.7
1987	15.2	58.7	2.9	100.7	12.3	51.3	−9.4
1988	27.2	795.0	4.8	65.7	22.4	82.7	−17.6
1989	34.8	28.0	5.9	22.5	29.0	29.2	−23.1
1990	40.4	16.1	7.7	30.4	32.8	13.2	−25.1
1991	57.9	43.3	11.3	47.1	46.7	42.3	−35.4
1992	74.1	23.9	11.2	−0.6	62.9	34.7	−51.7
1993	144.0	94.3	14.6	30.5	129.3	105.6	−114.7
1994	163.2	13.4	22.4	53.2	140.8	8.9	−118.4

续表

年度	贸易总额		大陆对台出口额		大陆自台进口额		贸易顺差/亿美元
	金额/亿美元	同比/%	金额/亿美元	同比/%	金额/亿美元	同比/%	
1995	178.8	9.5	31.0	38.4	147.8	5.0	-116.8
1996	189.8	6.1	28.0	-9.6	161.8	9.5	-133.8
1997	198.4	4.5	34.0	21.2	164.4	1.6	-130.4
1998	205.0	3.3	38.7	13.9	166.3	1.1	-127.6
1999	234.8	14.5	39.5	2.1	195.3	17.4	-155.8
2000	305.3	30.1	50.4	27.6	254.9	30.6	-204.5
2001	323.4	5.9	50.0	-0.8	273.4	7.2	-223.4
2002	446.7	38.1	65.9	31.7	380.8	39.3	-314.9
2003	583.6	30.7	90.0	36.7	493.6	29.7	-403.6
2004	783.2	34.2	135.5	50.4	647.8	31.2	-512.3
2005	912.3	16.5	165.5	22.2	746.8	15.3	-581.3
2006	1078.4	18.2	207.4	25.3	871.1	16.6	-663.7
2007	1244.8	15.4	234.6	13.1	1010.2	16.0	-775.6
2008	1292.2	3.8	258.8	10.3	1033.4	2.3	-774.6
累计	8573.9		1518.4		7056.0		-5537.6

资料来源:台湾"陆委会"。

黄梅波等(2012)从宏观层面和证券产业层面出发,对比了两岸证券业的竞争力,并提出了两岸合作空间。通过对两岸证券产业规模、效率、结构的对比,发现两岸证券业各具优势。台湾地区证券业发展时间较长,已建立了较为完备的证券交易机制和法律体系,且具有长期的市场经验,金融市场成熟度高,通过证券市场融资的成本和难度低,台湾当局对证券转换的限制较少,对投资者的保护也较完善。许多中小企业都可通过证券市场获得融资,且这些上市的中小企业集中于高科技行业,因此证券市场发挥了对实体经济的促进作用。但台湾地区市场总体规模小,近些年经济增长缓慢,证券业也陷入低迷状态。大陆经济规模宏大,且高速增长,与之相对应,证券市场也快速发展,交易活跃。而得益于经济的高速增长,大陆有许多企业发展势头良好,具有优质资产,是潜在的上市资源。但大陆证券业发展时间短,金融产品单一,许多金融衍生品尚未开发。大陆上市企业中很大一部分是国有企业,企业的成长性和资产质量并不高,而急需发展资金的中小企业却很难从证券市场融资。因此,两岸证券业存在合作空间,可进行市场互通、机构合作、监管合作(黄梅波、许月莲,2012)。

尹忠明等(2012)以沪苏闽为例,研究了两岸 IT 产业合作的模式与途径。通过运用中位选民理论得到两岸 IT 产业合作模型,发现海峡两岸在 IT 产品研发方面差距较大,大陆在软件开发上明显处于劣势;但大陆重视基础教育,劳动力充足,而台湾地区重视应用教育,资金充裕,因此两岸能进行互补。运用该模型,得到了 6 种合作模式,分别是:(1)陆资赴台,建立共同标准模式;(2)共同研发创新,共选科研项目模式;(3)联合技术攻关,组建动态战略联盟模式;(4)科技人才互补合作模式;(5)产学研合作与联盟模式;(6)借助 EUP 指令的产业联合环保模式。对于两岸 IT 产业的合作,有学者建议:(1)建立多元融资体系,加强风险资本运作;(2)加强知识产权保护,实施技术标准体系战略,提高自主创新能力;(3)完善市场机制,尊重和发挥企业自主权;(4)加大对信息产业的扶持力度,为海峡两岸提供更加良好的经贸环境;(5)推动海峡两岸 IT 产业的紧密衔接,形成合理的产业分工格局(尹忠明、陈蕾,2012)。

海峡两岸间除了可进行合作,也可进行产业转接。毛建雄(2012)从区际产业转移力入手,综合考虑经济和非经济因素,对福建承接台湾地区石化产业转移进行了 SWOT 分析,发现福建承接台湾地区石化产业具有独特的区位优势、对台交流合作优势、经济效益优势、产业互补优势;具有经济总量和市场容量偏小、产业集聚效应不明显、对台湾地区石化产业的承接总量小、园区配套落后、技术创新能力落后的劣势;具有的机会则是海峡西岸经济区的建设、大陆兴起的新一轮产业转移升级浪潮、两岸关系的和平发展、关税的降低;而受到的威胁则是各地竞争、台湾地区石化业者寻求落地优惠最大化、水资源承载能力有限、节能减排政策影响、人民币不断升值。故对福建省承接台湾地区石化产业转移的对策是加大海西基础设施建设,加快园区建设,创新招商工作,用足用好政策,修补完善产业链,加强沟通协调,提高招商引资效益,通过产业转移促进技术转移,关注项目的社会及环境影响(毛建雄,2012)。

(8)两岸合作的展望

通过前文的分析,可发现:过去两岸产业合作的基本模式是大陆主要依靠优惠条件吸引台商投资,台商则利用大陆劳动力成本优势提升其出口竞争力,两岸企业间形成一种代工关系,基本上没有技术渗透,两岸并无真正意义上的产业合作,这样不利于大陆的转型升级。

但随着 ECFA 的签署及"十二五"规划的发布,两岸经济合作将呈四大趋势:领域由生产层面转向技术和服务层面;对象从中小企业转向大企业主导,并形成产业链;合作形式呈现台资企业本地化趋势;合作地区从大陆由南向北、由东向西拓展(陈晞,2009)。

因此,ECFA的签订,一方面,能通过关税等优惠,使大陆相关产品进入台湾地区的成本降低,在带来一定的经济效益之外,更有助于行业向高技术含量、高竞争力方向发展;另一方面,台湾地区将会有更多具有先进设计、生产、管理、营销、服务等经验的企业进入大陆,两岸在人员、投资、技术及金融等方面的合作增多,为大陆企业向台湾地区学习相关经验提供更多契机;另外,随着两岸经济合作的加深,大陆可对经济结构、产业结构及产业分布、产业链进行调整,从而有效提高企业生产效率,使其在与其他企业竞争时占据相当的竞争力(桑登平,2012;王媛媛,2010)。

(9)人民币国际化对两岸中小企业合作的影响

货币国际化一般分为三个阶段:一是货币在周边地区的现钞流通和使用;二是货币成为周边地区贸易和金融交易的计值、结算和流通货币,即货币的区域化,这是货币国际化的初级阶段;三是货币成为储备货币,实现真正的国际化(陈宏,2010)。

目前,人民币国际化还处在起步阶段,因此,有许多研究都表明在推动人民币国际化的进程中,可以先进行"一国四币"的整合,先形成"中华经济体",这样能带来许多益处:

第一,节约货币交易费用。人民币在香港和澳门早就开始广泛使用了,目前在台湾地区人民币业务也开展了。随着2008年全球金融危机之后中国在全球话语权的上升,人民币的受欢迎程度也在上升。那么,随着台湾与大陆间的贸易、投融资等经济交流日趋频繁,货币的兑换量也会不断扩大,就会产生相当额度的兑换费用。只要两岸间达成了货币互通业务,实现了两种货币在两岸的完全流通(由于人民币大大强势于台币,实际上,这是促成人民币在岛内流通的主要原因),就能为贸易和其他业务节约一笔很大的货币交易费用。交易费用的节约同时也能产生乘数效应,给两岸带来更多的贸易和投资交流。

第二,降低或消除货币间的兑换风险。目前,人民币已取消了盯住美元的固定汇率制度,改为参考一篮子货币的有管理的浮动汇率制度;自2005年人民币汇改以来,人民币一直保持着升值趋势。而新台币的完全自由的汇率制度使得它与大陆间的业务往来存在较大的汇率风险。这两种货币间的汇率风险直接影响到两岸的贸易往来。若直接用两岸货币作为交易媒介,此贸易风险将消除,同时也能推动贸易的增长。

第三,节约外汇储备,降低储备成本。由几个成员组成的同一货币区域内,经济规模的增加可节省用于消极抵御风险的外汇储备。例如:欧盟在建立欧元区之前,各成员国的国际储备相当于2600亿欧元,而新成立的欧洲央行只集中了约500亿欧元的储备,外汇储备的节省可见一斑。若大陆、台湾、香港、澳门实现了货币一体化,这一巨大的外汇储备将大大减少。同时,两岸内部成员间的债务清偿和收支不平衡问题的解决也变得简单很多。

第四,增加市场透明度,提高福利收益。外汇交易成本导致的经济损失大于显见的直接成本。有研究表明,即使没有贸易障碍,地区间的价差仍高达40%至170%,这主要是由于货币兑换成本和多货币引致的信息成本所产生的间接影响。而消除这种影响恰恰是货币一体化的间接收益所在。近年来,两岸的贸易与投资和其他经济交往不断扩大,但由于历史原因造成的生产要素非自由流动、生产成本差异及市场信息不对称,两岸间仍存在较大的客观或人为的价差。这种市场与价差隐含了社会福利的损失。两岸货币一体化会大大提高市场价格和供求信息的透明度,从而减少消化信息的成本。一方面节约交易成本,另一方面可挽回由于汇率风险而压抑的交易活动的损失。

第五,提升中国的金融国际竞争力。金融国际竞争力是国际竞争力的重要组成部分,是一国金融体系效率的集中反映。金融国际竞争力主要包括资本成本竞争力、资本效率竞争力、股票市场活力和银行业效率等四个方面。当前提高大陆国际金融竞争力的改革主要集中在推进利率市场化改革、加强金融监管、完善货币工具、化解国有商业银行不良贷款等内部因素。台湾地区已走过利率市场化改革的道路。所以,货币整合的过程能有效地推动中国金融体系的改革,缩短改革历程,节约改革的成本,从而有益于金融国际竞争力的提高。

第六,外部效应带来的收益。两岸实现货币一体化能为每一个地区带去很大的收益。中国国际地位的上升、台湾地区技术产业的向前发展等都离不开一个强大的货币体系的支撑。除了经济方面的考虑,在政治、国防、外交等方面,一个强大的货币体系都能带来长远的利益。可见货币一体化给两岸带来的收益不仅是巨大的而且是长远的(肖学军,2005;陈晞,2009;邱翠,2010)。

正因为人民币国际化能带来许多好处,所以大陆正在积极推进人民币国际化。在人民币国际化进程中,首先应进行人民币结算,特别是两岸间的结算。大陆出台了许多政策措施以保障和推动两岸人民币结算,香港也完成了初步的制度设计;针对两岸贸易所产生的人民币回流机制问题,香港也引进了人民币国债、离岸人民币存款证,港企发行人民币企业债券等拓宽资金的投资渠道,这些都是两岸贸易人民币结算的现实基础。而对于两岸贸易人民币结算的特殊性,主要包括市场的特殊性及制度的特殊性,特别是在台湾方面。因此,陈茜(2011)提出了几点政策建议:(1)建立对台离岸人民币金融中心,扩大境外人民币可流通空间,推动人民币汇率的自由化;(2)扩大台资银行人民币资金来源,推动境外人民币存款利率自由化;(3)建立多区域对台资本市场,为资本账户双向开放搭建多元化的投资平台。

但是,人民币国际化仍受到多方面因素的制约。最重要的一点,就是中国的实体经济还没有在真正意义上强大到足以支撑人民币国际化的地步。另一点是中国的金融体制也还不足以支撑人民币的国际化,包括金融市场的不完善和金融管制,特别是利率和汇率的形成机制及资本项目管制问题,非居民投资者与金融资产交易者对中国金融市场和货币政策的信心必然受到影响。这些都抑制了境外居民持有人民币的意愿,限制了人民币流通的范围,也阻碍了人民币国际化的实现(陈宏,2010)。

因此,两岸中小企业的合作不仅能促进大陆经济转型升级,也在一定程度上能促进人民币国际化。

11.2.2 子课题二"两岸中小企业合作比较研究——内外均衡视角"文献综述

(1)两岸中小企业合作。目前对两岸中小企业合作的研究大陆学者较多,台湾学者较少。这主要取决于两者发展水平的差距,大陆中小企业更需要借鉴台湾地区的发展经验。多数大陆学者在该问题上的研究都是通过比较两岸中小企业的现状、发展阶段、优劣势后提出如何借鉴台湾经验,让大陆中小企业更好发展。其中较为全面的是池仁勇、金陈飞(2011)比较系统地阐述了两岸中小企业在标准、现状、融资、服务体系等方面的差异,提出了如何借鉴台湾地区成功经验,通过政策法规、金融体系、服务体系这三方面发展大陆中小企业。

相比之下,更多的学者立足于某一方面做细致具体的比较研究。其中,章和杰(2010)通过对两岸金融业的跨岸投资 SWOT 分析后,为两岸金融机构在进入对方市场时如何扬长避短、发挥自身优势提出了很多建议。黄大柯(2007)对两岸中小企业区域投资环境进行比较后,分析了两者的优劣势,为大陆对台招商引资工作提供了相关建议。李非(2003)分析了台湾地区高科技产业的发展以及其向大陆转移合作的趋势。关秀丽(2007)阐述了台湾地区制造业投资大陆的各个阶段后,分析了该举措对台湾地区产业升级、贸易结构、人力资源和就业方面的影响。林峰、叶民强(1997)基于中小企业管理这一点,实证分析了两岸中小企业的特点、优势和困难,探讨并比较了其差异及互补关系后,提出了相应的借鉴措施。

上述研究均是基于中小企业自身发展视角,而未跳出这一局限。结合我国经济的宏观层面,从内外均衡视角切入,将中小企业的发展与我国经济从失衡到平衡的调节过程相统筹。若是通过内外均衡视角来研究两岸中小企业合作,则不但能让政府部门在宏观调控经济时兼顾到两岸中小企业的发展,还能通过两岸日益频繁的经济活动来积极有效地推动调控。

(2)中国经济内外失衡状况表现明显(见表11.3)。内部均衡方面,宏观经济运行特征主要体现为流动性过剩。2007—2011 年,除了 2009 年受到金融危机的冲击,物价的增幅在－0.7%,其余年份均保持在 3.3%以上,2011 年 CPI 更是达到了 5.4%的高位。中国经济面临"滞胀"风险。如此高的 CPI 使得中国内外失衡的问题从少数学者的"隐性"担忧变成了多数国民的"显性"困扰。

表 11.3　2005—2011 年中国国际收支、CPI 等数据

年份	2005	2006	2007	2008	2009	2010	2011
CPI/%	1.8	1.5	4.8	5.9	－0.7	3.3	5.4
经常项目/亿元	1324	2318	3532	4206	2433	2378	1361
资本和金融项目	953	493	942	401	1985	2869	2655
外汇储备/亿元)	8188.72	10663.44	15282.49	19460.3	23991.52	28473.38	31811.48

资料来源:CPI 数据来源于《2012 年中国统计年鉴》,其余数据均来源于国家外汇管理局。

外部均衡方面,中国仍继续保持较快的出口增长速度,但受到金融危机的冲击,外贸的增长速度在下滑,2008 年经常项目顺差达到了 4206 亿美元,到了 2011 年经常项目顺差降低到了 1361 亿美元。2011 年外汇储备量达到了 31811.48 亿美元,大量的外汇储备意味着外汇占款的增加。由于不合理的汇率制度,当前外汇占款几乎成了中国大陆基础货币投放的唯一渠道,同时加剧了内部经济的失衡。

表 11.4　"三缺口"模型中 1990—2011 年中国宏观经济发展基本指标 单位:亿元

年份	储蓄投资缺口	财政收支缺口	外贸收支缺口	社会供求差额
1990	372.8	－146.49	411.5	－185.19
1991	1373.6	－237.14	428.4	1182.34
1992	1673.1	－258.83	233	1698.93
1993	－514.2	－293.35	－701.4	480.55
1994	1177.7	－574.52	461.7	1290.52
1995	4192.2	－581.52	1403.7	3370.02
1996	9735.94	－529.56	1019	9246.5
1997	16311.8	－582.42	3354.2	13540.02
1998	22093.27	－922.23	3597.5	19418
1999	26670.3	－1743.59	2423.4	25990.49

续表

年份	储蓄投资缺口	财政收支缺口	外贸收支缺口	社会供求差额
2000	29489.6	−2491.27	1995.6	29985.27
2001	33993	−2516.54	1865.2	34644.34
2002	41345.6	−3149.51	2517.6	41977.51
2003	47654.3	−2934.7	2092.3	48496.7
2004	50387	−2090.42	2667.5	49809.92
2005	63194.1	−2280.99	8374.4	57100.69
2006	68633.2	−1662.53	14217.74	56077.99
2007	61590.99	1540.43	20155.5	39895.06
2008	79560.1	−1262.31	20868.37	59954.04
2009	96308.2	−7781.63	13411.32	90678.51
2010	111611.4	−6772.65	12323.54	106060.51
2011	128529.3	−5373.36	10079.2	123823.46

资料来源:数据均来自《2012 年中国统计年鉴》

(3)"三缺口"模型介绍与应用。"三缺口"模型是由"两缺口"模型演变而来,即在储蓄投资缺口、外贸收支缺口的基础上增加财政收支缺口而得。基于政府对经济具有很强的宏观调控能力,通过引入财政收支缺口来研究经济均衡问题符合我国的实情。该模型推导如下:

根据宏观经济学,"四部门"经济中,社会总供给 $S=C+S+T+M$,社会总需求 $D=C+I+G+X$,其中 C 为消费,S 为储蓄,T 为政府收入,M 为进口,I 为投资,G 为政府支出,X 为出口。因此社会供求差额可表示为:

$$S-D=(S-I)+(T-G)+(M-X) \tag{11.1}$$

在开放经济条件下,当宏观经济需求平衡即 $S=D$ 时,有

$$(S-I)+(T-G)=X-M \tag{11.2}$$

式(11.2)中:$S-I$ 表示储蓄投资缺口,$T-G$ 表示财政收支缺口,$X-M$ 表示外贸收支缺口。不难发现,社会供求由储蓄投资、财政收支及外贸收支这三个缺口决定。因而我们可通过对上面三个缺口的调控来实现社会供求的均衡,即通过货币政策调控储蓄投资缺口,通过财政政策调控财政收支,通过外贸政策调控外贸收支,只要能有效协调好这三方面,社会供求就能实现均衡(蔡思复,2003)。

根据"三缺口"模型找出相关宏观经济发展指标数据见表 11.4。将表 11.4

中数据做成折线图 11.1。

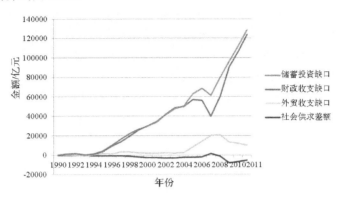

图 11.1　中国"三缺口"及社会供求差额比较

根据图 11.1 不难发现,影响中国经济内外失衡的主要缺口是储蓄投资缺口,其次是外贸收支缺口,而财政收支缺口在 2007 年以后基本为赤字。从 1994 年中国实行汇率改革开始,社会需求不足逐年扩大。2007 年开始的金融危机导致三个缺口值均有所下降,但 2009 年之后外贸收支缺口略微下降,其余均有所反弹,特别是储蓄投资缺口更是以较高的增速日益扩大。而社会供求差额基本跟储蓄投资缺口保持一个走势,只是在数值上略微小于储蓄投资缺口。财政收支赤字虽然一定程度上缩小了社会供求差额,但是相较于储蓄投资的增长趋势,作用效果很弱。如果任由储蓄投资缺口以此增速扩大,则市场需求不足缺口将进一步加大,导致企业因存货积累,资金周转停滞而倒闭,工人失业,从而影响社会稳定。

(4)大陆经济失衡调整与两岸中小企业合作同步研究。运用"三缺口"模型分析了影响大陆经济失衡的各个缺口指标后,不难发现解决的办法在于有效协调财政、货币和外贸这三部门的运作关系,抑制和缩小社会需求不足缺口恶化的趋势。而对于两岸中小企业的研究正好可以从这三个方面切入。

第一,储蓄投资缺口。抑制储蓄投资缺口的扩大是调节经济失衡中最主要的方面。除了国家采用适度放松货币政策宏观调控外,还可以通过加快两岸中小企业合作来积极引导储蓄往投资消费转移。台湾地区有 80% 的中小企业从事服务业,而大陆中小企业则过多地集中在资本边际效益接近于零的制造业,所以大陆中小企业不妨学习或引进其技术管理经验,将自身从附加值较低的制造业升级,政府也可出台政策招商引资,这样就从另一侧面增加了消费与投资。

除了吸引投资外,我们还应发展面向广大的中小企业、非国有企业提供金融服务的地方性中小金融机构,积极发展各类资本市场,扩大直接融资比例,促进储蓄向投资的转化(蔡思复,2003)。

此外,台湾地区较为健全的中小企业融资保证体系与辅导体系也值得大陆借鉴。这不但有利于增加台湾地区中小企业来大陆投资发展的意愿,还有助于为大陆中小企业发展创造良好条件。而融资体系所吸收的资金又可以有效缓解储蓄压力。

第二,财政收支缺口。通过前面分析不难发现,政府部门的财政规模失衡是影响大陆经济失衡的又一方面。政府部门的财政收支缺口偏小,且处于负值。因此,有必要减少政府收入,增加其投资。

政府收入主要来源于税收收入。前面阐述中小企业现状时就提到大陆中小企业贡献了大陆税收的 50%。因而切实减轻广大中小企业的税赋不失为一个有效途径。具体可通过企业所得税改革来减轻中小企业税赋,增加大型企业特别是国有企业的税赋,这从另一侧面增加中小企业竞争力,为其长远发展提供良好环境。

至于政府支出方面,目前其在民生、公益性及教育等部分比例较低,而民生与公益性支出可有效降低居民储蓄,增加教育支出又可提高劳动者的素质,促进中小企业转型升级。因此政府应当加大这几部分的支出比例。

第三,外贸收支缺口。贸易收支的结构性失衡及经常项目与资本项目双顺差是大陆经济失衡的另一原因。政府为了鼓励出口,增加就业,通过出口退税政策来降低出口企业成本,增强其国际竞争力。这种扶持并未从本质上增强企业竞争力。随着竞争日益激烈,技术水平逐渐提升,这种优势日渐缩小并不可持续。且贸易出口对大陆税收具有很大贡献,从另一方面增加了政府储蓄。因此有必要逐步取消该政策以倒逼中小企业转型升级。这不妨借鉴台湾地区促进其产业升级的方法:(1)大力扶持高新技术产业;(2)重点设置科学工业园区,培育创新集群;(3)以技术引进为核心,拓展与世界各国和地区的技术交流合作;(4)通过技术创新提升传统产业层次(林思达 等,2009)。只有中小企业自身实现了转型升级,才能带动贸易结构的优化。

此外,正确实施走出去战略,扩大对外投资也能有效抑制外贸收支缺口。台湾地区中小企业从 20 世纪 80 年代中期起就初步完成了国际化、制度化,并在90 年代中期基本实现升级转型。其国际化有几个关键点:(1)如何从 OEM 过渡到 ODM 进而最终获得自有品牌;(2)到岛外合资建厂;(3)精心打造营销网络;(4)追求高质量的习惯。大陆中小企业不妨对其借鉴以增强自身国际竞争力,也可与台湾地区中小企业合作,入资台湾,利用其技术管理及国际市场弥补自身缺陷。

11.2.3 子课题三"逐渐取消出口退税政策对两岸中小企业国际化的影响比较研究——大陆经济结构转型升级视角"文献综述

在全球经济危机背景下,世界各国尤其是经济发达国家对中国出口产品和服务的需求明显萎缩,中国过分依赖出口和投资的经济结构受到严峻挑战(陆懋祖 等,2011)。加上人民币升值压力,使得中国经济尤其需要改变发展方式和进行转型升级。

目前中国经济结构存在很大的问题。经济增长严重依赖出口和投资,外汇储备的持续增加不仅引发通货膨胀,也在人民币的升值过程中不断缩水。同时,产业结构粗放化,企业的技术创新明显不足,国际竞争力很低。因此,经济转型升级的一个重要方面在于摆脱过于依赖外需的模式,从劳动密集型转变为技术密集型,发挥技术创新和市场创新作用。在全球分工体系中,要求中国经济应从全球价值链低端定位,转变为全球价值链中、高端定位,充分利用全球价值链,提升大陆的优势产业(陆懋祖 等,2011)。

中小企业在国民经济发展中处于重要地位,再加上中小企业"船小好调头",因此,转变经济结构,在很大程度上是中小企业的转型升级。同时,经济结构的转型升级,又是中小企业优胜劣汰的过程,政府通过各种政策引导并促进中小企业转型升级,逐步取消出口退税政策就是其中一种有效措施。

(1)两岸出口退税政策比较

1)出口退税政策。出口退税政策是一个国家或地区,对已报送离境的出口货物退还或免征其在出口前生产或流通各环节已经缴纳的间接税税款的一项税收制度和措施(谢科进、尹冰,2009)。

出口退税主要是通过退还出口货物的国(或地区)内已纳税款来平衡国(或地区)内产品的税收负担,使本国或地区产品以不含税成本进入国际市场,与国(境)外产品在同等条件下进行竞争,从而增强竞争能力,扩大出口创汇。出口退税是为 WTO 规则所允许的一项出口鼓励措施,对于扩大出口、促进就业等有着显著的作用(鲍焰,2010)。提高出口退税率、加快出口退税等将大大促进出口;相反,降低出口退税率、退税不便利等将极大地抑制出口(胡江云,2008)。统计数据证明,出口退税率与中国出口额呈正相关关系(谢科进、尹冰,2009)。

2)中国大陆出口退税政策。大陆目前间接税主要包括增值税和消费税,因而出口退税包括退还出口商品的增值税和消费税。消费税实行彻底的出口退税,因而不存在政策调整的影响问题。增值税退税出于中央和地方税制安排和宏观经济调控考虑,对不同商品设定了不同的退税率,这一税率的调整会影响企业经济利益和国家社会福利,因而也具有贸易政策的产业调整作用。由于中国市场经济体制正处在不断完善时期,受税制建设的实际情况和财政承受能力的限制,目前还无法实现出口货物的完全退税,很长一段时间内都实行差别出口退税政策(谢科进、尹冰,2009)。

中国的出口退税制度改革可分以下三个阶段:第一阶段从中华人民共和国

成立到 1984 年。这一时期的退税制度改革的特点是因受政治等因素影响较大，相应政策缺乏连续性，变动性较大。第二阶段是以 1985 年的改革为标志，从 1985 年到 1993 年。1985 年国务院批准了中国出口退税制度的第一个带有基本法性质的文件。第三阶段是 1994 年到 2008 年，以 1994 年的税制改革为标志。主要建立了与国际接轨的新的增值税制，并在新的税制上形成了新的出口退税制度，正式引进了出口零税率。2008 年国务院修订并通过了新的《中华人民共和国增值税暂行管理条例》，明确出口退税区别于贸易保护主义，其目的旨在促进各国（地区）的贸易往来（鲍焰，2010）。

20 世纪 50 年代以来，中国出口退税政策进行了多次升降结合调整，成为提升产业结构和宏观调控有效举措之一（谢科进、尹冰，2009）。从 1994 年税制改革开始，中国已有 12 次出口退税政策调整，其中 2008 年至 2009 年 6 月份调整次数最多，分别是 3 次和 4 次，这 12 次出口退税率调整总体上呈先上升后下降再上升的波浪形状（谢科进、尹冰，2009）。2005 年 5 月以来中国相继实施的一系列取消或降低出口退税率、出台禁止和限制类加工贸易清单等政策，主要目的在于促进加工贸易产业升级和结构调整，进行产业转移，尤其是向中西部地区进行转移，节约资源和保护环境（胡江云，2008）。

提高出口退税率的主要目标就是帮助企业减轻负担，加强企业在国际市场的竞争力，加快企业出口步伐，使产品的价格优势开始在海外显现，有助于外贸行业的整体发展。相反，调低出口退税，除了可缓解外贸巨额顺差，优化出口产品结构，还可降低国家间的贸易摩擦（路宏达，2009）。

3）台湾地区出口退税政策。台湾地区自 1955 年起即设有外销冲退税机制，规定加工外销品所用原料的进口税捐，得在成品出口后退还已缴纳的关税及货物税。冲退税是各经济体发展经济、拓展外销常用的优惠措施，目的在于降低厂商生产成本，增加产品竞争力。台湾财政主管部门表示，外销业者多数仰赖进口原物料加工后再出口，许多关键零组件也由岛外进口，为协助业者因应冲击，与世界市场竞争，财政主管部门乐见再扩大出口冲退税的适用范围[①]。总体来看，台湾地区的出口退税政策主要用于刺激出口，从 1995 年开始实施的外销冲退税制度，对台湾地区外销帮助很大。

（2）逐渐取消出口退税的必要性

出口退税政策是一项重要的外贸政策，曾经对鼓励出口、促进国民经济发展起到了重大的推动作用。面对愈演愈烈的全球性金融危机，我们应抓住政策调整时机，实行全部商品"零税率"，并积极拓展退税渠道，最大限度地让利于出口

---

① 来源:http://www.mofcom.gov.cn/aarticle/resume/n/201207/20120708252227.html。

企业,助其顺利渡过难关(吴秀芳,2011)。但由于很多中小企业在国际市场上的议价能力很弱,在出口退税率高的时候,进口商就会主动压价,最后退税产生的利润反而归于进口商。这样,只依靠国家出口退税率来维持出口,推动外贸的复苏成为一纸空谈(路宏达,2009)。况且,目前有些行业的中小企业完全依靠出口退税获利,这种现象是不正常的,出口退税政策的实际作用值得深思。

从外部环境来看,多年来的进出口贸易顺差和外汇储备高速增长,使国际社会不断要求人民币升值(陈丽荣、高枝弟,2009)。首先,中国不断增长的巨额贸易顺差急需取消出口退税来缓解(鲍焰,2010)。其次,取消出口退税巧借非汇率的手段,可减少与主要贸易伙伴的贸易摩擦,缓解人民币升值的压力(陈丽荣、高枝弟,2009)。

从经济结构转型升级的视角,取消出口退税可调节中国出口的产品和产业结构。目前恶性降低"低附加值、劳动密集型产品"价格的贸易行为,造成出口增长很快,但出口效益却不能同步增进现象(鲍焰,2010)。通过出口退税杠杆淘汰低端产业,过滤低附加值的产品出口,优化产业结构,转变出口的增长方式,使资源向优势产业方向流动,防止中国资源流失,推动中国出口产品和产业结构的调整和升级,促进经济增长方式的良性循环(谢科进、尹冰,2009)。从这个意义上说,取消出口退税不仅符合市场经济制度,能够促进资源的优化配置,也在一定程度上促进经济结构的转型升级。

因此,不论是从外部环境分析,还是从经济结构的转型升级视角考虑,取消出口退税都势在必行。

(3)取消出口退税对中小企业的影响

取消出口退税对我国中小企业的影响喜忧参半,且由于出口退税率不一,对不同企业和行业的影响也有所不同(谢科进、尹冰,2009)。

第一,从短期来看,对中小企业是不利的。取消出口退税,使得中小企业成本上升,利润下降,影响企业扩大出口积极性。出口退税对出口的影响非常直接和快捷,预计出口退税率每下调1个百分点,出口下降4.9个百分点(陈丽荣、高枝弟,2009)。

因行业竞争激烈,取消出口退税后,不论在产品价格和市场占有方面,还是在选择中国内部市场和国际市场上,中小企业都处于两难境地。对中小出口企业上游供应商的利润和下游销售环节的利润也都有不同程度的影响。一些仅靠价格战打天下的部分中小型出口企业更面临被踢出局的险境(陈丽荣、高枝弟,2009)。

第二,从长期看对中小企业是有利的。虽然取消出口退税率增加了中小企业的成本,但有利于中小企业在国际市场上的价格谈判(吴秀芳,2011),同时倒逼中小企业转型升级,提高技术创新能力,优化产业结构,提高中小企业的竞争能力。取消出口退税,将降低企业的获利、生存空间,有利于中小企业加强行业自律,摆脱部分出口产品低价竞争局面,加速行业洗牌,通过优胜劣汰,为规模大、实力强的中小企业提高更多的市场机会,使其更能做大做强(陈丽荣、高枝弟,2009)。

没有了出口退税扶持,而更多地通过市场的方法培育与发展中小企业的竞争力,在短期内可能是有损的,但长期则是有利的。取消出口退税对中小企业来说既是机遇,也是挑战,只有经得起市场考验的中小企业,才能持续发展。

综上,取消出口退税对中小企业的影响利大于弊,是调整出口退税政策的正确方向。但考虑到中国中小企业仍处于起步发展阶段,对政策的敏感性高,且抗风险能力较弱。直接取消出口退税将给绝大部分中小企业带来致命打击,进而影响进出口贸易甚至于经济增长。取消出口退税要循序渐进,要在逐渐取消出口退税的过程中淘汰以出口退税为生的中小企业,重新整合资源,转而大力扶持有创新性、有竞争力的中小企业。

(4)中小企业如何应对出口退税的取消——转型升级

第一,中小企业要转型。为了应对出口退税的逐渐取消,中小企业须转型升级。转型,是强调企业主体策略的转向,升级则主要是强调企业生产效率的提高,通常因一国经济发展程度与目标的不同而有所差异(张宝诚,2010)。中小企业转型升级的关键是要重新打造自己的核心竞争力,这也是转型升级的最终目标(刘震涛、李应博,2008)。

第二,中小企业转型升级的必要性。放眼全球,经济低迷使得出口增速放缓,人民币持续升值不断吞噬外向型中小企业的利润(许可、何雁明,2008)。与此同时,劳动力成本上升、生产原材料价格不断上涨,由于中小企业缺乏自主品牌、技术含量低,导致成本上升难以向下游传递。尤其是自身技术含量偏低、产品替代性较强、以低价形式出口、以扩产方式带动业绩提升的增长模式已难以为继(鲍焰,2010)。如此看来,中小企业寻找新的出路成为必然选择。出口退税的逐渐取消,更使很多中小企业直面生存威胁,从而促进中小企业的转型升级(许可、何雁明,2008)。

实际上,目前出现的中小企业大规模地外流或倒闭,是经济调整的转型升级过程中必然出现的常态,是经济增长模式转变的必然结果(许可、何雁明,2008)。针对当前的内外环境,既是危机,也有契机。中小企业首先要确定,发展壮大实体经济不能走简单粗放发展的老路,必须与扶优汰劣的产业转型升级导向相结合,提高实体经济竞争力和可持续发展能力(汪燕、胡晓娟,2012)。且中小企业寄希望于政府政策或者出口退税政策改变目前困境是不现实的,对于企业来说最重要的是要实现转型(陆金周,2009)。故中小企业提高产品技术含量、走内涵式增长道路的转型升级迫在眉睫(鲍炬,2010)。

中小企业在转型升级中应加快国际化进程。中小企业在走向国际的过程中可不断降低成本,加强与国际的技术交流,从而形成自身的技术竞争力和品牌竞争力。中小企业转型升级与中小企业国际化相辅相成,二者的最终目标相同,都是为了提高自身的竞争力,为了企业能够生存并持续发展。由此可见,中小企业国际化是促进其转型升级的一个很好的途径。

第三,中小企业国际化的必要性。在当今经济全球化的背景下,中小企业面临着来自国内外的双重竞争压力,全球经济危机使中小企业必须更加主动地应对国际化的机遇和挑战(董小麟,2012)。因此,中小企业国际化经营非常有必要。

中小企业的国际化经营,一方面,能掌握国际市场动态,充分利用全球的资源,降低企业的经营成本,分散经营风险,促使中小企业更加适应经济全球化的要求(仇大勇,2005);另一方面,中小企业参与国际分工,为中小企业与跨国公司合作提供机遇,便于中小企业引进或研发新技术,促进中小企业转型升级,提升企业竞争力。

第四,中小企业转型和国际化面临的问题。中小企业尚处于国际化经营的起步阶段,存在诸多问题,具体来说,主要体现在以下几个方面:

其一,内因。一是资本缺乏问题。中小企业的发展往往受资金规模限制(崔太康,2011)。融资困难,缺乏资本,是很多中小企业在转型升级和国际化过程中碰到的首要问题。在财政政策上,我国主要通过设立支持中小企业发展专项资金,来解决中小企业发展关键点上的资金缺口。但仅仅依靠财政收入还远远不能满足中小企业的资金缺口;专项资金以"给予"方式运行,这些资金的利用效率也是值得思考的。在税收方面,我国现行的中小企业税收优惠措施存在明显不足:优惠政策目标起点不高、针对性不强,税收优惠措施多而零散、缺乏系统性和规范性,优惠手段单一,力度小(夏国风,2009)。二是人力资源缺乏问题。缺乏高技术人才和跨国经营人才,员工整体素质不高(夏国风,2009)。尤其是管理人员的缺乏,使得中小企业的管理水平普遍不高。三是产品科技含量低,创新能力低。中小企业产品附加值低,技术创新能力低,也在很大程度上阻碍了中小企业转型升级和国际化经营(刘明月,2012)。目前中小企业生产经营的产品大多数以劳动密集型产品和资源型初加工产品为主,突出的特点是"三多三少",粗加工产品多,深加工产品少;低附加值产品多,高附加值产品少;一般产品多,名牌产品少。中小企业缺乏质量意识、创新意识和品牌信用意识,产品和产品结构落后,产品开发能力低,升级换代速度慢,很难适应竞争日趋激烈的国际市场(崔太康,2011)。四是缺乏信息、知识。中小企业的信息渠道不畅通,缺少公共信息服务平台(刘明月,2012)。与国外企业相比,我国中小企业很少购买和建立信息通信系统以及进行必要的人员培训。中小企业在国际化过程中迫切需要法律法规、税收、海关规则、商务咨询、培训、融资等信息和知识。但是由于自身积累不足和学习能力的限制,中小企业难以取得这些信息,这是非常不利的(夏国风,2009)。

其二,外部环境的挑战。在国际产业转移中,一些跨国公司保留关键技术,专注于高利润的研发和销售环节,将价值链中间的加工组装环节转移到其他国家,占据"微笑曲线"的两端。于是,大量的中小企业利用自然资源和廉价劳动力的比较优势参与国际分工,争取跨国公司的外包业务,依赖技术引进从事附加值低的中间加工环节,企业利润微薄,人力资本投资和企业研发不足,最后陷入低附加值循环,落入比较优势陷阱。目前,由于全球经济危机的余震,人民币持续升值,对出口及相关企业特别是中小企业的影响极深(夏国风,2009)。

其三,行业层面联合讨价还价能力的缺失问题。我国中小企业在国际化进程中普遍存在缺乏企业文化、品牌管理能力不强,并且中小企业在国际市场中存在单打独斗、孤军奋战的情况(夏国风,2009)。中小企业文化的缺失以及行业内部的分歧也是转型升级和国际化进程中的一大阻碍。

(5)台湾地区中小企业转型升级和国际化

1)台湾地区中小企业转型升级。20世纪70年代初,台湾地区开始提出实施经济转型、产业升级行动计划。当时台湾岛内经济遭受石油危机的冲击,经济由高速增长转入中速和不稳定发展时期。为了克服危机、摆脱困境,当局制订"经济转型升级"的新措施,其核心内容是"工业升级",提出将经济发展的重点,由以前的劳动密集型工业逐步转移到技术密集型和资本密集型上来。当时,台湾的企业许多都是中小企业。面对产业的升级,中小企业往往缺少资金,也没有足以使企业升级的技术。再加上全球的技术流动环境,发达国家自身也面临经济发展的瓶颈,不会轻易转让技术,这对台湾地区中小企业的技术引进更加不利(叶一剑、金城,2011)。在新的全球产业竞争背景下,一直作为台湾地区经济崛起的重要因素的中小民营企业正在求索新的出路。

台湾地区于1973年设立的工业技术研究院,可以说是台湾高科技产业乃至整个岛内产业发展史上的一个里程碑。其在技术研发与产业化之间扩展通路,致力于将研究成果商业化,为高科技产业输送了大量的专利和技术支持,使得台湾产业界基本上可以适应全球产业链的变化。20世纪80年代,台湾当局更是将"自由化、国际化、制度化"作为经济发展的基本政策(叶一剑、金城,2011)。台湾通过卓有成效的产业转型升级,成功地实现了跨越式发展,其成效主要体现在经济迈入新的黄金增长期,同时产业结构发生根本性改变。特别地,在台湾当局"筑巢引凤"的精心打造下,高新技术产业发展迅猛(陈国华,2012)。

在2007年年底的国际金融危机爆发后,在亚洲转型的大背景下,台湾当局再次推进台湾经济升级转型,首要原因就是外部的压力,因为整个台湾经济太依赖外销。随着全球产业发展变革的大潮,不断在新的全球产业链布局中找到自己的地位,这几乎成了像台湾地区这样的外向型的中小型经济体的宿命(叶一剑、金城,2011)。台湾的"黄金十年愿景"将扩大经济的国际化和自由化、通过内外需"双引擎"带动经济增长、发展新兴产业、推动制造业的服务化、促进服务业的科技化与国际化等,作为台湾经济转型升级的方向(张冠华,2012)。

近30年来台湾地区在产业转型升级中的应对措施,或将成为大陆中小企业转型升级的出路。台湾地区促进产业转型升级的途径主要有:大力扶植高新技术产业,调整产业结构,加快传统产业技术创新,提升传统产业层次;重点设置科学工业园区,培育创新集群;以技术引进为核心,拓展与世界各国的技术交流与合作(浙江行政学院赴台湾地区考察团,2012)。国际经验证实产业结构的变化伴随着主导产业的更替,台湾地区也不例外,同时社会结构与产业结构同步优化转型,形成互补互促的良性循环(陈国华,2012)。

此外,台湾地区促进产业转型升级还有一系列配套政策。首先,充分发挥政府导向作用,制定产业政策,确立"自由化、制度化和国际化"的发展方针,并充分利用法规鼓励产业升级。其次,完善产业支撑体系,建立产业升级的基础设施,设立工业研究院,形成"产学研"一体化体系。再次,建立创新服务和要素支撑体系,加大科技投入,发展金融服务,并且培育产业升级的人力资源(浙江行政学院赴台湾地区考察团,2012)。

2)台湾地区中小企业转型升级对大陆的启示。20世纪80年代以来,台湾地区"科技导向"型产业升级策略的有益之处是瞄准世界知识经济潮头,从本地经济发展的现状出发,实行的"科技导向"型产业升级发展策略既具现实性,又具超前性,值得借鉴。

台湾当局在促进中小企业转型升级中功不可没,起到重要的扶持作用,包括在融资、人才方面的支持。具体来说,政府应以市场经济为主导,遵循自由化、国际化、制度化的原则,逐步放宽企业对外投资的金融限制,帮助企业拓展外销市场,制定科技产业的发展方向,建立科技产业的发展平台(殷存毅,2009)。

同时,中小企业在转型升级中应加快国际化进程。加快产业升级必须善于利用国内外两种资源、两个市场。为此,应继续加快对外开放步伐,完善投资环境,鼓励高新技术领域投资进入各工业园区,大力发展中外混合经济,形成外资合理分布,扩大国外资源对科技发展的影响效应,增强中小企业的科技创新能力。同时要积极发展对外贸易或对外投资,规划外部市场,通过合资合作形式积极利用外资和港澳台的国际营销渠道和运营经验,拓宽国际市场,以规避市场风险,使企业稳定持续发展。对岛内资源和市场的利用重点是加大区域合作力度,综合利用不同地区的资源优势和广大市场,为科技发展开创宽广的途径(浙江行政学院赴台湾地区考察团,2012)。

3)台湾地区中小企业国际化。第一,国际化成功的原因。台湾地区中小企业之所以如此发达并且国际化发展迅速,本质上是由于当地中小企业充分发挥自身的优势,扬长避短。台湾地区中小企业非常积极主动地参与国际分工(韦昌鑫、冯德连,2006),重视市场需求变化的信息,追求产品的多样化和高质量,不断研制开发新材料、新产品,紧跟国际市场动态,努力适应国际竞争新形势和新变化(蒋磊,2001)。"专、精、活"可很好地表现台湾地区中小企业在经营管理上的优势,"专"指的是注重以专业化提高竞争优势,"精"指以有限的资源,集中运用于专精化的产品、市场区域和市场对象,"活"是指能针对市场的变化迅速做出反应(黎海波,2005)。

市场化程度高,也是台湾地区中小企业国际化的优势之一。台湾地区属自由经济,比较强调经济自由竞争及市场机制作用,当局对经济的干预和控制较少(蒋磊,2001)。台湾中小企业迅速国际化,与其行业的特点也是密不可分的。台湾地区中小企业间的专业化协作十分发达,且能充分发挥中小企业集群的作用(韦昌鑫、冯德连,2006)。特别在企业制度方面,台湾地区积极推进民营化的政策,解决了企业激励和监督的问题,并逐渐形成了卫星工厂制度和企业群落,促进大企业与中小企业在生产和销售中的联合与协作(仇大勇,2005)。同时,众多的中小企业也组成了一个业务网,相互分工与协作,从而形成联营协作的聚合优势,在国际市场上形成了强大的竞争能力(黎海波,2005)。

此外,台湾当局积极扶植中小企业,也是台湾地区中小企业国际化成功的重要原因。以系统、完整的法律保障为基础,设立专门的管理和服务机构,不断完善中小企业金融体系,辅导中小企业技术升级(黎海波,2005)。从 20 世纪 60 年代起,台湾地区就将出口导向政策作为其中小企业国际化的主导政策,鼓励中小企业出口和对外合作(仇大勇,2005)。在台湾地区中小企业国际化初期,当局采取的一系列税收减免、加速折旧、出口退税、政府采购等各项扶持政策,为了奖励外销,对外销品免征营业税和印花税,并对外销品的投入所缴关税和货物税等准予退税,还建立了保税制度。为配合实现企业升级转型战略,促进中小企业进一步国际化,台湾地区开始大幅度降低关税,并缩小了外销退税的范围(程红丹等,2003)。

第二,借鉴台湾地区经验,促进大陆中小企业国际化。从台湾地区中小企业国际化发展的经验来看,当局创造了有利于中小企业自由发展的制度环境,推动了中小企业的国际化发展,而岛内中小企业自身的努力也是实现国际化的关键。

一是健全的政策体系是中小企业实现国际化的基础。首先,政府应完善法律体系,建立健全市场经济制度,为中小企业营造宽松的环境(罗毅,2012),将企业国际化的重心从大型国企转向更有活力和潜力的中小企业。但仅靠中小企业自身的资金力量是无法完成国际化的必备条件之技术创新,应通过建立健全法律体系和优惠政策以支持中小企业技术创新,为中小企业技术创新活动提供一个自我完善的发展空间(李向东,2012)。同时,组织中小企业与大企业进行专业化协作,鼓励中小企业走联合化的道路(韦昌鑫、冯德连,2006),发挥产业集群的优势,增强中小企业竞争实力。其次,要解决中小企业融资烦、难、贵的历史难题,政府应加强并落实对中小企业的金融支持(刘明月,2012;李向东,2012),推进融资创新,搭建融资平台(罗毅,2012),建立多渠道的企业融资支持。可借鉴台湾对跨国经营的中小企业提供担保的方式,以及在股票市场的中小企业板为跨国经营的中小企业开辟新的融资渠道(尹红欣,2006)。最后,政府应借鉴台湾地区经验,构建完善的中小企业服务体系(尹红欣,2006;刘明月,2012;罗毅,2012;李向东,2012),发展相关的中介服务机构。特别是信息、咨询、培训和技术服务机构,协助企业做好人员培训,为国际化经营培养优秀的经营管理人才。还可针对中小企业的实际情况,鼓励电子商务的发展,建立中小企业网上信息中心或电子商务开放平台。

二是中小企业的自身努力是实现国际化的关键。在政府支持的同时,大陆的中小企业也要不断提高企业经营管理水平,选择适合的国际化发展战略,开拓国际市场(韦昌鑫、冯德连,2006;尹红欣,2006)。首先,探索符合中小企业特点的国际化战略。要注意发挥其独特的优势,并在行业选择、区域选择和介入国际市场的组织方式选择上制订积极稳妥的发展战略与策略(董小麟,2012)。借鉴台湾地区的经验,采取由易渐难、由近及远的循序渐进的途径,即贴牌——外包——海外建厂。或者参考联合经营的战略,鼓励中小企业通过与大企业进行分工合作或战略联盟进入国际市场,借此克服中小企业资金技术等难题,帮助中小企业打开国际市场(尹红欣,2006)。其次,"走出去"的中小企业一定要在东道国积极实施本土化的经营战略。并根据市场变化的要求努力做到与时俱进、及时进行投资策略的调整。要树立良好的民营企业形象,努力将企业的发展融入东道国的社会经济发展中去。要特别注意强化与当地相关机构的沟通和联系,及时排解风险隐患,防止矛盾积累,爆发冲突事件,努力营造和谐共处、互利共赢的投资环境(殷越男,2010)。再次,转变经营模式,提升创新能力。在企业自我积累的基础上,由仅仅提升制造能力转变到提升国际营销能力和研发创新能力,加速技术创新,升级出口产品结构。中小企业只有拥有专利和自主知识产权的产品,实施品牌战略,才能可持续地发展(罗婷婷,2012)。此外,大陆中小企业也须在产品质量方面加大投入,制定严格的质量标准,强化产品生产的流程管理,使得生产的产品优质可靠(尹红欣,2006)。最后,改善管理方法,提高管理水平。学习台湾地区企业采用的先进的科学的管理方法,如 MBO、平衡计分卡、准时生产制、流程再造等。中小企业也可面向自己合作伙伴建立适度开放的电子商务系统,提高企业间交易信息的流动速度和管理效率(尹红欣,2006)。同时还要加强人力资源管理,建立完善的人才激励机制(刘明月,2012)。

11.2.4 子课题四"两岸影子银行的历史、现状及趋势比较研究——解决大陆中小企业融资烦、难、贵视角"文献综述

通过比较两岸影子银行的产生原因、发展历史、现状及趋势,认为可借鉴台湾地区经验来完善对大陆影子银行的监管。

(1)两岸影子银行的发展

影子银行,又称影子金融体系或影子银行系统(shadow banking system),在不同国家和地区的不同时期,其概念有所不同。本书认为影子银行就是监管不到位的、从事类似商业银行的贷款等业务的机构、工具和产品。在大陆,影子银行广义上包含商业银行金融创新业务,如银行理财产品、委托贷款及银信业务;非银行金融机构,如信托公司、投资公司、典当行等;不受监管的民间金融,如民间高利借贷、地下钱庄、非法集资;电子商务金融所衍生的如网上人人贷、阿里贷等。美银美林银行业分析师吴旖认为从台湾地区的经验看,影子银行的危机可能是加速金融改革的触发点,影子银行的发展实质加速了台湾地区利率市场化进程,而由此产生的危机也迫使金融监管当局重新审视垄断金融牌照的利弊(财经时报,2012)。台湾工业银行、金融控股公司的成立及资产证券化的有关规定使台湾影子银行由暗转明,多数具有影子银行特点的机构、工具、产品都已阳光化,处于金融监管之中。

1)产生原因。第一,金融市场的发展状况。资本的逐利性是产生影子银行的原因。大陆金融市场发展滞后,商业银行不能满足实体经济,尤其是小微企业的融资需求和资金定价双轨制是产生影子银行的根本原因。分业制的金融监管、紧缩的货币政策是导致影子银行产生的体制因素。大陆金融业的快速发展及高额回报,促使更多金融、非金融机构加入其中,甚至包括一些国有企业及上市公司。

目前台湾地区的影子银行影响较弱,一方面是因为利率已市场化,另一方面无论是法律体系、还是政策性的扶持措施,台湾当局都很重视中小企业发展,为

其融资提供良好环境。如设立中小企业专业银行,特别针对中小企业进行放贷,且提供创业基金、委托代理、担当财务顾问等服务。除了专业银行,台湾地区其他的一般金融机构也纷纷设立专门针对中小企业服务的部门,支持中小企业融资。

第二,民间金融是否阳光化。产生影子银行的另一重要原因是民间金融还未浮出水面。虽然目前中国大陆已在试点民间金融合法化,但是民间金融鱼龙混杂,信息严重不对称,很难实行全面监管。1985 年,受美日广场协定影响,台湾地区外贸遭受重创,经济大幅波动,从而触发了规模巨大的地下金融系统发生了流动性危机,从而进一步加快了台湾当局推进利率市场化和放松金融牌照管制的进程(财经时报,2012)。台湾地区发展的是二元金融,即正规金融与民间金融共同发展。通过制定"民法债编"等,把规模异常庞大的民间金融的运作融合到相关法律体系中,大幅降低其风险(张燕、邹维,2009)。

2)发展历程。与欧美国家相比,大陆的影子银行起步较晚,最先出现的具有影子银行典型特征的是 2004 年商业银行开始推出理财产品和服务。2005 年大陆开始资产证券化,当时主要是国开行和建行信贷资产证券化与住房抵押贷款证券化。2007 年国务院批复扩大试点。然而仅过了一年,随着美国次贷危机爆发,大陆的资产证券化戛然而止。直至 2012 年 6 月,央行、银监会、财政部联合发布了《关于进一步扩大信贷资产证券化试点有关事项的通知》,给予了信贷资产证券化重启的政策支持。尽管起步晚,但随着近年来金融脱媒化和银行表外业务的发展,大陆影子银行迅速成长。同时,证券、保险类机构对实体经济资金支持加大,金融产品和融资工具不断创新,拓宽了影子银行的范畴(原清青,2012)。此外,政府对影子银行的政策约束也不断放松,极大地促进了影子银行的快速发展(王茜,2011)。

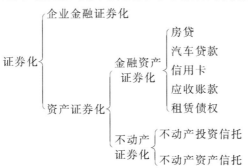

图 11.2　台湾证券化分类

资料来源:李飞:《台湾地区资产证券化经验对中国大陆的启示》,《金融法苑》2006 年第 1 期。

具有影子银行特征的资产证券化在台湾地区也经历了特别的发展历程。台湾资产证券化进程始于 20 世纪 90 年代末期,1998 年 1 月台湾地区成立了"金融革新小组",推动资产证券化步伐。从 2003 年发行第一笔住宅抵押贷款至今,台湾资产证券化的品种日渐丰富,已包含住房抵押贷款、企业贷款、汽车贷款、信用卡、应收账款证券化等多种形式的资产证券化产品(见图 11.2),其迅速发展主要得益于资产证券化特别立法的推动(李飞,2006)。在 2002 年实施的"金融资产证券化条例"中,台湾地区大量吸收国外立法的先进经验,形成了金融资产证券化法律制度的基本框架(闫海,2005)。

表 11.5 2015—2011 年中国五大商业银行中间业务收入占营业收入的比重

单位:%

银行名称	2005 年	2006 年	2007 年	2008 年	2009 年	2010 年	2011 年
中国银行	13.46	17.3	2.34	28.63	31.58	33.29	36.86
工商银行	8.86	9.5	12.17	15.08	20.55	25.67	32.32
建设银行	8.42	8.95	12.16	15.92	20.7	24.55	30.09
交通银行	5.96	9.2	13.77	14.38	17.76	21.44	25.42
农业银行	6.5	7.61	5.99	10.12	14.52	19.52	26.37

资料来源:依各银行年报整理。

(2)两岸影子银行的现状

1)大陆影子银行的独特性。一是杠杆率高、低均存在,低的原因是大陆有关监管部门长期以来对金融创新一直采取审慎稳健策略,具有典型特征的资产证券化目前仍在试点,高的原因是部分与无相应的法律、法规约束有关;二是信贷融资为主,但其他表外业务及各类产品比重渐升(蔡静,2012);三是参与主体众多,关联度较高,盲目扩张和违规经营现象普遍(蔡静,2012)。

银信合作理财产品是影子银行的典型代表。2007 年各商业银行发行的本外币理财产品共 3062 款,2011 年已达 22379 款(陆岷峰、张惠,2012)。因银行资金充足却无信贷额度,于是采用银信合作等变相放贷,理财产品的作用相当于把表内银行存款负债转变为理财负债,而理财负债是不需缴法定存款准备金的,理财产品正是这些机构间资金输送的通道。故理财产品是以放贷为目的、不在商业银行资产负债表内、逃避监管的影子银行的重要产品。目前主要的理财产品有五大类:货币型、债券型、贷款类银行信托、新股申购类、结构性理财产品。近几年大陆银行理财产品募集资金总规模发展迅速。截至 2012 年年底,银行理财产品达到 7.6 万亿元,比 2011 年年底的 4.59 万亿元增长了 3 万亿元,增幅接近 66%(都市快报,2013)。

据统计,从 2005 年到 2011 年,中国五大国有商业银行中间业务收入占总收入的比例从不到10%提升到30%左右,见表11.5。

从表11.5可见,由于对五大国有商业银行而言存款准备金考核压力远大于存贷比,故其通过发行理财产品来缩小需缴存的法定存款准备金规模;而对中小银行来说,存贷比考核压力要远大于存款准备金。相比自主发行的理财产品,银行代销第三方机构的理财产品因监管较难而屡爆风险。更有甚者,有些银行的理财经理私下向客户推荐那些根本就未进入银行销售系统的第三方理财产品(业内称为"飞单"),其风险等级还要高,几乎就是"夺命金"。图11.3表示的是目前大陆理财产品市场格局。

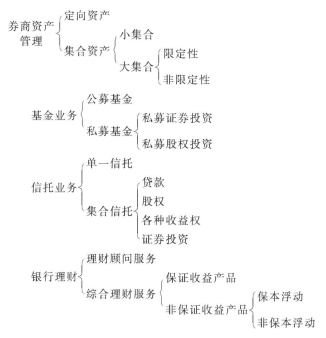

图11.3 大陆理财产品市场格局

资料来源:陈家林:《重赏之下必有勇夫 银行理财经理的"飞单"潜规则》(杭州)《都市快报》,2013-1-19B02。

央行数据显示,截至2011年年底,民间金融地下银行活动规模达3.38万亿,大陆信托行业协会的数据显示,截至2012年三季度,65家信托公司共计持有6.3万亿资产。IMF《全球金融稳定报告》称,2012年三季度大陆理财产品存量约8万亿到9万亿元。综合上述数字,大陆影子银行资产总量约在17万亿到19万亿元(左晓蕾,2013)。在2012年社会融资总额15.76万亿元中,银行信贷仅占同期社会融资总额的52.1%,同比低6.1个百分点;信托贷款占比8.2%,

同比高 6.6 个百分点;企业债券占比 14.3%,同比高 3.7 个百分点(上海证券报,2013)。非银行融资信贷的大幅增加,意味着大规模脱媒和信贷的大规模体外循环,其总量和乘数效应不受央行控制,使弱有效的货币政策的效果更打折扣,进一步削弱货币政策的宏观调控能力。

2)台湾地区影子银行产品较少。相比之下,台湾地区的理财产品不是作为参与银信合作的资金输送通道。这是由于台湾银行大多设有信托部,银行与信托的合作直接在银行内部完成,不需要理财产品这个工具(林鸿钧,2008)。如作为影子银行的重要部分,台湾信托行业资产管理规模在 1971—1981 年的十年间,复合增长率达到了 36%,规模翻了 22 倍;1981—1991 年的十年间,增长速度略有放慢,但仍然保持了 23% 的年复合增长率。台湾理财产品不仅存在于银行系统中,台湾的银行、基金和保险业的理财业务都有 25 年以上的发展历史。早期是以销售产品为主,最近十年,台湾地区开始出现第三方理财公司。第三方理财公司,是指不卖任何理财产品也不收取产品代理销售佣金,为客户做投资规划,用全球 ETF(交易型开放式指数基金,是建立在开放式基金和单位信托基础上的一种创新产品)来做资产配置,主要利润来源于顾问费和资产管理费。但万事开头难,目前赢利完全依赖于收取客户咨询费的第三方理财公司非常少,很多理财公司也会代理销售理财产品(林鸿钧,2008)。

(3)两岸对影子银行的监管

1)中国大陆分业监管模式弊端较大。目前中国大陆金融监管体系主要由"一行三会"构成了分业经营、分业监管的基本框架。一方面,分业监管考虑了金融机构业务发展的多样、特殊和创新性,又兼顾风险防范的技术性要求。另一方面,央行作为最后贷款人,为金融机构提供的最后流动性支持能有效地抑制金融机构风险外溢。在金融混业经营的趋势下,金融机构间的业务界限越来越模糊,监管法规的不统一,不利于监管部门的有效协调(汤世生,2011)。这使影子银行在不受或少受监管发展到逃避监管的情况下持续发展。若影子银行的相关金融活动如资产证券化放开,所有的信贷产品都可以证券化后一次性收回贷款,银行就没有了资本金和坏账拨备的压力,那巴塞尔协议 III 关于银行提高资本金要求的监管条款基本不会起到约束作用(左晓蕾,2013)。当影子银行出现流动性困难时,缺乏从央行获得流动性的直接支持,其没有最后贷款人,故处置系统风险的机制不健全,其风险的累积,易通过金融机构、非金融机构、民间金融等的相互联系、相互扩散,最后冲击整个金融体系的稳定。

在 2013 年中国银行业监管工作会议上,银监会表示要将防范和化解金融风险作为首要的工作重点。禁止银行业金融机构及员工参与民间融资,禁止银行客户转借贷款资金。严格监管理财产品设计、销售和资金投向,严格规定未经授权信托产品,严禁销售私募股权基金产品,严禁误导消费者购买,实行固定收益和浮动收益理财产品分账经营、分类管理。但各类违规或处于灰色地带的影子银行仍大量存在(张鹏,2013)。

2)台湾地区综合监管符合金融发展趋势。台湾影子银行较弱,这与其适应金融发展趋势的监管模式有很大关系。但台湾地区的金融监管也非一蹴而就,也经历了复杂、混乱时期。当时各监管机构间权责存在很多重叠和空白,三次金改后形成了目前的一元监管体系。

第一,推进金融自由化与金融国际化进程。20世纪70年代以来,在西方金融自由化思想的推动下,台湾地区以循序渐进的方式逐步推进利率自由化、汇率自由化及银行业务自由化,台湾银行业从发展初期严格管制的体系逐渐转变成为一个自由、开放、竞争的产业。20世纪80年代以后,台湾当局逐步放开金融机构牌照的审批,使银行业朝着综合化经营的方向发展。1989年修订的"银行法",放宽了市场准入标准,开放民营银行设立,允许公营银行私有化,允许民间设立商业银行。在民营化趋势下,台湾地区原本以公营银行为主的银行业逐渐走向以民营银行为主的开放竞争产业(兴业证券,2011)。

第二,专业银行提供专业信用。为了解决实体经济发展中融资需求问题,台湾地区专业银行有着举足轻重的作用,为不同经济体提供专业信用,如中小企业银行、不动产信用银行、农业银行、工业银行等。而且,台湾银行业顺从市场经济中"看不见的手"引导,主要为民营企业服务,数据显示,台湾银行业贷款以民营企业贷款为主,占总贷款量的85%,而政府机构及公营企业分别只占11%和4%(兴业证券,2011)。台湾银行业资源配置效率更高,避免了如大陆的地方政府融资平台问题。

第三,提高金融资产质量。2001年6月,台湾当局实施了"金融重建三法",有了相关的支持,台湾地区金融业出台了多种提高资产质量的措施。一是成立资产管理公司,由专业机构处理金融机构不良资产;二是2002年7月台湾地区出台"金融资产证券化条例",通过各种新型金融产品提高金融机构资产的流动性,间接提高其资产质量;三是通过调整各种政策直接刺激金融机构提高自身资产质量,包括降低金融机构营业税,降低存款准备金率和建立呆账快速转销制度等(李光耀,2011)。

第四,金融监管由多元转向一元。2000年台湾当局出台"金融机构合并法""金融控股公司法"后,金融机构由分业经营走向混业经营,银行业发展渐趋平稳,盈利水平也有所回升。随着台湾金融业朝向"股权集中化、组织大型化、经营多元化、监理透明化"的方向发展,金融监管也由多元化监管转为一元化监管。台湾地区于2004年7月1日公布"金融监督管理委员会组织法",赋予金管会较大管理职权,逐步实现金融检查、监管机关、金融管理与货币政策管理一元化。目前,台湾行政主管部门金融监督管理委员会为最高监管机构,将台湾行政主管部门金融局、证券会、保险司和"央行"金融业务检查处和"中央存款保险公司"纳入该委员会,成为台湾行政主管部门金融监督管理委员会的银行局、证券期货局、保险局及检查局等四大单位,并实施对口监管(汤世生,2011)。

在这些措施实施后,台湾地区金融业最大的变化就是大量金控公司在短期内相继设立,台湾金融从此走上了混业经营之路。台湾当局 2001 年连续通过了以"金融控股公司法"为核心的"金融六法",带动台湾金融业的并购风潮。该"法"发布后两年里,台湾地区成立了 14 家金控公司,2008 年 1 月和 2011 年 12 月先后成立台湾金控和合作金控,至此台湾地区形成了 16 家金控公司,下设 109 家子公司,包括 17 家银行、10 家保险公司、8 家保险代理与经纪公司、17 家证券公司和 18 家证券类机构,其他相关机构 30 多家。2011 年末总资产 33.1 万亿元新台币,约占 2011 年台湾 GDP 的 240%。截至 2011 年年底,台湾地区共有本地一般银行 37 家,金控公司所拥有银行数量占总数的 45.94%。2002 年到 2011 年间台湾地区资产规模排名前 10 位的大银行中有 8 家是金控公司成员。非金控成员合作金库银行和土地银行的资产规模仅分别增长了 47.5%和 48.1%。相比之下,台湾地区主要金控成员银行资产规模增幅名列前茅的国泰世华、中信托、兆丰分别为 166.4%、114.8%、99.8%,8 家金控成员银行的平均增幅也有 84.18%。可见金控公司的子公司成员间协同效应较为明显,自身的市场竞争力得到大幅提升,资产规模扩张速度超过非金控银行。在台湾规模最大的十家企业中,金控公司占 9 家,而金控公司子公司的经营绩效远好于非金控公司的独立金融机构(晏露蓉、张立,2012)。

实际上,对金控公司的监管有三层体系:政府监管;建立防火墙机制,切断风险传递,保障集团整体的安全稳健;建立市场透明机制,通过股东资格审查、大额风险申报等方式促进金控公司持股结构合法化,财务业务透明化。

尽管这样,实际上监管真空还是部分存在。在台湾地区金融自由化进程中,银行业内不受监管的证券化活动仍然存在,金控公司内相互持股、贷款互保、资金违规拆借等问题,同样使其面临较大的关联交易、高财务杠杆和系统性风险,金控公司所从事的投行业务、参与信用衍生品交易及台湾地区长期存在着活跃的不受监管的地下金融业,同属影子银行范畴,存在监管真空。

(4)台湾地区监管影子银行经验对大陆的借鉴

1)设计信息披露机制。探索新的金融市场信息披露制度,提高金融产品和市场透明度,完善场外交易市场的信息公开,以简洁易懂的形式让投资者充分了解相关信息,以降低、防范影子银行的不利影响。

2) 加快利率市场化。从台湾地区的经验看,加快利率市场化是减少影子银行不利影响的重要举措。台湾地区循序渐进式的利率市场化进程被认为是成功的范例。从台湾地区利率市场化进程中利差的走势我们不难看出,循序渐进的利率市场化进程并不会引起利差的大幅波动,不会对经济造成较大的冲击。

台湾地区于 1989 年完成了长达近 15 年的利率市场化进程,其中存款利率的放松措施多集中在 1986—1989 年。在这四年的改革过程中,由于台湾银行业主要份额仍由大型公营商业银行把控,加之金融监管当局仍然有较强的行政影响力,整个银行业的负债成本并没有明显上升,基本实现平稳过渡(财经时报,2012)。

3) 民间金融合法化,有效解决中小企业融资烦、难、贵问题。目前民间金融之所以不能浮出水面,和大陆投融资渠道不畅、民间资本不能和国有资本平等进入铁路、市政、能源、电信、教育、医疗等领域并获取相应利润有关。故一要加快投融资体制改革;二要加强对民间金融的引导和管理,将一些不属于违法范畴的民间金融纳入正规的金融监管,维护金融体系健康发展;三要建立专业银行体系。设立中小企业银行、不动产信用银行等,有效解决中小企业融资烦、难、贵问题,满足农村金融需求。

4) 健全法规、法律,逐渐实行综合监管

第一,要学习与借鉴台湾地区的防火墙、市场透明机制,有效防控风险,将影子银行纳入监管范畴。在资产证券化方面,大陆尤其可以学习台湾地区大量吸收国外立法的先进经验,无论是在理论研究,还是在实务探索上,台湾地区金融资产证券化法律制度的基本框架都对大陆方兴未艾的资产证券化颇有借鉴价值。

第二,逐渐放开银行业牌照的垄断。1991 年台湾地区有限制地放开了银行业牌照的垄断,16 家市场化的银行随之诞生,市场竞争进一步加剧,仅三年时间,新建银行市场占有率从 1991 年的 6% 提升到 1994 年的 19%。而牌照的放开也降低了监管套利的冲动,使得过去部分影子银行业务重新回归银行,得到更为透明和严格的监管(财经时报,2012)。

第三,鼓励商业银行发展中间业务、表外业务时,应出台相应监管法规、法律。要对银行、信托、证券理财等交叉性金融产品改进监管规则,统一标准,加强一行三会信息共享,相互协作,防止监管真空,杜绝监管套利。

总之,要加快金融市场化改革,逐渐实行综合监管,适应金融综合经营的发展趋势(章和杰 等,2013)。

11.2.5 子课题五"台湾民间金融合法化的历史、现状、趋势及对大陆的启示 ——推动温州金融改革,促进大陆民间金融合法化"文献综述

(1)台湾地区民间金融发展的原因

1)台湾当局长期的"金融抑制"政策是台湾民间金融产生的制度性根源。金融抑制概念是美国经济学家爱德华·肖(E. S. Shaw)和罗纳德·麦金农(R. I. Mackinnon)在深入研究了发展中国家金融发展与经济增长之间的相互关系之后提出的。金融抑制的主要手段包括:严格的利率控制、金融市场的准入控制、指导性信贷、高存款准备金率和建立特别信贷机构等。

这些手段使用的结果是大量的廉价信贷资金通过正规金融体系被配给到政府希望优先发展的一些部门(如工业部门),导致居民和企业部门中很大一部分成员无法从正规金融系统获得融资,而这些被正规金融系统所抛弃的部门只能依赖于自身的内源融资或者从民间金融市场获得外源融资,是一个体制性根源(陈蓉,2008;朱娟,2006)。

2)"信息优势"是民间金融存在的根本性原因。林毅夫、孙希芳(2005)认为"信息不对称"是金融交易的一个基本特征,而相对于大企业,中小企业信息更为不透明,缺乏企业财务报表等易于传递的"硬信息"(hard information),这种矛盾使得中小企业的融资比大企业更为困难。中小企业融资中依赖的是"软信息"(soft information),只有便于获取并处理"软信息"的金融交易主体才能克服中小企业融资中的信息不对称难题。民间金融依靠资金供求双方的人缘、地缘关系或其他商业关系获取关于借方的信息,从而使得民间金融在向信息不透明的中小企业提供融资中具有信息优势。而正规金融则在处理这种"软信息"方面处于劣势,因此其对中小企业的贷款大多要求抵押或担保以规避风险,然而中小企业往往缺乏可抵押的资产,这正是民间金融广泛存在的一个更为根本性的原因,金融抑制只是起到强化的作用。

3)台湾地区金融中介数量相对匮乏、设置不合理。朱娟(2006)认为在20世纪60年代至80年代,相对于台湾地区经济的高速发展,台湾金融中介发展滞后。据统计,从1964—1983年的20年间,台湾地区GDP增加5.15倍,平均每年增加8.66%;居民所得增加4.56倍,平均每年增加7.95%;而在同一期间,全体金融总分支机构家数仅增2.15倍,平均每年仅增3.99%。又如从台湾地区人口与金融机构单位数量比较看,截至1985年年底,台湾地区金融机构分支机构共有3457家,若扣除邮政储金汇业局1157家,则仅余2300家,平均每8300人共用一个分支单位,与德国(1395人)、美国(2842人)、英国(4249人)及日本(4331人)相比,金融机构单位数量显然不足。此外,台湾地区金融中介机构设

置不合理,体现在金融机构的设置过度偏重于全台湾地区的货币金融机构,而忽视了基层金融机构的健全发展。

4)社会学原因——特殊主义的信任结构。陈蓉(2008)认为按照费孝通先生的定义,大陆的传统社会是一个"乡土社会"。所谓乡土社会,是指以族缘、地缘、血缘关系为基础而形成的社会结构。在大陆以乡土社会为基础的传统社会中,特殊主义的取向更为盛行,历来重视亲缘、人情和面子,借贷风险的保障机制也就体现在亲缘和熟人关系上。以家庭为核心的亲缘网络或熟人圈子,具有安全可靠、风险共担、互惠互利等综合功能,以亲缘、地缘为中心的人际关系网络成为民间经济活动最根本的信用基础。特殊主义的社会结构导致传统的民间借贷习俗在台湾人民心中根深蒂固。黄家骅、谢瑞巧(2003)以标会为例,在台湾地区每年都有一半以上的人口参加(最高的时候达85%)。调查这些群众参与标会的原因,只有19.58%的人是为了获取较高的利息;有37.13%的人是认为金钱运用比较方便;有33.92%的人是为了朋友间互助活动;有7.28%的人是为了生意周转方便。他们据此认为:对于绝大部分人来说,民间金融的高利息并不是吸引他们参加的主要原因。群众参加民间金融的主要原因在于,当他们由于各种原因不能参与到正式金融活动的时候,民间金融起到一种有保障的社会融资的作用。这种小团体式的保障(局限在乡村邻里、亲朋好友之间)其实质是传统互助文化在现代社会的延伸。

(2)台湾地区民间金融"合法化"过程

1)合会活动"法典化"。台湾地区根据其"法院"多年积累的判断及全面的合会习惯的调查,于1999年通过了"民法债编",修正增订"合会"一节,首次以"法规"的形式对民间合会的定义、契约条款、竞标程序、会首会员责任义务、倒会的处理办法等做出了详尽的规范。上千年来一直依靠民间自发规则维持、备受当局歧视打压的合会首次在台湾地区成为由现代法律明确规范并制约、并可在"民法"框架内依规发展的经济行为。

2)合会公司转型中小银行,使得合会业务退出历史舞台。1973年1月29日,"台湾地区合会储蓄业管理规则"公布。此后,普通人(即非参与合会者)在购买消费品或不动产、开办实业或需要周转资金的情况下可向合会公司借款。且此"规则"注重中小企业的资金融通,允许合会公司进行票据贴现、境内外汇业务、无担保贷款。这些进展都清楚地显示了合会公司对中小企业为客户所起到的作用:1974年中小企业的账户占合会公司账户总数的64.5%,而其存款占当年存款总额的75.4%。正因如此,台湾当局能够继续推进改革,并于1976年7月1日决定将合会公司转型为中小企业银行。这一决策的目的是为中小企业提供完整的金融服务,包括中、长期放贷。但先前合会公司的合会业务并未立即停止,当时的财政主管部门认为应当促进合会业务尽早退出历史舞台,至少在十年内完全取消这一业务(杨余龙,1981;黄博怡,1983)。事实上合会业务一直持续到 1995 年(裴天士,2005)。

利用合会公司来解决中小企业融资问题有三个特点。一是信用高。加入合会的企业表明自己具备较高的可信度和良好的储蓄才能,这就是合会公司怎么节省信息成本的,亦教导中小企业银行怎么节省信息成本。二是业务简单。合会公司管理合会业务相当简单,仅仅是日常事务,合会公司借以节约管理成本,中小企业银行也会一样。三是利率较高。在合会方面,无论是"传统的"还是"企业化"经营的,其贷款利率都很高。实际上,利率水平并非制约中小企业的主要方式,重要的是能否申请到贷款。中小企业最关心的问题是贷款投资运行后的整体利润水平。于是,从最初的合会公司,到后来的中小企业银行,都会调高利率,以保证财务平衡。

3)开放商业银行。台湾金融当局于 1987 年确定了商业银行开放政策,1989年修正了"银行法",隔年又正式公布"商业银行设立标准",并开始受理民营银行设立申请。1991 年,台湾财政主管部门批准设立了 16 家民营银行,使得台湾地区本地民营银行的数量迅速超过了公营银行。随后,公营银行也通过释股逐步实现民营化。1998 年 1 月,彰化商业银行、华南商业银行、第一商业银行等三大公营商业银行相继宣布实现民营化释股,完成了公营银行的民营化改革。经过十余年的发展,台湾地区银行业基本上从公有转变为民营占主体。台湾商业银行从 1990 年的 17 家增加到 2003 年的 52 家,增长了近 2 倍,其中民营银行 39家;民营银行资产规模市场占有率由 8.89% 上升为 51.5%,公营银行则由53.68% 减少为 19.7%;民营银行贷款余额由 1992 年的 4.8% 增加到 2002 年的16.7%(李瑞红,2012)。

4)实行利率市场化。1985 年,台湾当局废止长期以来一直实行的"利率管理条例",各银行可在"央行"核定的上下限内自行制定利率;1989 年,颁布新的"银行法",废除由"央行"核定上下限的规定,银行利率完全自由化。利率放开使正规金融机构可以运用利率杠杆与地下金融中介竞争,逐步取代原有"官市"和"黑市"的利率双轨制(李瑞红,2012)。

(3)台湾地区民间金融发展趋势

1)开放民间金融行业。放宽金融机构设立的限制,允许民间金融"合法"地进入金融行业,让民间金融从"地下"走到"地上",参与到整个金融产品和服务的竞争中去。发达国家如美国、日本也正是通过这种民间金融"合法化"的方式来规范民间金融,而并非靠简单的打击和取缔。

2)发展资本市场、健全税制,减少民间金融的生存空间。发展资本市场有助于使实力雄厚的大企业到资本市场上发行股票或债券进行直接融资,摆脱企业资金过度依赖于银行的间接融资。这样银行就有能力照顾到信用较差的中小企业,减少中小企业融资强烈依赖民间金融的局面。民间金融的发展还部分得益于民间金融交易,其非法所得可不必上缴税款,如有 1.75% 的家庭就是由于利息收入免税而参加标会。因此,健全税制可部分减少人们参与民间金融的积极性,也是缩减民间金融的重要手段。

3)改变传统借贷的民俗、完善社会保障体系。台湾地区民间金融的蓬勃发展间接反映了台湾社会保障体系的不健全,民众的社会保障水平较难保证,因而只要完善社会保障体系,这样普及性的民间金融必然不会出现。

(4)台湾地区民间金融对大陆的启示

1)重新认识和评价民间金融的作用,规范引导。长期以来,民间金融被认为是一种落后的金融形式,它威胁正规金融的运行,不利于规范管理,也不利于经济发展和社会稳定,因此发展中国家政府对民间金融普遍采取歧视、压制的政策,然而近年来这一观点已备受理论界质疑,且台湾地区经验也以其实践表明,许多情况下民间金融同样能有效地促进生产(Besley 和 Levenson,1996)。浙江省也提供了很好的示范,其民营经济在国家财政和国有银行体系投入很少的情况下获得了高速发展,很大程度上就是依靠活跃的民间金融,因此要重新认识和评价民间金融的作用。在此基础上,加强对民间金融的规范引导。虽然民间金融组织的某些形态难以承担道德风险和信用风险的冲击,但其生存自有道理,即使银行体系发达如美国也难以避免民间金融的存在。对这些机构组织,打击取缔不是上策,任其自由发展也不符合宏观经济金融管理的要求,反观大陆的民间金融体系,许多东西是完全可以合法化的,通过一定的市场手段,将其纳入金融管理体系,相信这些金融服务是可以走到地上的。

2)加快利率市场化的步伐。利率市场化能够引导资源的最优配置,有助于提高整个银行部门的资金运行效率,并能够填补银行资金的供需缺口,缩小民间金融的生存空间。尽管在利率市场化的条件下,民间金融仍有可能以高于市场利率水平的利率来运作,这对于储蓄者是有利的,但对于借贷者而言则成本过大,因此民间金融会出现供过于求的局面,最后只能把利率降到市场化的水平,因此,实行利率市场化以后,民间金融的大多问题会迎刃而解。

3)放宽民间资本在银行业的准入限制,允许民间资本部分地进入金融服务领域。市场经济效率之所以比计划经济高,原因即在于前者实行"优胜劣汰"。而"优胜劣汰"的前提,则是产权的多元化和独立经营,因此,无论国有商业银行、股份制商业银行,还是城市商业银行,目前都应大力引进包括民间资本在内的战略投资者,扩大正式金融机构的业务对象和形式,在更大程度上满足民间融资需求,在功能上替代原有的自发和分散的民间金融。这样,一方面从资金供给和需求上压缩了分散而不规范的民间金融的活动空间;另一方面又将民间金融纳入正规有组织的发展轨道,使其在监管约束下得到更大发展。同时还可促进以公有制为主体的正规金融机构的产权多样化与民营化改造,有利于其转变经营机制和提高经营效率,达到改革、发展和稳定的效果。

4)加强相关法律法规建设,保护投资者的利益。应借鉴台湾地区合会"契约法典化"的经验,尽快从法律上为民间金融定性,解决相关法制建设空缺、滞后、模糊、矛盾等问题。我国有关立法滞后表现在以下四个方面:一是法制落后于现实经济生活。2005 年以前,法律法规大多视民间金融为非法,严禁合会、钱庄之类的民间金融组织从事经营活动,《刑法》《贷款通则》等一系列法律法规都严禁民间集资、借贷等融资行为,但民间金融却在各级行政、司法机关眼皮底下繁衍、发展。二是现有法律没有明确区分非法吸收公众存款与合法的民间借贷之间的界限。如《合同法》第十二章规定,建立在真实意愿基础上的民间借款合同受法律保护。《最高人民法院关于人民法院审理借贷案例的若干意见》第 6 条规定:民间借贷的利率可以在超过银行同类贷款利率 4 倍以下的范围内适当高于银行的利率。《最高人民法院关于如何确认公民与企业间借贷行为效力问题的批复》也规定,公民与非金融机构之间的借贷属于民间借贷,只要双方当事人意愿表示真实即可认定有效。三是法律法规与国家某些政策前后矛盾。2005 年 1 月 30日,《中共中央国务院关于进一步加强农村工作提高农业综合生产能力若干政策的意见》规定:"有条件的地方,可以探索建立更加贴近农民和农村需要、由自然人或企业发起的小额信贷组织。"这个"小额信贷组织"实际上也包括合会在内,这条政策显然与此前严禁民间集资的法律法规相互矛盾。四是某些重要的法律空缺。眼下民间金融发展到如此程度,主要是由国家金融垄断和不公平竞争造成的。建议国家立法部门尽快制定出台《民间金融促进法》,赋予民间金融合法的法律地位,并通过法律保护合约双方的合法权益,以保证民间金融有合理的生存和发展空间。在法律出台之前,可先制定并试行《民间金融管理暂行条例》,为民间借贷构筑一个合法的活动平台,以规范、约束和保护正常的民间借贷行为,尤其对民间借贷的最高利率应有所界定。修改 1999 年最高人民法院对企业向职工集资、社会集资等认定为非法的司法解释,重新界定非法吸收公众存款、非法集资和正常的民间金融的界限,允许中小企业和其他类型的经济组织以吸收股本金、职工内部集资等方式融资,通过法律手段促使民间金融逐步走向公开化、规范化的发展轨道。

5)加强对基层人员的培训。20 世纪 60 年代,台湾地区中小企业银行雇用的职员的教育培训程度和专业水平普遍较低。60 年代后期,当局决定提高基层金融机构人员的实践技术水平,于 1970 年 6 月成立了资金总额为 26 亿新台币(以当时汇率计算相当于 65 万美元)的"基层金融研究训练基金",成立了"基层金融研究训练中心",并创办了《基层金融》杂志。同时明确规定基层金融机构不仅指中小企业银行,还包括信用合作社。其主要目标就是培训基层金融机构雇员,使得他们提高自身的管理技能,从而实现这些基层机构的现代化。

6)对金融深化改革的再认识。裴天士(2006)指出:从台湾地区的民间金融机构发展到银行机构的百年的漫长历程告诉我们,一个国家(地区)的金融部门现代化水平并非必然超前于其社会经济的发展水平。金融部门并非一定要具备"现代"和"正规"的形态。"台湾的奇迹"、日本与韩国的发展经历,都强有力地证明了一国(地区)的经济发展绝不仅仅依赖于其现代金融部门的深化,相反更多地依赖于其"传统的""民族的""民间的"金融体系。将民间金融机构当作发展正规金融部门的跳板,这才是金融深化改革全面完整的内涵。

(5)温州民间金融的根源

1)利率双轨制。据中国人民银行温州中心支行 2011 年 7 月 21 日发布的《温州民间借贷市场报告》显示,大约 89% 的家庭或个人、59.67% 的企业参与了民间借贷,融资额度约达 1100 亿元之巨。火爆行情其幕后的一个重要推手是利率双轨制——银行利率和民间利率严重背离。例如,在 2011 年 5 月,温州一般社会主体借贷利率为 18%,而同期银行贷款加权利率不足 8%,一年期贷款基准利率仅在 6% 左右。利率双轨制形成了巨大的套利空间。一方面,银行存款实际利率为负导致存款"大搬家",资料显示,在 2011 年 4 月,全国住户存款净减 4678 亿元,其中部分流入民间金融市场寻求保值增值;另一方面,一些能够获得低息贷款的大企业将银行贷款转手放高利贷,充当资金掮客坐收渔利。

2)金融增量改革缺失。中小企业融资需求得不到银行融资的满足,这本应催生出一大批适合为中小企业提供金融服务的新型中小型金融机构,而这些机构的出现正是属于所谓的金融增量改革范畴。金融增量改革之缺使得民间金融市场应运而生。在 2005—2009 年,民间借贷在温州中小企业资金来源中的占比平均在 10% 以上。随着宏观经济政策持续收紧,民间借贷对企业融资愈发重要。据温州市金融办对温州 350 家企业的抽样调查结果显示,在 2011 年一季度末,企业运营资金构成中自有资金、银行贷款与民间借贷三者间的比例为 56 : 28 : 16,其中银行贷款占比与上年同期相比下降 2 个百分点,而民间借贷占比较去年同期提高了 6 个百分点。

3)温州模式转型之艰。温州企业处于窘境,表明温州模式风光不再而亟待转型升级。众所周知,民营企业在垄断行业、社会事业、基础设施和公共服务等领域遭遇"三重门":由垄断形成的"铁门"、由行政审批高门槛形成的"玻璃门"、由非市场因素形成的"弹簧门"。据 2010 年浙江省工商联发布的《关于国务院"非公经济 36 条"和省政府"非公经济 32 条"贯彻落实情况的调查问卷分析报告》显示,在接受调查的 800 家民营企业中,已经进入到垄断行业、基础设施领域及公用社会事业领域的企业不到 10%。只有 5.8% 的受调查企业认为基本没有该现象,而认为"玻璃门"现象比较严重和非常严重的比率高达 63.9%。另外,中国为应对国际金融危机推出 4 万亿元经济刺激计划,其初衷在于力保较快的经济增速,但由此带来的"国进民退"现象也挤压了民营中小企业的生存空间,而以民营经济为依托的温州模式又首当其冲。

(6)温州民间金融的出路

1)利率市场化改革。利率市场化之路难关重重,然而这是必走之路,"十二五"规划建议也明确提出,"稳步推进利率市场化改革"。利率市场化改革在中国整体推进难度甚大,但在如温州这样的国有企业少、地方政府融资平台运转相对良好、民间资本雄厚的局部地区,利率市场化改革完全可以提速。

2)"鲧禹治水,成败在乎疏堵不同",要真正化解民间借贷的风险,必须以开放的姿态,降低金融市场进入门槛,打破主流金融机构的垄断。

3)"国退民进",在金融领域为民营资本进入各领域扫除制度障碍,而且为其创造良好的运作环境。

(7)温州金融改革的背景

1)逆周期的宏观调控对微观主体的影响巨大。2011 年上半年,宏观调控的主要目标仍然是围绕控制物价上涨,这使得货币金融政策持续保持偏紧的态势。在此情况下,一方面企业主体面临更大的资金压力,尤其是小微企业,在货币政策紧缩态势下难以得到融资支持,不得不过分求助于民间借贷,使得潜在风险不断提升。另一方面,伴随着房地产市场调控的延续,地方政府作为推动城市化建设的主导者,其面临的资金压力也越来越大,在其财政资金汲取能力受限的情况下,也更加寄希望于利用金融手段来解决建设融资难题。而到了 2011 年年底,经济下滑的潜在风险开始增加,保增长的重要性逐渐上升。然而,在以投资拉动增长的传统模式下,货币宽松同样对企业主体产生复杂影响,更加有利于国有、大型的"两基一支"领域企业,而对于小微企业的融资同样有"挤出效应"。

2)产业结构升级与优化的矛盾日益突出。改革开放以来,产业结构调整一直就是政府强调的主题。到目前,虽然三个产业的结构已较初期有了很大变化,但仍然存在诸多矛盾与问题。其中:农业产业化仍然没有实现,城乡差距在很大方面不断拉大;工业发展还存在内部结构失衡,先进制造业还缺乏动力与活力;第三产业的中低端部分发展较快,而现代服务业发展则相对缓慢。这些问题的存在,使得金融业如何进行更好地定位、如何服务于产业结构调整,成为迫切需要解决的难题。

3)中国金融改革与创新不断加快。与高速发展的实体经济相比,大陆金融业虽近年来取得长足进步,但仍然难以与宏观经济的需求相匹配,已成为大陆经济社会发展进步的"短板"。2007年年底全球金融危机爆发以来,决策者已经认识到,金融发展的矛盾在于"创新不足"。由此,包括金融制度、机构、产品、市场等要素在内的创新将逐渐加快,并且成为激发大陆经济活力的重要力量。

4)区域金融竞争更加激烈。目前大多数城市都卷入了"金融竞争",这既反映了金融逐渐受到地方重视,也体现了地方政府的金融干预在增强。据统计,至少有30多个城市明确提出构建区域金融中心,而有金融中心功能规划或设想的各类城市更在200个左右。这场金融竞争也是一把"双刃剑",一方面激烈的竞争带来了同质化重复建设和资源浪费的风险,另一方面也促使各城市在金融规划中尽力根据区域优势明确自身定位,发展能突出自身特色的金融业态。在金融中心的"集聚"和"辐射"两大功能中,为了满足前者,地方政府想方设法地吸引更多的金融机构进驻和更多的资金流入本地;为了满足后者,则一直致力于扶持本地金融机构的建设,尤其是城市商业银行(早期是城市信用社)和农村信用社的建设。

5)地方金融管理体制改革成为处理中央与地方关系的关键。地方金融管理体制改革已经被列为"十二五"期间的改革重点。事实上,由于中国经济规模巨大、各地方发展状况千差万别,所以单一的、高度集中的金融管理体制,可能不适应经济金融发展的需要。因此,在中央与地方关系中,除了财政关系之外,金融关系的重要性更加凸显。长期以来,中国的金融创新体现出"自上而下"的特点,受到中央的严格管控。但目前,为适应不同区域经济社会发展的差异性,金融创新逐渐呈现地方自下而上推动的特色。

总之,正是来自于经济、金融、政策、体制等多方面因素的作用,才使得温州金融改革的动因和意义渐显。

(8)温州金融改革的动因

1)地方层面。第一,应对温州的民间借贷危机。自2011年4月以来,关于温州企业家"跑路"和高利贷泛滥的报道逐渐见诸媒体,且引起了人们的关注。当然,温州中小企业倒闭可能有夸大之处,据统计截至2011年7月,该市规模以上工业企业中,亏损企业共计326家,比年初减少198家,亏损面为8.3%,比全省平均水平低5.5个百分点。尽管如此,因资金链断裂而跑路的温州企业家越来越多,这引起了一些连锁性反应,银行和高利贷者开始担忧资金安全而开始索回借款,潜在的金融风险与民间借贷的"双刃剑"开始引起关注。应该说,正是温州民间借贷危机的延伸,才使得温州金融体系的问题受到高层关注,且为推动金改创造了条件。

第二,寻求民间金融发展的合理道路。温州民间借贷产生的历史悠久,在 20 世纪 80 年代初,温州一带的"合会"就带有集资和投资性质,之后又出现投机性台会、标会。而较为公开的担保公司则于 2005 年以后大量出现,大部分也从事民间借贷活动。此外,温州近千家投资咨询公司、典当行、寄售行也都是民间借贷的重要主体。应该说,在温州大量私营企业的发展过程中,民间借贷起到极其重要的作用,如果没有发达的民间金融市场,也就没有温州民营经济的发展壮大,更没有所谓的"温州模式"。在新形势下,一方面温州民间金融市场迫切需要予以"正名",另一方面也需要纳入"阳光"监管以避免非规范的金融风险,因此更激发了金融改革动力。

第三,应对小微企业融资难问题。小微企业融资难是共性的问题,但在中小民营企业非常发达的长三角地区,这一矛盾显得更加突出。目前,温州小微企业占全市企业总数的 99.5%,但贷款融资额仅占 23.9%,信贷资源分配不均,小微企业难以取得贷款。一方面,正规金融的融资成本高,小微企业难以承受;另一方面,在费率较高、要求提供反担保等苛刻条件下,民间金融仍无法满足小微企业的融资需求。从根本上看,小微企业融资难的一个重要原因,就是现有金融体系存在结构失衡,无法有效实现金融资源向弱势部门的流动,因此须加以改革。

第四,解决温州产业发展的困境。众所周知,"温州模式"近年来开始遇到挑战,一方面,温州产业主要以直接面向消费市场的轻工业为主,企业底子薄、技术含量低、人才缺乏、自我创新能力差,使得在新的宏观调控环境下,温州企业面临的压力逐渐增加。另一方面,当前温州经济发展遇到土地资源紧缺、劳动力成本上涨等瓶颈,经济发展速度放缓,而各地争相发展民营经济,温州已经不再具有明显的体制优势。且与长三角地区有良好区位优势的城市相比,温州的区位劣势也凸现出来。此外,温州产业的"空心化"和"金融化",成为影响温州经济可持续发展的重要挑战。由此来看,温州推动金融改革,也是为了探索金融支持产业优化的途径,努力处理好地方发展金融与实业的平衡。

第五,摆脱区域金融竞争的劣势。当前各地方的金融竞争日益激烈,长三角城市显得更加突出。一方面,围绕上海国际金融中心的建设,包括宁波在内的诸多城市都提出了与上海实现金融发展互补的战略思路;另一方面,包括义乌在内的二线城市,也结合自身经济特色提出了地方金融发展模式。从大陆范围来看,凡是致力于壮大地方金融的城市,也都在努力顺应金融发展趋势,争取成为大陆金改与创新的先行区。对此,温州长期以来"自发"型的金融发展模式,使其在激烈的金融竞争中相对处于落后地位,因此也希望通过由中央认可的金融改革来扭转不利局面。

2)中央层面。

第一,突破金改的"顶层制约"。对于金融体制改革来说,更重要的是需要"顶层设计",需要在中央政策制定部门的层面协调。但是,长期以来形成的金融政策制定与监管格局,使得金融创新与改革往往受到部门利益约束,难以顺利推进。因此,在温州这样充满活力和代表性的区域开展金融改革,适度"下放"改革试验层级,有助于突破中央层面的创新阻滞,在地方层面尝试进行相关部门的政策协调,努力探索推动改革的政策路径。

第二,推动"双向"的金融改革,开拓金融改革试验空间。在长期高度管制的金融体系发展中,自下而上的金融创新活力受到遏制,而自上而下的改革又经常难以推动或不适应地方实情。温州金融改革旨在拓宽改革渠道,其内容包括金融组织和机构改革、金融产品创新、风险防范、民间金融发展等多个领域,在大陆具有典型意义。

第三,构建多元化的金融机构体系。当前金融机构体系存在严重缺陷:从功能来看,一方面在高储蓄率环境下存在大量的金融资源供给过剩,另一方面在农村、小微企业、高新技术企业等部门又存在金融短缺;从组织形式来看,缺乏农村金融机构、小型零售金融机构、民营金融机构等,也缺乏支持各类"准"金融机构发展的良好环境。对此,中央推动温州金融改革,也是为了尝试优化和完善金融机构体系,更好地实现金融资源供求的有效配置。

第四,规范民间金融的发展,解决民间融资困局。在高度金融管制的背景下,民间金融一方面有利于缓解企业融资难问题,但另一方面,一些利率畸高的金融借贷也容易引发中小企业资金链断裂和区域金融风险积累。针对温州民营经济发达、民间资金充裕、民间金融活跃等特点,中央在此推动金融改革和试验,明确表达了促进民间金融规范和健康发展的意图,对大陆范围内的民间金融发展都具有重要意义。

第五,引导金融服务于实体经济。从中央的角度来看,各地方促进金融发展的目的必须是服务于实体经济发展。尤其是在"长三角""珠三角"等民间资本丰富的地方,如果民间资本都致力于金融和商品投机炒作,则会造成资产泡沫、价格波动,并且影响经济金融稳定。

第六,更好地探索中央与地方的金融责任。未来的多层次金融管理体制改革,同样需借鉴财政体制改革的思路,即在中央和地方层面,有效实现政府金融权利与责任的统一。实际上,在市场化条件下推动地方金融管理体制改革,既有利于赋予地方以推动金融改革的动力和活力,也有助于弱化地方金融的行政性干预,维护金融市场的统一和金融规则的有效性。

(9)温州金融改革的核心内容——民间金融阳光化与规范化。对于这次温州金融改革试验,最为重要的内容应该是确立当前民间金融合法性、让民间金融阳光化及规范化。可以说,这可能是当前金融体制改革的一件大事。

(10)温州金融改革的难点

1)政府主导性特征非常明显,如何处理好政府职能边界成为挑战。地方政府在区域金融管理中发挥着越来越大的作用。就温州金融改革的全过程来看,地方政府一直都是主要推动者。温州金改既离不开政府的支持和推动,又须防止政府行政干预的加强。

2)改革的主线与核心目标不够突出。改革的最初目的,应该是着眼于如何更好地引导民间资本服务于小企业。但就最后的改革方案来看,其内容逐渐扩展为许多重要的金融政策领域,由 2011 年 9 月温州市政府提出的建设"民间资本之都",到后来成为金融综合改革试验区。由于改革核心目标变得模糊,可能会使改革路径更加分散,难以集中政策资源来做好最重要的民间金融创新问题。

3)地方所涉及主体存在利益差异。温州的民营与非民营企业、新型金融组织与传统商业银行之间,在改革中也会产生利益分歧。

4)中央与地方存在改革利益的差异性。中央政府更加关注的是中长期全国的金融市场稳定、防范系统性风险及区域性风险,而地方政府则关注如何突破现有的金融体系约束、通过强化地方金融、加快金融机构集聚来尽可能地拉动当地经济快速增长。因此,虽然温州金改能为整个金融体系创新提供经验,但在当前愈演愈烈的"地方金融战国时代",也要认识到"自下而上"的区域性改革试点,并不能代替"自上而下"的整体性改革。因为过分强调解决地方性、局部性问题,可能会强化地方政府的行政干预,不利于整个金融体系的市场化、现代化、国际化改革。

5)缺乏系统性的配套制度与政策支持。温州金融的综合改革试验,还需要大量制度与政策的协调配合。无论是温州产业转型还是小企业融资,金融政策只能起到部分作用,没有财税政策、产业政策等的协调,金融改革的目标仍然难以实现。

6)面临与区域协调的困难与矛盾。一方面,就长三角地区来看,除了上海已经成为金融创新的"主战场",杭州、宁波、义乌都提出了构造区域性金融中心的战略思路,另外如舟山新区也借海洋经济开始集聚金融政策资源,而如台州等地也在中小企业金融支持方面体现出自己的比较优势。因此温州金融改革要想脱颖而出,就面临与附近城市有效互补、加强协调、发挥优势等问题。另一方面,就全国层面来看,除了上海、天津等传统金融创新试验区之外,深圳前海目前的金融改革似乎更具有创新意义,相比而言,温州金改要在大陆树立典型,还需要抓住并突出重点,而非面面俱到。

(11)温州金改突破方向

1)地方层面。第一,明确改革模式与思路。温州金改作为自下而上的金融创新试验,须明确的是,地方金融改革的动力最终也应该落到"草根"身上,而不是由地方政府行政主导。由于政府推进的创新往往缺乏活力和效率,因此在改革中应进一步放松管制,发挥技术等因素的促进作用,给予市场主体以合理规避管制的创新空间。

第二,突出民间金融改革的"抓手"。一方面,争取在民间金融制度方面有所突破,甚至以地方立法的形式走到改革前列;另一方面,以间接金融组织和直接金融工具创新为核心,引导大量的民间资本流入到金融体系中,进而流向最需要支持的小微企业和民营经济,从而一举两得地解决金融乱象与金融短缺。

第三,争取在"国际性"和"开放性"方面下功夫。在金融国际化程度不断提高、全球金融一体化不断推进的前提下,上海、深圳等诸多城市的金融改革都在强调与国际接轨。对此,温州金融改革同样也要具有全球视野,以促进民间资本走出去、支持个人和企业在全球进行资产配置为主线,从而提升自身的影响力和持续性。

第四,在金融机构改革方向上争取有实质性突破。依托于温州金融改革的政策措施,结合监管部门支持民间资本的相关政策,把握金融机构体系改革与发展的总体趋势,温州应该在金融机构改革方面争取走到前列。通过争取中央的支持,努力在民间资本进入金融业、建设新型农村金融机构、打造社区银行与零售银行、发展准金融组织等方面,真正获得突破性进展。

第五,努力创新地方金融管理体制,形成金融管理的"温州模式"。温州金改的关键,是要实现地方金融管理体制的法制化建设。无论是温州金融综合改革试验区,还是上海、天津、深圳、重庆、武汉等区域发展规划中获得的金融"先行先试"权限,从本质上讲都只是获得国务院会议的行政机制认可,而且过多出现此类"示范先行",实际上强化了地方金融的无序竞争,尤其是在金融资源高度管制的现在,也鼓励了地方政府"跑政策"的冲动。因此,在依托政策支持推动地方金融改革的同时,温州必须使得地方金融发展尽可能建立在法律法规基础之上,以制度形式来明确地方政府在金融发展与管理中的职责范围,这样才能真正形成新的温州金融发展模式。

2)中央层面。第一,在推动地方金融改革同时,加快进行顶层设计。其一,须从中央层面创新金融管理及改革推动机制,明确多层次金融市场的内涵,掌握好金融市场分散化和集中化发展的平衡;其二,金融市场的改革发展,不能过分偏重于比较优势部门,如工业产业、基层设施、大企业等,而对小企业、民营企业、农村领域的创新支持明显不足;其三,金融发展要避免为创新而创新,也就是说,创新的目的不只是为了增加银行、证券、保险等行业利益,而最终是为了服务于实体经济,服务于企业发展和居民福利的需要。

第二,构造多层次金融管理体制。首先应该合理划定中央和地方的管理边界,建立健全激励约束机制,合理引导地方政府金融管理行为,统一规范和明确地方金融办的职能,提高其专业化、市场化水平,同时把地方金融管理的重点放在规范和完善对金融机构的监管上,重点防范各类民间金融组织的风险,从而逐步建立中央与地方多层次协调互补基础上的金融管理体制。

第三,在发挥地方金融改革动力同时,也要创新货币金融政策以利于区域金融协调发展。为了适应区域协调发展的需要,在未来的政策运行中,货币当局应充分考虑各区域金融发展的差异性,打造区域性货币政策运行平台,建立有效的、具有区域差异性的货币政策调控机制。如:实行区域差别化的存款准备金政策;实施区域化再贴现政策;加大信贷政策的区域支持力度等。

第四,构建区域金融发展协商机制。一方面,为了避免各地方在金融发展方面出现恶性竞争,在全国范围内使金融资源的布局结构更合理,需要在顶层建立促进区域协调发展的金融协商机制。如建立政府间的区域经济金融合作机制,强化政策引导和协调;加强区域金融稳定体系的建设;培育不同层次、不同规模的区域金融经济中心;协调好不同区域政策制定主体之间的关系,避免出现政策冲突。另一方面,应该促使各地方政府之间、地方不同级别政府之间,建立有效的金融政策协调合作平台。如创新省级以下地方政府之间的金融政策协调模式,构建发达地区与不发达地区政府间的金融政策协调机制等。

选题的创新之处

12.1 本选题相对于已有研究的独到价值和意义

当前,人民币国际化是两岸中小企业合作面临的新机遇。随着两岸货币清算机制的正式建立,两岸间的贸易往来可用人民币或新台币来直接进行清算、结算,可降低汇率成本,避免汇率风险。台湾地区已具备人民币离岸中心建设的良好条件(章和杰、陶怡,2011),可在台湾地区建立人民币离岸中心,进一步推进人民币国际化进程。若两岸贸易以人民币结算,台湾地区将有充足的人民币积淀,台商以贸易顺差部分的人民币对外进行直接投资,将是推动人民币国际化的一条有效路径。

经济发展是两岸政治统一的基础,以经济促统一,和平解决两岸的政治分歧,完成祖国的统一大业,是从海峡两岸人民福祉和中华民族利益出发的最优选择,也是成本最小的选择。改革开放40年来,两岸的经济融合日渐加深,人员往来日益频繁,经济依存度不断上升。两岸实现自由贸易与共同货币区,人员实现互动,将有益于两岸相互了解,加强对话。无论大陆被迫用武力解决统一问题,还是"台独"分子分裂台湾的成本都会伴随经济、金融融合的深入而逐渐增大。反过来,两岸通过和平手段解决政治分歧的机会便会逐渐增大,成本会逐渐降低,同时"台独"的成本也会随之增大。因此,从两岸中小企业合作这个角度来研究大陆经济转型和祖国统一具有一定的创新性。

但是,目前文献中关于两岸中小企业合作的研究多集中在单个产业上,较少涉及中小企业研究;而对于人民币国际化的研究则侧重于实施成本和收益以及实施步骤。鲜见对于人民币国际化背景下两岸中小企业合作促大陆经济转型推进祖国统一研究的文献,其有很大的研究空间。

12.1.1　子课题一的独到价值和意义

子课题一"人民币国际化背景下两岸中小企业合作"的凝练就是以人民币国际化为切入点,配合研究两岸中小企业合作,加深两岸经贸、金融合作。以中小企业合作整合两岸经济,使大陆和台湾成为互不可缺的经济共同体,进而推动政治方面的缓和,最终实现祖国统一的"两岸梦"。

12.1.2　子课题二的独到价值和意义

子课题二"两岸中小企业合作比较研究——内外均衡视角"是从大陆宏观经济内外均衡的视角切入,研究两岸中小企业如何有效合作,减轻大陆内外不均衡的程度。相比于以往研究内外均衡的整个过程都是从宏观研究入手不同,本子课题是从宏观经济切入,但具体落实到两岸中小企业合作的中观、微观层面,具有理论创新,将使所提对策建议更具可操作性。

12.1.3　子课题三的独到价值和意义

在经济全球化和人民币持续升值的背景下,两岸中小企业面临内外双重压力。保持出口退税政策虽然拉动了出口,但也导致出口结构严重失衡,引起国际贸易摩擦。因此从经济结构转型的视角,应该逐步取消出口退税政策,转变其作用。从短期看,取消出口退税势必增加中小企业成本;但在长期,取消出口退税不仅有利于中小企业转型升级,更能优化产业结构,提高中小企业的竞争力。值得一提的是,取消出口退税要循序渐进,不可一步到位,在此过程中淘汰以出口退税为生的中小企业,重新整合资源,转而大力扶持有创新性、有竞争力的中小企业。但对中小企业而言,在人民币升值导致的成本提高、经济全球化带来的更激烈的竞争以及取消出口退税的多重压力下生存乃至蜕变,通过转型升级和全球化来提升核心竞争力成为其唯一的道路。在国际化过程中,引入高新技术,开拓新市场,降低成本,使中小企业从原来的低成本、粗放式,转为高技术、有品牌、有影响力的国际化大企业,将成为中小企业可预见的美好未来。综上所述,逐渐取消出口退税政策,将加剧中小企业优胜劣汰,一定程度上推进了中小企业的转型升级和国际化,以逐步稳定的政策调整力度,配合以其他扶持政策,必将促进中小企业长期的进步与发展。

由于大陆中小企业国际化、转型升级迟迟未能实现,过程相较其他国家和地区偏慢,这和各级政府长期以来实施出口退税政策不无关系。在某种程度上,正是不当的出口退税政策维持了相当一些在市场经济中本该淘汰的落后企业。

取消出口退税政策将加剧中小企业优胜劣汰,一定程度上推进了中小企业的转型升级和国际化,以逐步稳定的政策调整力度,配合以其他扶持政策,必将促进中小企业长期的进步与发展。然而如何进行政策的调整和部署,各地政府与部门以及中小企业如何进行良好的配合还需要进一步地深入探讨并在实践中进行检验。相比于以往研究鲜见借鉴台湾地区经验研究大陆的出口退税政策,本子课题借鉴台湾地区经验,研究逐渐减少出口退税助推大陆中小企业转型升级和国际化,具有理论创新,并使得所提建议具有可操作性。

12.1.4　子课题四的独到价值和意义

中小企业融资烦、难、贵是世界性问题,但有些国家和地区解决得较好。中国台湾地区对此就做得不错,且较为妥善地降低了影子银行的不利影响。大陆之所以影子银行问题愈来愈突出,其中很重要的一个原因就是中小企业在正规金融中难以获得贷款,影子银行应运而生。创新之处是:相比于以往研究,对影子银行的混乱定义,提出了我们对影子银行的新定义,并首次将处理大陆影子银行的不规范行为与借鉴台湾地区的经验相结合。

12.1.5　子课题五的独到价值和意义

研究台湾地区基本解决中小企业融资烦、难、贵问题时,我们发现台湾地区的民间金融在其中充当了很重要的角色,也即民间金融合法化。浙江省是在大陆最早提出民间金融合法化的。如何借鉴台湾地区经验,使大陆民间金融早日浮出水面,有效解决中小企业融资难问题,选题具有创新性。温州金改的实践,又为此子课题的现实性提供了理论联系实际的典范。

12.2　重点难点

12.2.1 子课题一的重点难点

子课题一"人民币国际化背景下两岸中小企业合作"。

(1)本子课题拟解决的关键性问题:如何将两岸中小企业合作有机地融合到人民币国际化进程中。

提炼问题的理由和依据:台湾地区若能建成人民币离岸中心,则将大大加速人民币国际化。而在此过程中,两岸中小企业合作具有不可替代的作用。

（2）重点、难点问题：两岸须紧密合作，相应、适时推出适合中小企业国际化的人民币金融衍生产品。

提炼问题的理由和依据：相比于以往大陆金融衍生产品市场不发达，或虽有但多在国有大型企业使用的状况，在推出适合中小企业国际化的人民币金融衍生产品过程中，必将遇到理论分析框架的重构、对策提出的适用性等问题。

12.2.2　子课题二的重点难点

子课题二"两岸中小企业合作比较研究——内外均衡视角"。

（1）本子课题拟解决的关键问题：从内外均衡视角研究两岸中小企业合作。

提炼问题的理由和依据：以往的内外均衡研究均是从宏观切入，宏观收尾。本研究是从宏观切入，中、微观收尾。

（2）重点、难点问题：在用"三缺口"模型剖析大陆宏观经济内外失衡的基础上，从两岸中小企业合作在减少大陆投资储蓄缺口、外贸收支缺口和财政收支缺口中可发挥的作用入手，尝试理论创新，并向政府提出相应的改革措施。

提炼问题的理由和依据：由于是选题视角的创新，即从宏观层面降到中观、和微观层面，必将遇到理论分析框架的重构、对策提出的适用性等问题。

12.2.3　子课题三的重点难点

子课题三"逐渐取消出口退税政策对两岸中小企业国际化的影响比较研究——大陆经济结构转型升级视角"。

（1）本子课题拟解决的关键性问题：将逐渐取消出口退税政策与大陆经济结构转型升级相结合。

提炼引问题的理由和依据：出口退税政策阻碍了大陆中小企业的转型升级。

（2）重点、难点问题：如何在逐渐取消出口退税政策时，能使大陆中小企业成功转型升级而又不造成太大的社会动荡。

提炼问题的理由和依据：我国中小企业解决了80%的城镇就业问题，政策的不慎，将造成社会动荡，不利于和谐社会的建立。

12.2.4　子课题四的重点难点

子课题四"两岸影子银行的历史、现状及趋势比较研究——解决大陆中小企业融资烦、难、贵视角"。

（1）本子课题拟解决的关键性问题：正确对待大陆影子银行与解决中小企业融资烦、难、贵问题。

提炼问题的理由和依据:大陆影子银行的产生和发展在相当程度上是由于中小企业很难从正规金融获取贷款。

(2)重点、难点问题:如何规范大陆影子银行,较好解决中小企业融资难问题。

提炼问题的理由和依据:大陆影子银行的产生和发展在相当程度上是由于中小企业很难从正规金融获取贷款。

12.2.5　子课题五的重点难点

子课题五"台湾民间金融合法化的历史、现状、趋势及对大陆的启示——推动温州金融改革,促进大陆民间金融合法化"。

(1)本子课题拟解决的关键性问题:借鉴台湾地区民间金融合法化的经验,推动大陆民间金融早日浮出水面。

提炼问题的理由和依据:大陆中小企业贷款难的主要问题之一是大陆民间金融没有浮出水面。

(2)重点、难点问题:逐渐使大陆民间金融浮出水面的政策的提出。

提炼问题的理由和依据:大陆中小企业贷款难的主要问题之一是大陆民间金融没有浮出水面。

13

调整出口退税政策加快中小企业转型升级

13.1 概　述

13.1.1 本章简介

本章认为在目前经济下滑、转型升级乏力的态势下,应该加快调整出口退税政策,以加快中小企业转型升级,并提出一些具体建议。

13.1.2 背景及概念解释

自 2007 年年底的全球经济危机爆发以来,我国 30 多年来的经济增长再次遇到瓶颈,中小企业本已微薄的利润也被人民币持续升值不断吞噬(从 2005 年 7 月 21 日人民币汇率改革以来,人民币相对于美元双边汇率升值 45%,人民币实际有效汇率升值 50% 以上)。与此同时,国内的原材料价格和劳动力成本不断上涨,缺乏自主品牌、技术含量低的中小企业难以将上升的成本向下游传递。尤其是产品替代性较强、单凭压价出口、以扩产为增长模式的中小企业已直面生存威胁,中小企业的转型升级迫在眉睫。

转型对应的是企业主体策略的转向,升级对应的则是效率的提高。中小企业最重要的是要打造自己的核心竞争力,然而最大的制约因素仍是中小企业的技术水平。技术效率是指由科技含量的提高而带来的产出成效,反映了对现有资源有效利用的能力,是在既定投入水平下实现产出的最大化。当单位投入量对产出量的贡献增大,即技术效率提高,就是技术进步。

出口退税政策是一个国家或地区,对已报送离境的出口货物退还或免征其在出口之前的生产或流通各环节已经缴纳的间接税税款的一项税收制度和措施。我国的出口退税政策经历了多次改革,贸易目标仍是首选。但随着出口退税政策的目标越来越多元化,以及经济转型升级的导向使然,出口退税政策是否促进产业结构调整和经济转型升级? 本书对我国制造业的实证研究表明:正是不当的出口退税政策维持了相当一些在市场经济中本该淘汰的落后企业,阻碍了中小企业的转型升级。

13.2 实证结果分析

13.2.1 提高出口退税率

上调出口退税率将促进中小企业的出口。在促进中小企业出口增长的同时,也有利于中小企业的资金周转。但调高出口退税率,可能增加中小企业对出口退税政策的依赖,不注重产品研发和技术创新。在经济不景气时通过调高出口退税率来刺激出口,不利于中小企业的转型升级。且出口退税政策很可能并不惠及中小企业。一是由于我国中小企业在国际市场上的议价能力很弱,出口退税这一优惠政策会被外商通过压价获得,甚至可能因中小企业间的价格战被外商吞噬部分利润,导致中小企业的利润不增反降;二是出口退税政策对所有企业一视同仁,相比中小企业,出口额大的国有企业受惠更多;三是由于调高出口退税率加剧贸易摩擦,通过提高准入门槛或产品标准等方式,却给原本就处于弱势的中小企业带来更多冲击。可见,提高出口退税对中小企业的转型升级是弊大于利。

13.2.2 降低或取消出口退税

从表面看,降低或取消出口退税对中小企业是不利的。由于出口退税对出口的影响直接、快捷,若降低出口退税率,中小企业的税收成本上升,出口大幅减少,利润受损,一些仅靠出口退税生存的中小企业面临被淘汰的险境。

然而,从长期看,降低或取消出口退税,让中小企业不再有来自出口退税的价格优势,促使其从其他方面寻找竞争优势,这在一定程度上可以倒逼中小企业转型升级,增强技术创新能力,提高技术效率,从而提高中小企业的真实竞争力,争取在国际市场上价格谈判的话语权。就行业内部而言,降低或取消出口退税,中小企业的获利和生存空间被挤压,有利于中小企业加强行业自律,摆脱部分出口产品低价竞争局面,加速行业洗牌,通过优胜劣汰,为规模大、实力强的中小企业提供更多的市场机会,使其更能做大做强。此外,降低出口退税后,中小企业的资金更加紧张,这不仅倒逼中小企业加强企业资金链和融资管理水平,也在一定程度上敦促各界加快构建金融体系来支持中小企业融资。

可见,出口退税政策是一把双刃剑,对中小企业既有积极的也有消极的影响。通过出口退税政策扶持中小企业发展看似有利,却阻碍了中小企业转型升级,不利于中小企业的长远发展;相反,没有了出口退税的支撑,中小企业须自我提升才能生存,更多地通过市场的方法培育与发展中小企业的竞争力,加快转型升级,在长期则是有利的。

13.3　主要结论及政策建议

13.3.1 降低或取消出口退税政策

首先,加快取消劳动密集型和资本密集型行业的出口退税;其次,逐渐取消技术密集型行业的出口退税。

13.3.2　劳动密集型和资本密集型行业中的中小企业的转型升级路径

一是转向技术密集型行业,继续享受出口退税政策;二是升级,加大研发投入,通过自主创新,不断提高技术效率,从而提高中小企业的竞争实力。

13.3.3　减轻税费负担

切实减少中小企业在其他方面(非出口退税)的税费负担,助推中小企业转型升级。

14

■ 借鉴美国经验，健全私募发行制度，缓解中小企业融资难题

14.1 我国中小企业私募债券发展现状及存在问题

14.1.1 现状

《上海证券交易所中小企业私募债券业务试点办法》虽适应发债，但要求较严，特别是在发行方式上。发行主体多属电子、机械、材料、房地产等工业、消费和材料行业的中型企业，规模较大，盈利能力较强。其中民企占 63%，地方国企占 28.4%。已发债利率在 8.5%～10%，平均 9.25%。实际上，小微企业很难通过其融资。

因未对中小企业私募债评级做明确要求，故已发行的 648 期私募债中，仅 141 期债券有信用评级，占 21.83%；仅 33 期采担保，占 9.9%。2015 年发债信用评级明显低于 2014 年。未来将出现发行量增加，企业资质下降，信用状况下将续降的现象。

14.1.2 存在问题

(1)发债主体限制、融资成本高。发债主体，主要是位于经济发达地区的高科技中型企业，净资产规模相对较大，盈利能力较强且具持续性。小微企业采用各种增信措施后，昂贵的担保费加各种中介费，综合成本约 14%，很难承受。

(2)债券投资者限制。相关规定对合格投资者限定较多。沪深交易所对投资者范围、个数等均有严格要求。监管部门也严格限制商业银行、保险机构和基金公司等从事中小企业私募债这种高风险债券投资，《保险资金运用管理暂行办法》规定保险机构投资有担保企业类债券信用等级为 A 级以上，投资无担保的

企业类债券等级为 AA 级以上;《货币市场基金管理暂行规定》禁止货币市场基金投资于"信用等级 AAA 级以下的企业债券";《全国社保基金投资管理暂行办法》第 25 条规定"社保基金投资范围仅限于银行存款、国债和其他流动性良好的金融工具"。银行因对信用债授信及内控等原因,短期内谨慎参与。部分基金公司也因级别低,易受经济环境影响,经营不稳定,风险难以监控等而被谨慎对待。

(3)债券市场透明度低。对中小企业私募债的信息披露要求很低,又未做评级要求,透明度低,个人投资者望而却步,这在很大程度上影响债券销售。

(4)债券转让限制。对中小企业私募债的转售较严格,二级市场不活跃,不能上市交易,只能通过证交所相应交易平台,或证券公司进行转让,增加持有成本。转让市场流动性差,制约发行市场发展,增加发行难度。

14.2　美国私募债券发展经验

统一的报告公司和多层次的发行制度是美国证券市场兴盛的根本,尤其是在私募发行制度方面,美国证券监管和立法机构历来十分重视对中小企业提供发行豁免和提升私募证券转售市场的流动性。自 1985 年至今,美国公司私募融资金额占比和笔数占比分别位于 20%～50% 和 30%～65% 区间,若仅计算股权融资的话,2006 年私募融资规模就已超 IPO。2009 年以来全美公司通过私募豁免发行融资额也超过公开市场证券发行融资。自 20 世纪 80 年代以来外国公司在美国市场筹集的资金超六成来自私募。多层次的私募发行制度,通过在投资者资质分层及信息披露和交易机制差异化等方面进行合理设定,满足不同类别发行人和投资者需求,这是美国成为场外证券市场汇聚中小企业的根本原因。

14.3　美国私募发行制度的启示和建议

经过几十年的不断完善和修订,美国私募发行豁免制度在改善中小企业融资环境和促进资本形成方面起到了不可或缺的作用,也是美国场外市场能发展成全球性场外市场中心的关键。目前我国私募发行制度方面的缺失已成场外市场发挥投融资转换功能的主要障碍。

14.3.1　制定和完善相关法律、法规和政策

我国目前仅有《中小企业私募债券业务试点办法》,缺乏相应的配套法律。

另外,现行法律如《破产法》《证券法》和《公司法》等对私募债违约方面处置条款无明确规定,一旦出现违约事件,承销商和投资者缺乏相关处置经验,不知通过何种程序和方式保护自身利益,给中小企业私募债的发展带来一定隐患。应尽快制定中小企业私募债规范条例,逐步完善相关的法律法规。

14.3.2　建立完善的市场信用评级与信息披露体系

美国的经验表明充分的信息披露是保障投资者权益的基础。任何发行行为都须保证交易双方间的信息对称,私募发行豁免只是在降低发行公司合规成本和保护投资者之间寻找适宜的平衡点。对中小规模的证券发行,在对投资者资质进行界定和划分的基础上,发行人的信息披露就有更灵活的选择,既能有效降低发行人成本,也更利于资本形成。

增加对中小企业私募债评级,确立"跟踪评估制度",动态反映发行主体信用状况,保护投资者利益。

14.3.3　丰富增信途径并健全偿付机制

(1)大力发展动产抵(质)押担保增信途径

中小企业普遍缺乏不动产,与第三方公司担保所面临的众多风险和困难相比,动产抵(质)押担保是较好途径。因中小企业重投入、轻产出的粗放式经营模式,导致许多原材料、半成品等动产积压。目前我国动产(存货)资产量达 50 万亿~70 万亿元,制造业资本存货比在 10% 甚至 20% 以上。而 2007 年 10 月 1 日起施行的《中华人民共和国物权法》为动产抵质押担保业的发展提供了有力的法律保障。

(2)健全偿付机制

完善有效的债务偿付机制是中小企业债获得投资者认可的关键。一是设计限制企业所有者分红(提高发行人偿债能力)、债转股(投资者由债权人转为所有者)等条款;二是结构产品创新,对同一发行人发行的同一只债券设计出不同的偿付期限,依投资者持有期限长短配置不同水平的利率等;三是政府可参照证券投资者保护基金模式,由财政先出资设立偿债基金,若发行人基于增信需要,可自愿交纳偿债基金,在发行人偿债出现问题时,偿债基金偿付一定比例债务,并应投资者要求代为追偿债务,降低投资风险。

14.3.4　适度监管

本质上私募发行监管更应关注投资者自身的风险承受力而非投资者数量,

只有在对发行公司和投资者两个视角进行合理细分才能有针对性地制订差异化的发行制度。虽中小企业私募债券风险较高,但其违约风险波及范围相对较小,对其应实行适度监管。如可通过限制债券发行者的恶意欺诈行为,加强对债券发行企业高管人员的管理,对投资产品进行监控等措施,促进该市场良好运行和发展。

14.3.5　提高市场流动性

（1）扩大发行主体范围

将发债主体由非上市中小企业扩大至上市中小企业,统一制定上市和非上市公司私募债法规,使有债券融资需求的中小企业都可选私募发债。既扩大发行主体,又吸引更多投资者。

（2）扩大合格投资者范围

1）美国的私募发行从关注发行对象人数上限渐变为关注合格投资者。通过界定投资者资质、划分而非简单限定认购对象人数,能丰富公司发行方式的多样化和资本市场的多层次。

2）美国针对小额发行提供多种灵活便利的发行豁免。美国相关法律、条例等豁免通道,多针对 10 万～500 万美元的小额发行,重点是在保护投资者合法权益的前提下尽量降低中小企业的融资成本和提升融资灵活度及资本形成。

3）我国可优先豁免小额私募发行,简化发行程序和披露手续。采用合格投资者与定向投资人结合方式确定每期债券投资人范围。合格投资者由证监会依一定标准确定,这部分投资者因资本充足、风险承受能力强、交易活跃,可不受限制参与所有中小企业私募债投资;定向投资人是依每期中小企业私募债情况,由发行人和主承销商共同推荐参与到本期债券投资,但不属于合格投资者的机构或个人。合格和定向投资人的数量、比例、认购额度上限等由证监会确定。将个人投资者进入门槛放宽到 50 万～100 万元。

（3）加快场外交易平台建设。美国的经验表明须重视私募发行证券的转售和交易机制构建。统筹发展利用上交所固定收益证券综合电子平台、深交所综合协议交易平台、各地区域性交易平台、券商交易平台,推动信息共享。

参考文献

[1]安体富,蒋震.促进区域经济协调发展的财税政策选择[J].税务研究,2008(5):24—30.

[2]巴曙松,谌鹏.互动与融合:互联网金融时代的竞争新格局[J].中国农村金融,2012(24):15—17.

[3]巴曙松,吴博,朱元倩.关于实际有效汇率计算方法的比较与评述——兼论对人民币实际有效汇率指数的构建[J].管理世界,2007(5):24—29.

[4]鲍炤.关于我国出口退税制度的思考[J].中小企业管理与科技(上旬刊),2010(3):89.

[5]白玛雍珍.基于法律视角分析人民币国际化问题[J].华人时刊旬刊,2013(1).

[6]蔡荣鑫."包容性增长"理念的形成及其政策内涵[J].经济学家,2009(1):102—104.

[7]蔡思复.财政,货币与外贸政策新运作[J].管理世界,2003(3):23—27.

[8]蔡思复.我国结构通货膨胀与市场总量需求不足的形成与平抑[J].中南财经政法大学学报,2005(2):8—13.

[9]蔡静.国际影子银行监管改革及启示[J].青海金融,2012(6):31—33.

[10]晁毓欣.中国开放经济下的财政和货币政策——规范和实证[J].中央财经大学学报,2002(9):5—8.

[11]陈传兴.经济发展新常态下的国际收支平衡问题研究[J].国际经济与合作,2015,(6):70—72.

[12]陈丽荣,高枝弟.退税率下调对企业出口的影响及对策[J].中小企业管理与科技,2009(10):66—67.

[13]陈林.互联网金融发展与监管研究[J].南方金融,2013(11):52—56.

[14]陈璐.人民币逐步自由兑换法律问题研究[D].重庆:重庆大学,2007.

[15]陈奕君.互联网保险的前景分析及模式预测[J].中国商贸,2014(03):190—191.

[16]陈茜.大陆金融自由化视角下的跨境(两岸)贸易人民币结算探讨[J].金融

理论与实践,2011(7):5—50.

[17]陈韬,陶斌智.创新视角下的互联网金融发展[J].国际金融,2014(12):60—67.

[18]陈一稀,魏博文.互联网金融发展的经济学理论研究[J].南方金融,2015(1):42—50+56.

[19]陈一稀.重走时间隧道:从历史经验看互联网金融的发展[J].浙江金融,2014(3):23—26.

[20]陈晞.中国货币一体化的模式与步骤研究[D].厦门:厦门大学,2009.

[21]陈云,陈浪南,林伟斌.人民币内向均衡实际汇率与错位测算:1997—2007[J].统计研究,2009(3):8—16.

[22]蔡思隽.互联网金融:谁的盛宴[J].中国外汇,2013(15):40—42.

[23]陈宏.中韩货币互换对双边贸易及人民币国际化的推动作用[J].北京工商大学学报(社会科学版),2010,25(02):58—62.

[24]陈茜.海峡两岸合作实验区开放开发模式探讨[J].台湾研究,2011(1):12—16.

[25]陈蓉.论我国民间金融管制的重构[D].成都:西南政法大学,2008:3.

[26]程博资,谭小芬.建立可持续的中国国际收支平衡机制[J].经济问题探索,2014(9):112—117.

[27]池仁勇,金陈飞.海峡两岸中小企业发展比较研究[J].台湾研究,2011(4):26—30.

[28]仇大勇.开展制度创新促进中小企业国际化发展[J].重庆职业技术学院学报,2005,14(3):19—22.

[29]陈国华.台湾产业转型升级的经验及对广东的启示[J].林业经济,2012,6:45—47.

[30]崔太康.中小企业国际化经营策略[J].国际经济合作,2011(7):85—88.

[31]崔光庆,惠峰.人民币国际化正面效应简析[J].山东金融,1997(4):60.

[32]程红丹,吴松强,邓泽宏.台湾发展中小企业的财税扶持经验及其借鉴[J].中国经济评论,2003,3(6):78—80.

[33]杜晓郁.后金融危机时期中国经济结构调整的政策搭配——基于斯旺模型的拓展分析[J].财经问题研究,2011(11):17—22.

[34]狄乾斌,韩增林.辽宁省海洋经济可持续发展的演进特征及其系统耦合模式[J].经济地理,2009,29(05):799—805.

[35]丁倩.人民币自由兑换问题研究[D].天津:天津财经学院,2004.

[36]董小麟.关于提升我国中小企业国际化水平的思考[J].国际经贸探索,2012,28(4):34—41.

[37]樊纲,魏强,刘鹏.中国经济的内外均衡与财税改革[J].经济研究,2009(8):18—26.

[38]范祚军,唐文琳.人民币国际化的条件约束与突破[M].北京:人民出版社,2012.

[39]冯彩.调控我国内外均衡冲突的政策选择:基于政策搭配理论的研究[J].亚太经济,2008(4):91—94.

[40]冯华.怎样实现可持续发展——中国可持续发展思想和实现机制研究[D].上海:复旦大学,2004.

[41]樊蕾.IMF框架下人民币国际化法律问题研究[D].重庆:重庆大学,2011.

[42]高传胜.论包容性发展的理论内核[J].南京大学学报(哲学·人文科学·社会科学版),2012(1):32—39+158—159.

[43]高寒.互联网金融的发展趋势与应对策略[J].宏观经济管理,2015(2):67—70.

[44]郭翔宇.加强融合与互动促进"四化同步"发展[J].农业经济与管理,2013(01):5—6.

[45]高汉.互联网金融的发展及其法制监管[J].中州学刊,2014(02):57—61.

[46]贺强.注意防范金融风险促进互联网金融健康发展[J].价格理论与实践,2014(03):10—12.

[47]葛道顺.包容性社会发展:从理念到政策[J].社会发展研究,2014(3):212—243.

[48]葛志苏.互联网金融背景下征信业市场化发展研究[J].武汉金融,2014(12):33—34.

[49]龚映清.互联网金融对证券行业的影响与对策[J].证券市场导报,2013(11):4—8+13.

[50]谷慎,马敬彪,马翰墨.中国城乡二元结构的转换途径——基于分工动态循环演进的视角[J].审计与经济研究,2015(19):83—92.

[51]关恒.适时加快人民币国际化进程[J].经济纵横,2013(7):103—105.

[52]关秀丽.台湾制造业投资大陆对台湾的影响[J].海峡科技与产业,2007(4):10—16.

[53]龚明华.互联网金融:特点、影响与风险防范[J].新金融,2014(02):8—10.

[54]耿峰.从欧元看人民币参与区域货币一体化的法律问题[D].合肥:安徽大学,2007.

[55]管涛.构建国际收支平衡市场化机制[J].中国金融,2014(1):29—31.

[56]巩海滨.林业碳汇与四川农村经济可持续发展[J].农村经济,2014(11):63—67.

[57]盖美,赵晓梅,田成诗.辽宁沿海经济带水资源-社会经济可持续发展研究[J].资源科学,2011,33(07):1225—1235.

[58]韩龙.GATT第15条:汇率义务衡量需提防的陷阱——基于人民币汇率义

务问题的探讨[J].西北政法学院学报,2007(2):137.

[59]惠树鹏.我国区域经济协调发展的势科学阐释[J].系统科学学报,2015(1):94－96.

[60]贺小勇,管荣.WTO与IMF框架下人民币汇率机制的法律问题[M].北京:法律出版社,2010.

[61]和云."三个支撑带"与中国区域经济协调发展的若干思考[J].区域经济评论,2015(04):28－32.

[62]郝俊香.我国互联网金融发展模式及风险研究[J].西部金融,2014(11):54－57.

[63]洪银兴.三农现代化途径研究[J].经济学家,2009(1):12－18.

[64]胡江云.保障贸易政策稳定促进对外贸易持续健康发展[J].涉外税务,2008(8):18－22.

[65]胡吉祥,吴颖萌.众筹融资的发展及监管[J].证券市场导报,2013(12):60－65.

[66]黄旭,兰秋颖,谢尔曼.互联网金融发展解析及竞争推演[J].金融论坛,2013,18(12):3－11.

[67]黄家骅,谢瑞巧.台湾民间金融的发展与演变[J].财贸经济,2003(3):91－94.

[68]黄剑辉,李洪侠."一带一路"战略视域下我国区域经济的协调发展[J].税务研究,2015(6):22－30.

[69]黄洵,黄民生.基于能值分析的城市可持续发展水平与经济增长关系研究——以泉州市为例[J].地理科学进展,2015,34(01):38－47.

[70]黄博怡.当前合会业务的探讨[J].中小企银季刊,1983.

[71]霍兵,张延良.互联网金融发展的驱动因素和策略——基于长尾理论视角[J].宏观经济研究,2015(2):86－93＋108.

[72]胡睿喆.中国互联网金融的现状与发展[J].上海经济,2014(7):18－20.

[73]简新华,杨冕.从"四化同步"到"五化协调"[J].武汉大学学报(哲学社会科学版),2013(11):104－105.

[74]江春,吴宏.中国的国际收支平衡:基于收入分配的新视角[J].财经问题研究,2009(10):24－36.

[75]姜波克,傅浩,钱钢.开放经济下的政策搭配[M].上海:复旦大学出版社,1999.

[76]姜波克,徐涵江,胡颖尧.人民币自由兑换和资本管制[M].上海:复旦大学出版社,1999.

[77]蒋磊.台湾中小企业成功给我们的启示[J].经济论坛,2001(17):46－46.

[78]黎海波.台湾中小企业迅速国际化的原因[J].海峡科技与产业.2005(5):40—43.

[79]刘新智,刘雨松.外出务工经历对农户创业行为决策的影响——基于518份农户创业调查的实证分析[J].农业技术经济,2015(6):4—14.

[80]李超.国家外汇管理局李超副局长在首届中国贸易金融年会上的讲话[EB/OL].[2011-5-18].http://www.china—cba.net/bencandy.php? fid=207&id=7447.

[81]李稻葵,刘霖林.双轨制推进人民币国际化[J].中国金融,2008(10):42—43.

[82]李非.台湾高科技产业与两岸产业合作趋势[J].厦门大学学报(哲学社会科学版),2003(1):22—29.

[83]李瑾,刘朝圆.人民币国际化面临的风险及对策[J].合作经济与科技,2013(5):30—31.

[84]李婧.从跨境贸易人民币结算看人民币国际化战略[J].世界经济研究,2011(2):13—19+87.

[85]李天栋,张卫平,杜金宇.经济规模扩张与贸易失衡:中国的视角[J].国际金融研究,2009(10):83—90.

[86]李扬,殷剑锋.中国高储蓄率问题探究——1992—2003年中国资金流量表的分析[J].经济研究,2007(6):14—26.

[87]李湛威.股权众筹平台运营模式比较与风控机制探讨[J].当代经济,2015(5):36—39.

[88]李向东.浙江中小企业国际化经营的SWOT分析及对策研究[J].南方论刊,2012(8):16—18.

[89]李向阳.民族地区资源型区域经济的成长与可持续发展——以新疆地区为例[J].贵州民族研究,2014,35(11):169—172.

[90]林毅夫,孙希芳.信息、非正规金融与中小企业融资[J].经济研究,2005(7):35—44.

[91]刘海二.互联网金融的基础:设施移动支付与第三方支付[J].国际金融,2014(5):72—77.

[92]刘明月.我国中小企业国际化问题研究[J].企业研究,2012(8):7—8.

[93]刘晴辉.我国"双顺差"成因的实证分析:1994—2007[J].财经论丛,2008(9):49—55.

[94]刘婷婷.国际法视角下的人民币国际化问题研究[D].青岛:中国海洋大学.2012.

[95]刘士余.互联网金融存在三大风险[EB/OL].清华金融评论,2014-2-20.http://www.ce.cn/xwzx/gnsz/gdxw/201402/20/t20140220_2343321.shtml.

[96]刘锡良.论我国经济转型时期财政政策与货币政策的协调与配合[J].经济学家,
　　　1997(2):43－49.

[97]刘震涛,李应博.台资企业在世界经济不确定性因素影响下的转型升级[J].
　　　国际经济评论,2008(4):52－57.

[98]罗艳君.互联网保险的发展与监管[J].中国金融,2013(24):49－50.

[99]吕芹.P2P这块蛋糕,银行吃还是不吃?[J].互联网周刊,2014(9):54－55.

[100]林峰,叶民强.海峡两岸中小企业管理的比较与借鉴[J].华侨大学学报:
　　　哲学社会科学版,1997(3):1－7.

[101]林思达,王立军,严新根.我国台湾地区"科技导向"的产业升级政策及其
　　　启示[J].中国科技论坛,2009(5):74－79.

[102]路宏达.出口退税政策调整下我国出口型中小企业发展策略研究[J].产业
　　　与科技论坛,2009(4).

[103]陆金周.中央救市中小企业[J].华东科技,2009(2):20－22.

[104]陆懋祖,臧旭恒,曹建海,等.复杂世界经济背景下中国经济的转型升级笔
　　　谈[J].世界经济与政治论坛,2011(5):163－172.

[105]陆岷峰,刘凤.互联网金融背景下商业银行变与不变的选择[J].南方金融,2014
　　　(1):5－9+15.

[106]罗婷婷.国际化动机、国际化能力与国际化绩效的关系——基于中小企业
　　　的实证研究[J].管理现代化,2012(3):18－19.

[107]罗毅.浙江中小企业国际化发展现状及对策分析[J].时代经贸,2012(18):
　　　153－155.

[108]廖家勤,宁扬.实现包容性增长的税收政策选择[J].石家庄经济学院学报,
　　　2014,37(05):1－7.

[109]李秀芳,刘娟.人民币国际化进程:问题与方向[J].理论探索,2012(3):81
　　　－84.

[110]李光耀.前景光明的亚洲经济[J].世界知识,2011(23):7－7.

[111]李飞.台湾地区资产证券化经验对中国大陆的启示[J].金融法苑,2006
　　　(1):69－80.

[112]陆岷峰,张惠.我国影子银行体系问题及管理对策研究[J].西部金融,
　　　2012(6):22－25.

[113]林鸿钧.企业营运持续之资讯备援系统探讨——以金融业为例[D].台北:
　　　台北大学,2008:1－100.

[114]刘新海.互联网金融新模式探析[J].金融电子化,2013(04):47－49.

[115]李碧珍.李碧珍.海峡两岸物流金融合作的必要性与可行性探析[J].福建

师范大学学报(哲学社会科学版),2010(02):53—60.

[116]刘永恒,李淼.人民币国际化问题研究[J].行政事业资产与财务,2013(06):102—103.

[117]兰兰.促进我国经济可持续发展的财税政策研究[D].乌鲁木齐:新疆财经大学,2008.

[118]刘鑫.我国互联网金融的发展情况及模式浅析[J].当代经济,2014(24):4—5.

[119]李博,董亮.互联网金融的模式与发展[J].中国金融,2013(10):19—21.

[120]蒙代尔.蒙代尔经济学文集:国际货币:过去、现在和未来[M].向松祚,译.北京:中国金融出版社,2003.

[121]陆铭,高虹,佐藤宏.城市规模与包容性就业[J].中国社会科学,2012(10):47—66+206.

[122]马浩.国外区域经济非均衡协调发展经验及对山东的启示[J].管理现代化,2013(1):126—128.

[123]蓝俊杰.我国股权众筹融资模式的问题及政策建议[J].金融与经济,2015(02):57—60+52.

[124]刘英,罗明雄.互联网金融模式及风险监管思考[J].中国市场,2013(43):29—36.

[125]李瑞红.关于民间资金参与地方金融机构改革的几点思考——基于我国台湾银行业的经验与教训[J].国际金融,2012(07):23—28.

[126]孟伟庆,王中良,李洪远.基于Exergy天津市生态经济系统可持续发展度量[J].生态科学,2014,33(04):818—824.

[127]闵敏,柳永明.互联网货币的价值来源与货币职能——以比特币为例[J].学术月刊,2014,46(12):97—108.

[128]毛建雄.福建承接台湾石化产业转移的SWOT分析[J].三明学院学报,2012,29(1):25—30.

[129]宁连举,刘茜.互联网金融的创新发展及监管建议[J].宏观经济管理,2015(1):61—63.

[130]牛锋,杨育婷,徐培文.当前我国网络借贷发展中存在的问题与对策[J].西南金融,2013(9):20—24.

[131]彭水军,包群.环境污染、内生增长与经济可持续发展[J].数量经济技术经济研究,2006(9):114—126+140.

[132]彭威霖.互联网金融创新与监管[J].投资与合作,2013(8):2—3.

[133]裴天士.从民间金融组织到正规金融机构——谈台湾中小企业融资之问题

[J].东岳论丛,2005,26(5):51—58.

[134]皮天雷,赵铁.互联网金融:范畴、革新与展望[J].财经科学,2014(6):22—30.

[135]乔海曙,吕慧敏.中国互联网金融理论研究最新进展[J].金融论坛,2014,
(7):24—29.

[136]秦亮杰,赵大欣.金融互联网化的国际经验与启示[J].农村金融研究,2014
(08):34—37.

[137]饶越.互联网金融的实际运行与监管体系催生[J].改革,2014(03):56—63.

[138]邱翠.两岸四地货币一体化研究[D].武汉:华中科技大学,2010.

[139]沈莹,张爱英.基于自组织视角的"四化"同步发展[J].经济问题,2014(9):
6—9+37.

[140]沈莹,张爱英.基于自组织视角的"四化"同步发展[J].经济问题,2014
(09):6—9+37.

[141]石正方."十二五"规划与两岸经贸合作前景[J].台湾工作通讯,2010(11):
31—32.

[142]宋马林,王舒鸿,邱兴业.一种考虑整数约束的环境效率评价 MOISBMSE
模型[J].管理科学学报,2014,17(11):69—78.

[143]邵成芳.中国经济内外失衡关系的研究[D].长沙:湖南大学,2007.

[144]宋凡.新形势下人民币国际化问题研究[D].济南:山东财经大学,2012.

[145]桑登平.ECFA 效应下的两岸经贸合作趋势[J].北京联合大学学报:人文
社会科学版,2012,10(1):112—120.

[146]田光宁.互联网金融发展的理论框架与规制约束[J].宏观经济管理,2014
(12):42—48+111.

[147]田文威,丁宇.新形势下大陆与台湾中小企业合作共赢的机遇与挑战[J].
管理学家,2010(12):330—331.

[148]涂明辉.互联网金融——移动支付[J].法制与社会,2014(7):99—102.

[149]唐鑫.论包容性发展与中国特色社会主义道路的内在联系[J].科学社会主
义,2015(04):56—61.

[150]陶立早.论后危机时代的人民币国际化法律路径[J].群文天地,2011(5):
225—227.

[151]陶娅娜.互联网金融发展研究[J].金融发展评论,2013(11):58—73.

[152]汤世生.台湾金控模式对大陆金融的借鉴[J].中国发展观察,2011(6):
43—45.

[153]檀菲菲,陆兆华.基于 NLPCA—GSO 可持续发展评价——以环渤海区域
为例[J].生态学报,2016,36(08):2403—2412.

[154]汤文仙,韩福荣.三缺口模型:对双缺口模型的修正——对中国利用外资行为的合理解释[J].当代经济科学,2000(05):36—40.

[155]万建华.金融e时代[M].北京:中信出版社,2013.

[156]王达,刘天泽.论影子银行体系的演进与互联网金融发展[J].东北师大学报(哲学社会科学版),2015(1):226—228.

[157]王达.论美国互联网金融的主要模式、演进及启示[J].亚太经济,2014(4):70—73.

[158]王达.影子银行演进之互联网金融的兴起及其引发的冲击——为何中国迥异于美国?[J].东北亚论坛,2014(4):73—82+127.

[159]王光净,杨继君,李庆飞.区域经济可持续发展的系统动力学模型及其应用[J].改革与战略,2009(1):128—132.

[160]王国刚,张扬.互联网金融之辨析[J].财贸经济,2015(1):5—16.

[161]王国华,温来成.基本公共服务标准化:政府统筹城乡发展的一种可行性选择[J].财贸经济,2008(3):40—43+127.

[162]王景武.宏观调控中的财政货币政策搭配[J].金融理论与实践,2005(9):6—8.

[163]王仁言.人口年龄结构、贸易差额与中国汇率政策的调整[J].世界经济,2003(9):3—9.

[164]王元龙.关于人民币国际化的若干问题研究[J].财贸经济,2009(7):16—22.

[165]王媛媛.后ECFA时代两岸企业面临的机遇探讨[C].亚太经济转型与海峡西岸经济区发展学术研讨会论文集,2010:303—306.

[166]王峰.中国走包容性经济增长之路实现可持续发展[J].内蒙古科技与经济,2011(20):11—12.

[167]王曙光,张春霞.互联网金融发展的中国模式与金融创新[J].长白学刊,2014(01):80—87.

[168]王广峰.努力发展城乡绿色低碳经济和循环经济——我国经济可持续发展的一种战略性选择[J].南京理工大学学报(社会科学版),2015,28(02):60—65.

[169]王妍.推进产业包容性发展的对策建议[J].经济纵横,2015(06):10—13.

[170]王占军.互联网金融及风险防范的国际借鉴[J].金融博览,2013(09):56—57.

[171]王国松.开放经济下我国货币政策目标的内在冲突性分析[J].当代经济管理,2009,31(10):77—80.

[172]王思程.对人民币国际化问题的若干思考[J].现代国际关系,2008(08):29—33.

[173]王茜.对强化和创新企业经济管理的思考[J].商业文化（下半月），2011
　　（4）：123－124.

[174]吴云勇.从三缺口模型看辽宁省就业结构升级的滞后性[J].沈阳师范大学
　　学报（社会科学版），2010,34(04):41－44.

[175]吴荣龙.人民币国际化的法律问题[D].泉州:华侨大学,2010.

[176]温信祥,叶晓璐.法国互联网金融及启示[J].中国金融,2014(04):75－77.

[177]韦昌鑫,冯德连.台湾中小企业对外直接投资的发展及启示[J].国际经贸
　　探索，2006,22(5):70－74.

[178]吴秀芳.议退税政策对出口企业的影响[J].中小企业管理与科技（上旬
　　刊），2011(1):83.

[179]吴亦强.我国国际收支双顺差成因实证研究[J].现代经济,2009(3):146－148.

[180]吴志国,宋鹏程,赵京.资本市场监管:平衡的艺术——美国众筹融资监管
　　思路的启示[J].征信,2014(3):88－92.

[181]汪燕,胡晓娟.他们的做法值得借鉴[J].今日浙江,2012(19):36－37.

[182]魏婕,任保平.中国经济增长包容性的测度:1978—2009[J].中国工业经
　　济,2011(12):5－14.

[183]王改艳.基于统筹城乡发展视角的包容性增长研究[D].雅安:四川农业大
　　学,2013.

[184]夏晶,陈志勇.中国内外经济均衡的宏观经济政策搭配研究[J].统计与决策,
　　2015(17):125－127.

[185]向雅萍.人民币国际化的法律路径探析[J].河北法学,2013(5):120－126.

[186]谢科进,尹冰.我国出口退税政策调整对象的优先序探讨[J].世界经济与
　　政治论坛,2009(6):27－31.

[187]谢平,邹传伟,刘海二.互联网金融模式研究[R].中国金融40人论坛研究
　　报告,2012:1－87.

[188]谢平,邹传伟,刘海二.互联网金融手册[M].北京:中国人民大学出版
　　社,2014.

[189]谢平,邹传伟.互联网金融模式研究[J].金融研究,2012(12):11－22.

[190]谢平,邹传伟.中国金融改革思路[J].金融论坛,2013(7):82.

[191]许一欣.区域经济合作模式的转型分析[D].上海:华东师范大学,2010.

[192]许可,何雁明.2008年中小企业倒闭潮:中国经济增长模式转变的需要和
　　必然[J].法制与社会,2008,32:079.

[193]黄梅波,许月莲.两岸证券业竞争力对比及合作空间[J].台湾研究集刊,
　　2012(1):46－54.

[194]夏国风.中小企业国际化机遇与应对策略探讨[J].现代商贸工业,2009, 21(3):76－78.

[195]徐诺金.互联网金融的发展趋势及影响[J].征信,2015(3):1－5.

[196]熊志军,魏大光.中国经济内外均衡缺失的成因分析[J].中国商界,2008 (4):1－2.

[197]肖欣荣,伍永刚.美国利率市场化改革对银行业的影响[J].国际金融研究, 2011(01):69－75.

[198]肖学军."一国四币"的整合及其实现路径研究[D].长春:东北师范大 学,2005.

[199]闫真宇.关于当前互联网金融风险的若干思考[J].浙江金融,2013(12):40－42.

[200]阎庆民.银行业金融机构信息科技风险监管研究[M].北京:中国金融出版 社,2013.

[201]杨鹏,朱琰洁,许欣,马恒运,王济民.中国实现"四化同步"的挑战:目标 VS 制度[J].农业经济问题,2013,34(11):87－96＋112.

[202]严红."四化"同步发展的实证检验及实现路径研究——以四川为例[J].软 科学,2015(10):29－32.

[203]尹红欣.台湾中小企业国际化的成功经验及启示[J].特区经济,2006(8): 249－250.

[204]殷越男.国际经济调整中的民营企业走出去战略思考[J].世界貿易組織動 態與研究,2010,17(3):16－21.

[205]原清青.关于加强我国影子银行风险监管的对策[J].东方企业文化, 2012,1:23－29.

[206]闫海.台湾金融资产证券化立法及借鉴[J].红河学院学报,2005(06):63－67.

[207]晏露蓉,姜杰,黄素英,陆正来.关于财政政策影响货币运行的实证研 究——从我国货币当局资产负债表看财政货币政策的相关性[J].金融研 究,2008(6):37－55.

[208]杨群华.我国互联网金融的特殊风险及防范研究[J].金融科技时代,2013 (7):100－103.

[209]杨松.国际法与国际货币新秩序研究[M].北京:北京大学出版社,2002.

[210]杨翾,彭迪云.美国推进互联网金融健康发展的监管政策及其对我国的启 示[J].金融与经济,2014(09):51－55.

[211]杨云龙,何文虎.基于文献综述的互联网金融发展研究[J].吉林金融研究, 2014(08):16－24.

[212]杨洋,张宇.互联网金融在金融改革中的机遇与挑战——以阿里金融为例

[J].时代金融,2014(05):51—52＋62.

[213]杨光.互联网金融背景下普惠金融福利绩效评价研究[J].金融发展评论,2015(01):146—158.

[214]于小洋,高雪林.基于第三方支付视角的互联网金融创新探究[J].电子测试,2013(13):219—220.

[215]余枚.众筹兴起——互联网金融模式之三[J].新理财,2013(09):40.

[216]叶一剑,金城.台湾中小企业的转型镜鉴[J].乡镇企业导报,2011(3):58—59.

[217]殷宝成.人民币国际化问题浅析[J].中国商界(下半月),2009(01):20—21＋31.

[218]殷存毅.台湾经济转型升级对浙江的启示[J].经贸实践,2009(9):12—12.

[219]尹忠明,陈蕾.后危机时代海峡两岸 IT 产业合作的模式与途径研究——以沪、苏、闽为例[J].云南财经大学学报,2012(1):132—139.

[220]禹钟华,祁洞之.对全球金融监管的逻辑分析与历史分析[J].国际金融研究,2013(03):41—48.

[221]叶湘榕.P2P借贷的模式风险与监管研究[J].金融监管研究,2014(3):71—82.

[222]叶琪.基于包容性发展视阈的我国区域产业转移研究[D].福州:福建师范大学,2012.

[223]于敏,王小林.中国经济的包容性增长:测量与评价[J].经济评论,2012(3):30—38.

[224]袁金星.互联网金融发展模式及其监管机制分析[J].金融理论与实践,2014(12):49—53.

[225]袁志刚,解栋栋.统筹城乡发展:人力资本与土地资本的协调配置[J].经济学家,2010(8):77—83.

[226]晏露蓉,张立.台湾地区经济金融发展与两岸金融往来[J].福建金融,2012(3):4—10.

[227]曾刚.积极关注互联网金融的特点及发展——基于货币金融理论视角[J].银行家,2012(11):11—13.

[228]曾文革,陈璐.逐步实现人民币自由兑换的法律思考[J].云南大学学报:法学版,2008,21(1):74—77.

[229]赵璟,郭海星,党兴华.区域城乡统筹发展评价与时空分析[J].统计与决策,2015(09):102—105.

[230]张斌.反思宏观经济调控:被遗忘的政策工具？[J].国际经济评论,2004(9):30—33.

[231]张芬,吴江.国外互联网金融的监管经验及对我国的启示[J].金融与经济,
2013(11):53—56.

[232]张冠华.加强金融合作促进两岸企业转型升级[J].台湾研究,2012(4):5—9.

[233]张健,淮励杰,陈逸,彭补拙.区域经济可持续发展趋势及空间分布特征
[J].地理学报,2007(10):1041—1050.

[234]张谨.互联网金融对传统金融发展的影响分析[J].金融发展评论,2014
(4):136—142.

[235]张明.警惕互联网金融行业的潜在风险[J].经济导刊,2013(Z5):10—12.

[236]张松,史经伟,雷鼎.互联网金融下的操作风险管理探究[J].新金融,2013
(9):33—36.

[237]张晓朴.互联网金融监管的原则:探索新金融监管范式[J].金融监管研究,
2014(2):6—17.

[238]张永成.蒙代尔政策搭配理论在中国的运用分析[J].华北金融,2010(11):
4—7.

[239]张见.中国宏观经济内外失衡现状与政策组合研究[J].理论月刊,2015
(11):122—131.

[240]张淑怡.人民币国际化推进过程中的问题研究[D].广州:华南理工大
学,2012.

[241]张燕,邹维.台湾地区农村民间金融监管的分析及启示[J].桂海论丛,2009,
25(4):62—65.

[242]曾文革,樊蕾.IMF 改革趋势下人民币国际化的法律对策[J].云南大学学
报(法学版),2011,24(3):110—116.

[243]章和杰,陈忠旗."三缺口"模型的国际比较研究文献综述——中国案例
[J].经济论坛,2011(12):19—21.

[244]章和杰,陈杭丽.后 ECFA 时期大陆中小企业进入台湾的策略探析[J].北
方经济,2012(8):92—94.

[245]章和杰,陈威吏."三缺口模型"下的内外均衡政策搭配文献综述——基于
篮子货币汇率制度[J].统计研究,2007(12):22—28.

[246]章和杰,何彦清.财政政策与货币政策对国民收入的影响分析[J].统计研究,
2011(5):21—26.

[247]章和杰,阮杰."三缺口"模型理论与应用文献综述——基于中国视角[J].
经济论坛,2013(9):24—26.

[248]章和杰,陶怡.后 ECFA 时期建立两岸货币清算机制探讨[J].台湾研究,2011
(4):22—25+36.

[249]章和杰,余昌勇.经济增长与约束:一个文献综述[J].北方经济,2012(20):12—13.

[250]章和杰.大陆金融业赴台投资的 SWOT 分析[J].台湾研究,2010(3):23—27.

[251]章和杰.三缺口模型下的中国内外均衡政策搭配研究——基于一篮子货币汇率制度视角[M].杭州:浙江大学出版社,2014.

[252]章和杰.台湾金融业赴大陆投资的优劣势分析[J].台湾研究,2010(1):18—24.

[253]章和杰.人民币国际化的路径新探——从金融视角看创设中国舟山稀土电子交易中心的意义[J].浙江金融,2012(12):44—45+32.

[254]章和杰.中国政府在转型经济中实现内外均衡的政策搭配研究[J].中共浙江省委党校学报,2002(1):36—41.

[255]章和杰.货币银行学[M].杭州:浙江大学出版社,2009.

[256]张涛.中国-东盟金融合作中人民币区域化的金融政策法规研究[J].云南财经大学学报,2010,26(6):74—80.

[257]张鹏.影子银行影响货币市场流动性的机制研究[J].金融监管研究,2014(1):65—76.

[258]邹玉娟.转变经济发展方式与中国低碳经济发展路径探索[J].全国商情(理论研究),2010(14):8—10.

[259]钟会根.互联网金融对中央银行货币政策的影响与应对[J].金融经济,2014(18):125—126.

[260]诸悦.美国互联网金融先驱的"倒掉"[J].小康(财智),2013(9):40—41.

[261]周华.互联网金融对传统金融业的影响[J].南方金融,2013(11):96—98.

[262]朱娟,胡加如,王素宏.创业,创新,创优农业科研院所的发展之路[J].农业科技管理,2006,25(5):12—14.

[263]张家华.人民币国际化背景下完善国际收支统计法律制度的思考[J].中国证券期货,2011(6X):136—136.

[264]张宝诚.管理淬炼[J].台北:中国生产力中心,2010.

[265]左晓蕾.中国影子银行潜在风险警笛已鸣响[J].IT 时代周刊,2013(3):20—20.

[266]庄荣良.海峡两岸产业分工的发展阶段、模式演进和发展机遇[J].福建论坛(人文社会科学版),2009(05):137—141.

[267]赵憬,郭海星,党兴华.区域城乡统筹发展评价与时空分析[J].统计与决策,2015(9):102—105.

[268]赵璐,陈永丽.我国互联网金融发展探析[J].宏观经济管理,2014(5):53—55.

[269]浙江行政学院赴台湾地区考察团.我国台湾地区产业转型升级的政策及其

启示[J]. 当代社科视野,2012(21):55—59.

[270]郑旭. 东亚货币合作的现实基础和战略选择[M]. 北京:中国社会科学出版社,2011.

[271]中国人民银行开封市中心支行课题组. 基于服务主体的互联网金融运营风险比较及监管思考[J]. 征信,2013(12):10—14.

[272]中信建投. 中小券商互联网金融的天然拥抱者[N]. 上海证券报,2014-02-19(A04).

[273]周小川. 周小川首讲启动"清华金融高端讲坛"[EB/OL]. [2011-4-18]. http://www. tsinghua. edu. cn/publish/news/4205/2011/2011042121282 1702186811/20110421212821702186811_. html.

[274]周宇. 互联网金融:一场划时代的金融变革[J]. 探索与争鸣,2013(9):67—71.

[275] Aghion P, Caroli E, Garcia-Penalosa C. Inequality and economic growth: the perspective of the new growth theories[J]. *Journal of Economic Literature*, 1999,37(4): 1615—1660.

[276]Anand S, Sen A. Human development and economic sustainability[J]. World development, 2000, 28(12): 2029—2049.

[277]Ali,I. and Yao,X., Pro—poor inclusive growth for sustainable poverty reduction in developing Asia: the enabling role of infrastructure development[R]. ERD policy brief series no. 27. Manila: ADB,2004.

[278]Ali I, Zhuang J. Inclusive growth toward a prosperous Asia: Policy implications[R]. ERD Working Paper Series, 2007.

[279]Ahmad S. Foreign capital inflow and economic growth: a two gap model for the bangladesh economy[J]. *The Bangladesh Development Studies*, 1990, 18(1): 55—79.

[280]Akerlof C., The market for lemons: Qualitative uncertainty and the market mechanismv[J]. Quarterly Journal of Economics, 1970, 84(3).

[281]Ali I. Pro-poor inclusive growth: Asia prescriptions[J]. 2007.

[282]Ali I, Zhuang J. Inclusive growth toward a prosperous asia: Policy implications[R]. ERD Working Paper Series, 2007: 1—33.

[283]Anita Elberse. Should you invest in the Long Tail? [J]. *Harvard Business Review*, 2008,86(718):88.

[284]Bacha E L. A three-gap model of foreign transfers and the GDP growth rate in developing countries[J]. *Journal of Development Economics*, 1990, 32(2): 279—296.

[285]Birdsall N. Reflections on the macro foundations of the middle class in the developing world[J]. 2007.

[286]Belleflamme P, Lambert T, Schwienbacher A. Individual crowdfunding practices[J]. Venture Capital, 2013, 15(4): 313—333.

[287]Bachmann A, Becker A, Buerckner D, et al. Online peer-to-peer lending -a literature[J]. *Journal of Internet Banking and Commerce*, 2011,16 (2):1—18.

[288]Baharumshah A Z, Thanoon M A M. Foreign capital flows and economic growth in East Asian countries[J]. *China Economic Review*, 2006, 17 (1): 70—83.

[289]Benabou R. Inequality and growth[M]//NBER Macroeconomics Annual 1996, Volume 11. MIT Press, 1996: 11—92.

[290]Benjamin Collier, Robert Hampshire. Sending mixed singnals: multilevel reputation effects in peer-to-peer lending markets[J]. *CSCW*, 2010:197—206.

[291]Berger S, Gleisner F. Emergence of financial intermediaries on electronic markets:the case of online P2P lending [A]. Business Research, 2009, 2 (1):39—65.

[292]Bodie Z, Merton R C. Finance. ? Prentice Hall[J]. Upper Saddle River, NJ, 2000.

[293]Bisht S S, Mishra V, Fuloria S. Measuring accessibility for inclusive development: a census based index[J]. *Social indicators research*, 2010, 98(1): 167—181.

[294]Blanchard Olivier, Giavazzi Francesco. Rebalancing Growth in China: a three-handed approach[J]. *China & World Economy*, 2006(4):1—20.

[295]Bolt R. Accelerating agriculture and rural Development for inclusive growth: policy implications for developing Asia[J]. 2004.

[296]Boot A W, Greenbaum S I, Thakor A V. Reputation and discretion in financial contracting[J]. *The American Economic Review*, 1993:1165—1183.

[297]Bourguignon F. Growth, distribution and human resources[J]. En Route to Modern Growth, Essays in Honor of Carlos Diaz-Alejandro, 1994: 43—69.

[298]Berger A N, Udell G F. Small business credit availability and relationship lending: The importance of bank organisational structure [J]. The economic journal, 2002, 112(477): F32—F53.

[299]Birge J R , Qi L , Wei Z . Convergence Analysis of Some Methods for Minimizing a Nonsmooth Convex Function[J]. Journal of Optimization Theory & Applications, 1998, 97(2):357—383.

[300] Brajesh Panth. Skills development for employability and inclusive growth: policy dilemmas and priorities in South Asia[J]. Prospects, 2014, 44 (2):167—182.

[301]Chant J. The new theory of financial intermediation. Current Issues in Financial and Monetary Economics [J]. *Basingstoke, Hampshire. Macmillan*, 1992:42—65.

[302]Chenery H B, Strout A M, Foreign assistance and economic development[J]. *American Economic Review*, 1966(4):149—179.

[303]Chunyan He, Yalin Lei. Potential impact of U. S. re-emerging rare earths industry on future global supply and demand trend[J]. *International Business Research*, 2013,6(7):44—51.

[304]Chaudhuri S, Ravallion M. Partially awakened giants: uneven growth in China and India[M]. The World Bank, 2006.

[305]Ciegis R, Ramanauskiene J, Martinkus B. The concept of sustainable development and its use for sustainability scenarios[J]. *Engineering Economics*, 2015, 62(2):28—37.

[306]Clarke G R, Zou H F, Xu L C. Finance and income inequality: test of alternative theories[J]. *Annals Of Economics And Finance*, 2003, 14 (2):493—510.

[307]Collier B C, Hampshire R. Sending mixed signals:multilevel reputation effects in peer‐to‐peer lending markets [C]// Acm Conference on Computer Supported Cooperative Work. 2010.

[308]Christiansen H. Electronic finance: economics and institutional factors [J]. Occasional Paper, 2001, 2.

[309]Chant J. The New Theory of Financial Intermediation[M]// Current Issues in Financial and Monetary Economics. 1992.

[310]ClaessensS ,Glaessner T , Klingebiel D . Electronic Finance : A New Approach to Financial Sector Development ? [J]. World Bank Publications, 2002.

[311]Daniel Paravisini, Veronica Rappoport, Enrichetta Ravina. Risk aversion and wealth: from person-to person lending portfolios[A]. Nber Working Paper, 2010, 5:1—50.

[312]Davies R，Seventer 1 D E. A three - gap and macrodecomposition analysis for South Africa，1993 — 2002［J］. *Development Southern Africa*，2004，21(1)：133—153.

[313]Deininger K W. *Land policies for growth and poverty reduction*［M］. World Bank Publications，2003.

[314]Deininger K，Squire L. A new data set measuring income inequality［J］. *The World Bank Economic Review*，1996，10(3)：565—591.

[315]Diamond D W，Dybvig P H. Bank runs，deposit insurance，and liquidity ［J］. *The journal of political economy*，1983，91(3)：401—419.

[316]Diamond D W ，Rajan R G . Liquidity Risk，Liquidity Creation and Financial Fragility：A Theory of Banking［J］. Journal of Political Economy，2001，109(2)：287—327.

[317]Diamond D W，Rajan R G. Liquidity risk，liquidity creation and financial fragility：A theory of banking［J］. Journal of Political Economy，2001，109(2)：287—327.

[318]Domar E D. Capital expansion，rate of growth，and employment［J］. *Econometrica，Journal of the Econometric Society*，1946：137—147.

[319]Dongyu Chen，Fu Zhou. A comparative study of online P2P lending in the USA and China［J］. *Journal of Internet Banking and Commerce*，2012，17(2)：1—15.

[320]Dobrot？ G，Chirculescu M F. Considerations Regarding the Tax Burden Effects and its Mitigation Measures［J］. OF THE UNIVERSITY OF PETRO？ ANI？ ECONOMICS，2009：233.

[321]Economides N. Network economics with application to finance［J］. *Financial markets，institutions* & *instruments*，1993，2(5)：89—97.

[322]Esmaeel R I，Sukati I. Economic sustainability as an element of fit manufacturing in realizing economic competitiveness and the mediating roles of sustainability：a review［J］. *Journal of Management and Sustainability*，2015，5(1)：179.

[323]Ethan Mollick. The dynamics of crowdfunding：an exploratory study ［J］. *Journal of Business Venturing*，2014，29(1)：1-16.

[324]European Central Bank. Virtual Currency Schemes［R］. 2012.

[325]Elberse A . A Taste for Obscurity？ An Individual—Level Examination of "Long Tail" Consumption［J］. 2007.

[326]EmekterR，Tu Y，Jirasakuldech B，et al. Evaluating credit risk and loan performance in online Peer-to-Peer（P2P）lending[J]. Applied Economics，2015，47(1)：54—70.

[327]Fatemeh Nehzat，Hamid Maleki，Abdollah Naami. A study of the role of e-commerce implementation on electronic banking development [J]. *Management Science Letters*，2014，4(9)：1929—1932.

[328]Fei J. C. H，Ranis G，Kuo S. W. Y. Growth with equity：the Taiwan case[M]. 1979.

[329]Feldstein M. The political economy of the European economic and monetary union：political sources of an economic liability[J]. *Journal of Economic Perspectives*，1997，11(4)：23—42.

[330]Fernando N A，Banque asiatique de développement. Rural development outcomes and drivers：an overview and some lessons [M]. Asian Development Bank，2008.

[331]Feldstein M. The Political Economy of the European Economic and Monetary Union：Political Sources of an Economic Liability[J]. Journal of Economic Perspectives，1997，11(4)：23—42.

[332]Fields G. S，Jakubson G. H. New evidence on the Kuznets curve[J]. Cornell University. Ithaca，NY. Processed，1994.

[333]Franklin Allen，James Mcandrews，Philip Strahan. E-Finance[J].Journal of Financial Research，2002，22：5—27.

[334]Friedman B M. Decoupling at the margin：the threat to monetary policy from the electronic revolution in banking. International Finance，2000，3 (2)，261—272.

[335]Felipe J. Macroeconomic Implications of Inclusive Growth：What are the Questions? [J]. Asian Development Bank，Manila. Processed，2007.

[336]Goebel A. Sustainable urban development? Low-cost housing challenges in South Africa[J]. Habitat International，2007，31(3)：291—302.

[337]González A G. PayPal：the legal status of C2C payment systems[J]. *Computer Law & Security Review*，2004，20(4)：293—299.

[338]Greenwood J，Jovanovic B. Financial development，growth，and the distribution of income[J]. *Journal of political economy*，1990，98(10)： 1076—1107.

[339]Hans Christiansen. Electronic finance: economics and institutional factors [R]. Financial Affairs Division Occasional Paper, 2010, 2:1—51.

[340]Harpreet Singh, Ram Gopal,Xinxin Li. Risk and return of investments in online peer-to-peer lending[R]. Texas: University of Texas,2008:1—6.

[341]Harrod R F. An essay in dynamic theory[J]. *The Economic Journal*, 1939,49 (193): 14—33.

[342] Hausmann R, Klinger B. Growth Diagnostic: Peru [R]. Inter — American Development Bank, 2008.

[343]Hart O. Firms, contracts, and financial structure[J]. Oxford university press, 1995.

[344]Herbst A F. E-finance: promises kept,promises unfulfilled,and implications for policy and research[J]. *Global Finance Journal*, 2002, 12(2):205 —215.

[345]Hong Li, Vince Daly. Testing the balanced growth hypothesis: evidence from China[J]. *Empirical Economics*, 2009, 37(1):185—200.

[346]Iqbal Z, James J, Pyatt G. Three-gap analysis of structural adjustment in Pakistan[J]. *Journal of Policy Modeling*, 2000, 22(1): 117—138.

[347]Ifzal Ali, Hyun Hwa Son. Defining and Measuring Inclusive Growth: Application to the Philippines[R]. ERD Working Paper Series, No. 98,2007.

[348]Ibrahim N ,Verliyantina, . The Model of Crowdfunding to Support Small and Micro Businesses in Indonesia Through a Web — based Platform[J]. Procedia Economics and Finance, 2012, 4(Complete):390—397.

[349]John M Reilly. Green growth and the efficient use of natural resources [J]. *Energy Economics*, 2012,34(3): S85—S93.

Janicke M. "Green growth": From a growing eco — industry to economic sustainability[J]. Energy Policy, 2012, 48: 13—21.

[350] Kim C, Wang T, Shin N, etal. An empirical study of customers' perceptions of security and trust in e-payment systems[J]. *Electronic Commerce Research and Applications*, 2010, 9(1):84—95.

[351]Klasen S. Economic growth and poverty reduction: measurement issues using income and non-income indicators[J]. World development, 2008, 36(3): 420—445.

[352] Kanbur R, Rauniyar G. Conceptualizing inclusive development: with

applications to rural infrastructure and development assistance [J]. Journal of the Asia Pacific Economy, 2010, 15(4): 437—454.

[353]Kuijs L. Investment and saving in China[M]. The World Bank, 2005.

[354]Kuznets S. Economic growth and income inequality[J]. *The American economic review*, 1955,45(11): 1—28.

[355]Kemper N, Herzer D, Zamparelli L. Balanced growth and structural breaks: evidence for Germany[J]. Empirical Economics, 2011, 40(2): 409—424.

[356]Lederman D. International trade and inclusive growth: a primer for busy policy analysts[J]. *World Bank Policy Research Working Paper Series*, 2011.

[357]Levine R. Finance and growth: theory and evidence[J]. Handbook of economic growth, 2005, 1:865—934.

[358]Lanchovichina E, Lundstrom S. Inclusive growth analytics: Framework and application[J]. policy research working paper, 2009, 4851.

[359]Li H, Daly V. Testing the balanced growth hypothesis: Evidence from China[J]. Empirical Economics, 2009, 37(1): 185—200.

[360]Lewis W A. Economic development with unlimited supplies of labour [J]. The manchester school, 1954, 22(2): 139—191.

[361]Li W, Mengistae T, Xu L C. Diagnosing development bottlenecks: China and India[M]. The World Bank, 2011.

[362]Lucas Jr R E. On the mechanics of economic development[J]. Journal of monetary economics, 1988, 22(1): 3—42.

[363]Leland H E, Pyle D H. Informational asymmetries, financial structure, and financial intermediation[J]. The journal of Finance, 1977, 32(2): 371—387.

[364] Lewis M. Flash boys: a Wall Street revolt [M]. WW Norton & Company, 2014.

[365]Mariolakos I. Water resources management in the framework sustainable of development [J]. *Desalination*, 2007, 213(1):147—151.

[366]Martin Janicke. "Green growth": from a growing eco-industry to economic sustainability[J]. *Energy Policy*, 2012(48):13—21.

[367]Marwan Abdul-Malik Thanoon, Ahmad Zubaidi Baharumshah. The road to recovery in Malaysia: a three-gap analysis [J]. *Journal of Policy*

Modeling，2003，25(8)：857—861.

[368] Marwan Abdul-Malik Thanoon，Ahmad Zubsidi Baharumshah，Abd Azizabd. Malaysia：from economic recovery to sustained economic growth [J]. *Journal of Post Keynesian Economics*，2006(28)：295—315.

[369] Mathews J A. Green growth strategies—Korean initiatives[J]. *Futures*，2012，44(8)：761—769.

[370] Merton R C，Bodie Z. Deposit insurance reform：a functional approach [J]. *In Carnegie-Rochester Conference Series on Public Policy*，1993，38(1)：1—34.

[371] Merton R C. A functional perspective of financial intermediation[J]. *Financial Management*，1995,24(2)：23—41.

[372] Miller M H. Financial markets and economic growth[J]. *Journal of Applied Corporate Finance*，1998，11(3)：8—15.

[373] Mishkin F S，Strahan P E. What will technology do to financial structure? [J]. National bureau of economic research，1999.

[374] Mollick E. The dynamics of crowdfunding：an exploratory study[J]. *Journal of Business Venturing*，2014，29(1)：1—16.

[375] Mwangi F N，We-Ochilo F. O. Macroeconomic constraints and mediixmterm growth in kenya：a three-gap analysis[R]，AERC (African Economic Research Consortium)Research，Nairobi,1994.

[376] McKinley T. Inclusive growth criteria and indicators：An inclusive growth index for diagnosis of country progress[J]. 2010.

[377] Niels Kemper，Dierk Herzer，Luca Zamparelli. Balanced growth and structural breaks：evidence for Germany [J]. *Empirical Economics*，2011,40(2)：409—424.

[378] Niko Ibrahim，Verliyantina. The model of crowdfunding to support small and micro businesses in indonesia through a web-based platform [J]. *Procedia Economics and Finance*，2012，4(3)：390—397.

[379] Ovidiu Stoicaa，Seyed Mehdian，Alina Sargu. The impact of internet banking on the performance of Romanian banks：DEA and PCA approach [J]. *Procedia Economics and Finance*，2015，20：610—622.

[380] Paul Belleamme，Thomas Lambert，Armin Schwienbacher. Crowdfunding：an industrial organization perspective[J]. *Business*，2010,18(5)：3191—3216.

[381] Paul Belleflamme，Thomas Lambert，Armin Schwienbacher. Crowdfunding：

tapping the right crowd[J]. *Core Discussion Papers*, 2011, 29(5):585—609.

[382]Panth B. Skills development for employability and inclusive growth: Policy dilemmas and priorities in South Asia[J]. Prospects, 2014, 44 (2): 167—182.

[383]Portney K E, Berry J M. Participation and the pursuit of sustainability in US cities[J]. Urban Affairs Review, 2010, 46(1): 119—139.

[384]Rajan R G, Zingales L. The great reversals: the politics of financial development in the twentieth century [J]. *Journal of Financial Economics*, 2003, 69(1):5—50.

[385]Ranaweera T. Alternative paths to structural adjustment in a three-gap oodel: the case of Uzbekistan[J]. *Post-Communist Economies*, 2003, 15 (4):595—611.

[386]Ravallion M. Reaching the rural poor through public employment: arguments, evidence, and lessons from South Asia[J]. *The World Bank Research Observer*, 1991, 6(2): 153—175.

[387]Riza Emekter, Yanbin Tu, Benjamas Jirasakuldech, Min Lu. Evaluating credit risk and loan performance in online peer-to-peer(P2P) lending [J]. Applied Economics,2015,47(1):54—70.

[388]Robert C Merton, Zvi Bodie. Deposit insurance reform: a functional approach[R]. Carnegie-Rochester Series on Public Policy, 1993, (38):1—34.

[389]Robert C Merton. Financial innovation and the management and regulation of financial institutions[J]. *Journal of Banking & Finance*, 1995, 19(3):461—481.

[390]Robinson J. The Generalization of the General Theory", In: the Rate of Interest and Other Essays, London: MacMillan[J]. 1952.

[391]Robert L, Lucas J. On the mechanics of economic development[J]. *Journal of Monetary Economics*, 1988, 22(1):3—42.

[392]Ros J. Foreign exchange and fiscal constraints on growth: a reconsideration of structuralist and macroeconomic approaches[M]. 1992.

[393]Reilly J M. Green growth and the efficient use of natural resources[J]. Energy Economics, 2012, 34: S85—S93.

[394]Schmalensee R. From "Green Growth" to sound policies: an overview [J]. *Energy Economics*, 2012(34): S2—S6.

[395] Sepehri A, Akram - Lodhi A H. Transition, savings and growth in

Vietnam: a three - gap analysis[J]. *Journal of International Development*, 2005, 17(4): 553—574.

[396] Sepehri A, Moshiri S, Doudongee M. The foreign exchange constraints to economic adjustment: the case of Iran[J]. *International Review of Applied Economics*, 2000, 14(2):235—251.

[397] Solow R M. A contribution to the theory of economic growth[J]. *The Quarterly Journal of Economics*, 1956,70(1): 65—94.

[398] Stemler Abbey R. The JOBS Act and crowdfunding: harnessing the power—and money—of the masses[J]. *Business Horizons*, 2013, 56 (3):271—275.

[399] Stoica O , Mehdian S , Sargu A . The Impact of Internet Banking on the Performance of Romanian Banks: DEA and PCA Approach [J]. Procedia Economics & Finance, 2015, 20:610—622.

[400] Singh H, Gopal R, Li X. Risk and Return of Investments in Online Peer —to—Peer Lending[J]. University of Texas, 2008: 1—6.

[401] Stijn Claessens, Thomas Glaessner, Daniela Klingbiel. E-finance in emerging markets: is leapfrogging possible? [J]. *Financial Markets Institutions & Instrument*, 2002, 11(1):1—125.

[402] Sugden C. Is growth in Asia and the Pacific Inclusive? [J]. *Asian Development Bank Economics Working Paper Series*, 2012.

[403] Sven C. Berger, Fabian Gleisner. Emergence of financial intermediaries in electronic markets: the case of online P2P lending[J]. *BuR-Business Research Official Open Access Journal of VHB Verband der Hochschullehrer für Betriebswirtschaft*, 2009, 2(1):39—65.

[404] Taylor J B. Discretion versus policy rules in practice[J]. *Carnegie - Rochester Conference Series on Public Policy*, 1993, 39(1):195—214.

[405] Taylor L. Gap models[J]. *Journal of Development Economics*, 1994, (45):17—34.

[406] Thanoon M A , Baharumshah A Z, The road to recovery in Malaysia: a three -gap analysis[J]. *Journal of Policy Modeling*, 2003,(25):857—861.

[407] Tweed C, Sutherland M. Built cultural heritage and sustainable urban development[J]. *Landscape and Urban Planning*, 2007, 83(1):62—69.

[408] Turner A. The Turner Review: A regulatory response to the global banking crisis[M]. London: Financial Services Authority, 2009.

[409] Tandon, A. and Zhuang, J. Inclusiveness of economic growth in the People's Republic of China: what do population health outcomes tell us? [J]. 2007.

[410] Tandon, A. and Zhuang, J. Inclusiveness of economic growth in the People's Republic of China: what do population health outcomes tell us? [J]. 2007.

[411] UNDP. Sustainability and equity: a better future for all[R]. 2011.

[412] Van der Velde M, Green S R, Vanclooster M, et al. Sustainable development in small island developing states: agricultural intensification, economic development, and freshwater resources management on the coral atoll of Tongatapu [J]. *Ecological Economics*, 2007, 61(2):456−468.

[413] Varian H R. Microeconomic analysis[J]. 1992.

[414] Velde M, Green S R, Vanclooster M, et al. Sustainable development in small island developing states: Agricultural intensification, economic development, and freshwater resources management on the coral atoll of Tongatapu[J]. Ecological Economics, 2007, 61(2−3): 456−468.

[415] Wang H, Greiner M, Aronson J E. People‐to‐people lending: The emerging e‐commerce transformation of a financial market[M]//Value creation in e‐business management. Springer, Berlin, Heidelberg, 2009: 182−195.

[416] Yum H, Lee B, Chae M. From the wisdom of crowds to my own judgment in microfinance through online peer‐to‐peer lending platforms[J]. *Electronic Commerce Research and Applications*, 2012, 11(5):469−483.

[417] Zafar Iqbal, Jeffrey James, Graham Pyatt. Three‐gap analysis of structural adjustment in Pakistan [J]. *Journal of Policy Modeling*, 2000, 22(1), 117−138.

[418] Zhang H, Chen H. The economic transition in China at the crossroads‐a perspective on three‐gap analysis[J]. *Journal of Cambridge Studies*, 2012,(7): 43−61.

[419] Zhang H, Ruan J. Adjustment of economic structure in China‐a perspective on three‐aap analysis[J]. *Joumal of Cambridge Study*, 2013, 8(1):97−115.

图书在版编目(CIP)数据

金融创新与可持续发展若干重大问题探究 / 章和杰著.
—杭州：浙江大学出版社，2020.8
ISBN 978-7-308-18881-4

Ⅰ.①金… Ⅱ.①章… Ⅲ.①金融事业—经济发展—
研究—中国 Ⅳ.①F832

中国版本图书馆 CIP 数据核字(2019)第 005442 号

金融创新与可持续发展若干重大问题探究
章和杰 著

责任编辑	傅百荣	
责任校对	高士吟	
封面设计	周 灵	
出版发行	浙江大学出版社	
	（杭州市天目山路 148 号 邮政编码 310007）	
	（网址：http://www.zjupress.com）	
排 版	杭州隆盛图文制作有限公司	
印 刷	广东虎彩云印刷有限公司绍兴分公司	
开 本	710mm×1000mm 1/16	
印 张	17.25	
字 数	319 千	
版 印 次	2020 年 8 月第 1 版 2020 年 8 月第 1 次印刷	
书 号	ISBN 978-7-308-18881-4	
定 价	69.00 元	